AF534412

KNAUR
BALANCE

PALINA ROJINSKI

FOLGE DEINEN STERNEN

Besuchen Sie uns im Internet:
www.knaur-balance.de

Aus Verantwortung für die Umwelt hat sich die Verlagsgruppe Droemer Knaur zu einer nachhaltigen Buchproduktion verpflichtet. Der bewusste Umgang mit unseren Ressourcen, der Schutz unseres Klimas und der Natur gehören zu unseren obersten Unternehmenszielen. Gemeinsam mit unseren Partnern und Lieferanten setzen wir uns für eine klimaneutrale Buchproduktion ein, die den Erwerb von Klimazertifikaten zur Kompensation des CO_2-Ausstoßes einschließt. Weitere Informationen finden Sie unter: www.klimaneutralerverlag.de

Originalausgabe 2022
Knaur Balance

Ein Imprint der Verlagsgruppe
Droemer Knaur GmbH & Co. KG, München

In Zusammenarbeit mit Sarah Gräfensteiner
Redaktion: Karin Weber und Regina Denk
Covergestaltung: Isabella Materne
Coverabbildung: The Scissorhands|www.the-scissorhands.com
Collagen im Innenteil: The Scissorhands|www.the-scissorhands.com
Satz: Adobe InDesign im Verlag nach dem Layout-Entwurf von Claudia Sanna, atelier-sanna.com, München
Alle Collagen der Sternzeichen: dieKLEINERT.de/www.the-scissorhands.com unter Verwendung von Felix Krüger (Foto Palina Rojinski); A. E. Waite, mit freundlicher Genehmigung des Königsfurt-Urania Verlags, © Königsfurt-Urania Verlag, www.koenigsfurt-urania.com; Shutterstock.com außer S. 146: dieKLEINERT.de/www.the-scissorhands.com unter Verwendung von Charlotte Jadke (Foto Palina Rojinski); A. E. Waite, mit freundlicher Genehmigung des Königsfurt-Urania Verlags, © Königsfurt-Urania Verlag, www.koenigsfurt-urania.com; Shutterstock.com
Alle übrigen Abbildungen von Shutterstock.com
Flash-Tattoos von dieKLEINERT.de/Claudia Klein
Tarot-Karten: A.E. Waite; Mit freundlicher Genehmigung des Königsfurt-Urania Verlags, © Königsfurt-Urania Verlag, www.koenigsfurt-urania.com
Lithografie: LUDWIG:media GmbH, Zell am See
Druck und Bindung: Firmengruppe APPL, aprinta druck GmbH, Wemding
ISBN 978-3-426-67614-1

2 4 5 3 1

INHALT

EINLEITUNG

Hallo! Ich freue mich von Herzen, dass du dich entschieden hast, dieses Buch aufzuschlagen und vielleicht ein bisschen was über dich und die Astrologie zu erfahren.

Ich persönlich bin vor circa zwölf Jahren so richtig zur Astrologie gekommen und habe mich auf einmal im Einklang mit dem Zyklus der Planeten gefunden. Am Anfang war das der Mond, und dann kamen die anderen Planeten dazu – Venus, Merkur, Mars, Jupiter, Neptun, Saturn, Pluto, Uranus und noch ein paar weitere Lichtkörper. Ich habe die Konstellationen und Aspekte gefühlt, und meine Neugier, was denn da im Universum auf uns einwirkt, ist immer größer geworden. Ich habe angefangen, mich sehr viel mit den Sternen zu beschäftigen – dazu verschiedenste Literatur gelesen, an Seminaren teilgenommen, mir verschiedene Lehrer:innen gesucht und mich stetig weitergebildet. Mittlerweile tauche ich immer tiefer in dieses unser Universum und kann's manchmal kaum glauben, wie viele Geschenke und Schlüssel wir von der Natur bekommen. Wir müssen uns nur dafür öffnen und unsere Perspektive ändern.

Seit der Entdeckung meines Horoskops gehe ich anders durch mein Leben und habe viele Transformationsphasen durchlebt. Jedes Mal, wenn ich in so einer Veränderung meines Lebens steckte, hat es sich nicht unbedingt gut angefühlt, und ich musste natürlich gewisse Verhaltensmuster, Dinge, Menschen, Situationen loslassen, um Geschenke, die mein Leben für mich parat hat, zu sehen. Das zu erkennen ist echt nicht immer einfach (!!!), und manchmal hatte ich auch überhaupt keine Lust und keinen Nerv darauf, etwas zu verändern, und wollte eigentlich nur Pizza essen und Serien gucken oder auf ein geiles Festival. Man ist halt manchmal gefangen in seiner Projektion, Liebe, Perspektive, seinem Schmerz, seiner Sicherheit, seinen scheinbaren Verpflichtungen und Wünschen.

Im Leben gibt es Momente, in denen man aufwacht und merkt, dass sich etwas anders anfühlt, dass man gerne etwas verändern möchte. Das kann eine Trennung sein, die schon lange vor sich hin geschwelt hat, aber irgendwann ist der Moment gekommen, und man zieht sie durch. Oder man beschließt, heute endlich wirklich nach einer Gehaltserhöhung zu fragen. Oft korrespondieren diese Momente mit den Sternenkonstellationen. Wir alle kennen ja bestimmte astrologische Phänomene, die einen Einfluss auf unser tägliches Leben haben können.

Das bekannteste ist sicher der rückläufige Merkur (Mercury Retrograde). In dieser Zeit ist es ganz besonders wichtig, darauf zu achten, was man sagt, wie man's sagt und ob man wirklich das meint, was man kommuniziert, weil besonders schnell Missverständnisse entstehen können. Außerdem beherrscht der Merkur auch unsere Kommunikation im Sinne von Nachrichten und elektronischem Austausch. E-Mails, Messengerdienste oder Briefe können in dieser Zeit falsch verschickt werden oder nicht ankommen, Termine können platzen oder vertauscht werden. Zu dieser Zeit sollte man auch keine Verträge abschließen, und wenn es doch nötig ist, dann unbedingt alles Kleingedruckte genau lesen und sorgfältig prüfen.

Verspätungen und Reisechaos sind auch so ein typisches Rückläufiger-Merkur-Ding. Manchmal braucht es einen kleinen Sternen-Plopp in Form von Druck oder einer kleinen Hilfe, um sein wahres Potenzial, seine Stärken und Schwächen in voller Farbenpracht auszubreiten. Stellt euch vor, ihr habt ein Marmeladenglas, das klemmt, und jetzt kommt dieses Buch in Form eines runden Messers und hilft euch, das Vakuum aus eurem Glasbehälter zu entladen und mit Appetit den Inhalt zu löffeln. So ist es mit der Erkenntnis eurer Kostbarkeiten in eurem Horoskop. Ich möchte euch mit diesem Buch helfen, aus einer anderen Perspektive auf euch und eure Persönlichkeit zu blicken und eure Schätze zu entdecken und mit diesem Wissen die bestmögliche Version eures Lebens zu leben!

Es geht um die individuellen Hindernisse, Geschenke, Herausforderungen und Schlüssel im Leben einer jeden Persönlichkeit und darum, welche Charaktereigenschaften ausgedient haben und welche man sich genauer anschauen und diese durch Akzente verstärken kann. Durch die Bedienung deines Mischpultes bist du dein eigener DJ und schaffst die perfekten Übergänge zwischen den Liedern deines Lebens. Und noch was: Du kannst dir so eine genau auf dich zugeschnittene Playlist erstellen, nämlich in Form von Momenten, Ereignissen, Menschen und deinen persönlichen Charaktereigenschaften.

DAS SPANNENDE IST, DASS MAN SEIN LEBEN LANG IMMER WIEDER NEUE ASPEKTE ENTDECKEN KANN UND SICH AUFS NEUE SELBST KENNENLERNT.

In diesem Buch habe ich mich für eine Dreier-Deutung für euch entschieden. Die Astrologie ist ein sehr komplexes und detailreiches Feld. Sie zu studieren kann ein ganzes Leben dauern. Ich habe lange darüber nachgedacht, was ich denn alles aus der Astrologie in mein erstes Buch packe, damit es nicht zu viel wird und man es tatsächlich leicht für sich anwenden kann, ohne vorher eine komplizierte Bedienungsanleitung studiert zu haben. Gleichzeitig wollte ich natürlich auch genug Substanz schaffen, damit ihr die Essenz eurer Zeichen und Energien fühlen könnt.

Deshalb soll es hier um dein Sonnenzeichen, deinen Aszendenten und dein Mondzeichen gehen. So bekommen wir eine gute Deutung aus Gegenwart, Zukunft und Vergangenheit. Dabei steht dein Sonnen-, also Sternzeichen für die Gegenwart und dafür, wie du in dir bist. Dein Aszendent steht für die Zukunft – da geht es für dich hin, und er bestimmt auch, wie du dich im Außen verhältst. Der Mond ist deine Vergangenheit, darin bist du Profi, hast einen Doktortitel, und deine emotionale und körperliche Welt äußert sich in diesem Zeichen. Wenn dein Sternzeichen also Fische ist, dein Aszendent Jungfrau und dein Mondzeichen Löwe, bist du im Inneren ein Fisch, im Außen wirkst du wie eine klassische Jungfrau, und du fühlst wie ein Löwe.

Ich habe mich sehr ausführlich der einzelnen Sternenbilder, also Tierkreiszeichen, angenommen, um so gut und verständlich wie möglich die zwölf verschiedenen Essenzen, Qualitäten und Fallen der Zeichen verständlich zu machen. In Kombination mit deinem Aszendenten und Mondzeichen erfährst du sehr viel über dich und die Anteile deiner Persönlichkeit.

Mir ging es darum, eine gut einsetzbare Kiste mit Instrumenten bereitzustellen, auf die ihr immer wieder zugreifen könnt. Denn jedes Horoskop, also die Konstellation der Himmelskörper zum exakten Moment deines ersten Atemzuges auf der Welt, ist unterschiedlich. Und wir sind auch dann alle unterschiedlich, wenn wir zur gleichen Zeit am gleichen Ort geboren worden sind. Denn das Universum hat für uns alle einen individuellen Seelenplan parat.

Man kann und darf nicht nur stumpf wie ein Computer nach einem Geburtsmuster (Birth Chart) gehen und muss den Menschen mit seiner Seele und Gefühlen dahinter sehen. Es gab und gibt viele Horoskope und Menschen dahinter, die sich ganz anders verwirklicht haben, als ihr Horoskop es eigentlich abgebildet hat, beziehungsweise, die sich in schönen Stellen ihres Horoskops gefunden und viel Wert darauf gelegt haben, diese zu entwickeln und so das Beste aus ihrem Potenzial zu machen. Es ist also nichts in Stein gemeißelt.

Das Birth Chart ist ein Drehbuch, ein Skript für dein Leben hier, aber du bist mehr als dein Geburtshoroskop. Es ist toll, um dir Tipps zu geben, und zeigt dir, welche Potenziale du hast – aber aktiv entdecken und anwenden musst du sie selber.

Bestimmt gibt es Teile in deinen Kapiteln, in denen du dich nicht wiedererkennen wirst. Das heißt, dass du diese Themen entweder schon hinter dir hast oder sie für dich einfach nicht relevant sind. Wenn du dich andererseits von etwas besonders angesprochen fühlst, bleib entspannt und fühl einfach mal in dich hinein. Lass die Erkenntnisse auf dich wirken, genieß deinen freien Willen und schau, was du davon übernehmen möchtest. Leg am besten ein Journal an, in das du deine Gedanken, Gefühle und Ideen notierst. Das ist aber alles kein Muss. Sei nicht zu hart zu dir und verlang nicht zu viel Entwicklung auf einmal. Manche Felder brauchen ihre Zeit, und Learnings dauern so lange, wie sie dauern.

Ich wünsche dir von Herzen ganz viel Spaß und Magic auf deiner persönlichen Entdeckungsreise.

KLEINE EINFÜHRUNG IN DIESES BUCH

DEIN INDIVIDUELLES NATAL CHART

Sein Sternzeichen kennt wahrscheinlich jeder. Beim Aszendenten und Mondzeichen sieht das oft schon anders aus. Und es gibt noch so viel, viel mehr, aber das würde uns jetzt hier an dieser Stelle zu weit in die Galaxie schleudern. Deswegen lassen wir die Häuser, Aspekte und anderes erst einmal weg und konzentrieren uns auf die drei Schlüsselmerkmale Sonnenzeichen, Aszendent und Mondzeichen. Dafür aber mit Schmackes!

Falls du noch nicht weißt, in welchem Tierkreiszeichen dein Aszendent und Mond stehen, kannst du auf www.astrolinski.com die drei Positionen oder auch dein komplettes Natal Chart erstellen. Dazu brauchst du deinen Geburtstag, deinen Geburtsort und deine genaue Geburtszeit. Solltest du die nicht kennen, findest du sie meist auf deiner Geburtsurkunde oder du kannst sie beim Standesamt, das die Geburtsurkunde ausgestellt hat, erfragen. Oder du fragst einfach deinen Papa. Scherz, wohl eher deine Mama.

Aus diesen Angaben werden dann deine ganz persönlichen Positionen berechnet.

Was ist ein Natal Chart? Dieses runde Ding kann auch Geburtsmuster, Geburtshoroskop, Radix-Horoskop oder Birth Chart heißen. Es ist wie ein Foto des Himmels und der Sternenkonstellationen zur exakten Zeit deiner Geburt an deinem Geburtsort. Das Wort Horoskop setzt sich zusammen aus *hōra* (griechisch »Stunde«) und *skopéin* (griechisch »betrachten«).

Wir beobachten also den genauen Moment deines ersten Atemzuges. Daraus können wir in der Astrologie viel ablesen. Zum Beispiel deine Entwicklungsmöglichkeiten, welche Geschenke du mit auf deinen Lebensweg bekommen hast und wo sich die Stolpersteine verstecken.

Im Folgenden seht ihr das Natal Chart von Dua Lipa.

Dua Lipas Sternzeichen ist also Löwe, ihr Aszendent Waage und ihr Mondzeichen Krebs. Ganz vereinfacht gesagt ist Dua also der Star, der sie ist, weil sie für ihre Löwenpower einen Kanal gefunden hat, durch den sie strahlen kann und sich im Dschungel der Bühnen der Welt wohlfühlt. Gleichzeitig schenkt ihr ihr Waage-Aszendent diplomatisches Talent und Feingefühl, was ihr hilft, ein tolles Team aufzubauen, und Venus, in diesem Fall der herrschende Planet über den Aszendenten Waage, lässt sie mit immer neuen Looks brillieren. Ihr Mondzeichen Krebs gibt ihr durch seine extreme Sensibilität eine sehr feine Intuition. Wenn sie sich einem Menschen einmal geöffnet hat, kann es sein, dass es für sie nicht einfach ist, diese Beziehung zu beenden, auch wenn sie ihr nicht (mehr) guttut. Allerdings könnte sie in dem Fall ihre Löwenpower einsetzen!

Wenn ihr euch ihr Natal Chart genauer ansehen möchtet, findet ihr alle Zeichen auf den Umschlagklappen oder auf www.astrolinski.com erklärt.

Für dieses Buch konzentrieren wir uns auf dein Sonnenzeichen (Sternzeichen), deinen Aszendenten und dein Mondzeichen. Also diese drei Symbole in deinem Chart:

☉ SONNENZEICHEN

AC ASZENDENT

☽ MONDZEICHEN

Du kannst dir auf www.astrolinski.com einfach nur diese drei Positionen anzeigen lassen und sofort loslegen.

Sternzeichen, Aszendent und Mondzeichen – Schlüssel zu deiner Persönlichkeit

Ich führe dich hier in die Welt der Sterne ein oder werde dein schon vorhandenes Wissen vertiefen. Es wird dir wahrscheinlich auch Spaß machen, die anderen Sternzeichen in ihrer Essenz, Qualität und ihren Schatten kennenzulernen, führen sie uns doch durch unsere zwölf Monate.

Ich habe mich entschieden, auf die Sternzeichen am detailliertesten einzugehen, da du hier dem Kern am nächsten kommen kannst. In deinem Sternzeichen-Kapitel findest du Informationen zu deinem Herrscherplaneten, der deine Aufgabe und damit viele deiner Eigenschaften beeinflusst, und das Element, dem dein Sternzeichen zugeordnet wird. Außerdem gehe ich auf das Wesen ein, das Menschen mit diesem Sternzeichen üblicherweise eint, und natürlich finden auch unsere Beziehungen, Berufe und die Liebe ihren Platz.

Am Ende jedes Sternzeichens erhältst du einen Tipp und ein Ritual. Außerdem habe ich für jedes Sternzeichen die Heilsteine herausgesucht, die es am besten unterstützen. Ich selber liebe Heilsteine und Kristalle. Sie können eine ganz eigene, heilende Wirkung auf dich haben und dir helfen, bei dir zu bleiben. Ich trage kleine Steine zum Beispiel gerne den ganzen Tag nah am Körper und spüre so ihre Energie.

Zu jedem Sternzeichen findest du außerdem eine von mir ausgesuchte Tarotkarte.

Wie du vielleicht weißt, beschäftige ich mich schon sehr lange mit Tarot und lege für meine Lieben oft die Karten. Das Tarot ist natürlich eine ganze Wissenschaft für sich, aber mit der Astrologie verbunden. Alle Karten beziehen sich auf Elemente, Planeten oder astrologische Symbole. Mit meiner ganz persönlichen Deutung deiner Karte möchte ich dir einen weiteren Denkanstoß geben, deine Essenz zu verstehen und anzunehmen. Lies dir meine Deutung durch, aber betrachte auch selbst deine Karte und schau, was sich bei dir vielleicht für Assoziationen auftun.

Bei deinem Aszendenten habe ich mich darauf konzentriert, dir aufzuzeigen, wie er dich bereichert und welche Aufgabe er dir stellt. Dein Aszendent wird im Laufe deines Lebens immer stärker. Über das Tierkreiszeichen, in dem er steht, findest du viel über deine Motivation heraus und lernst deine Lebenslektionen kennen.

Denn ein Aszendent Löwe heißt nicht unbedingt, dass du Aufmerksamkeit liebst, sondern zeigt dir eher, dass es für dich großartig wäre, deine Bühne zu finden und von dort aus zu strahlen. Es geht hier eher um die

Entwicklung, die du anstreben kannst, um noch mehr bei dir anzukommen.

Dein Mondzeichen steht für deine Gefühlswelt, deine Empfindungen und Wahrnehmungen. Der Mond repräsentiert unsere emotionale Seite. Er zeigt uns, wie und wo wir uns so richtig wohlfühlen, was wir uns in Beziehungen und Liebe wünschen, und er kann uns helfen, besser zu verstehen, wo unsere unbewussten Sehnsüchte und Ängste liegen. Er steht außerdem für die Vergangenheit und die Weiblichkeit.

Ein kleiner Tipp: Lies dir ruhig auch die Sternzeichen zu deinem Mondzeichen und Aszendenten durch. Sie geben dir noch mehr Informationen zu der jeweiligen Essenz.

Das Leben ist wie eine Reise, und viele Situationen sind dafür da, Challenges, Einstellungen, übernommene Gefühle, Prägungen und Muster (deiner Ahnen) zu erkennen und wie in einem Computerspiel zu durchlaufen, um ins höhere Level aufzusteigen. Dieses Buch soll der Schlüssel zu dir selbst und deinem Innersten sein. Ohne Pflichten, Zwänge, anerzogenes Verhalten – es soll dir helfen, diese Stellen in dir zu erkennen und durch Erkenntnis, Annahmen und Transformation zu deinen Wünschen, Träumen und Möglichkeiten zu gelangen. Damit kannst du deine Persönlichkeitsreise starten. Alles kann, nichts muss!

ALTAR –
KREIERE DEINEN HOLY SPACE!

Ich persönlich finde es schön, in meinem Zuhause einen Ort zu haben, der mir ein Gefühl von Substanz, Tiefe, Verwurzelung, vom »höheren Ganzen«, Hoffnung und Ruhe gibt. Deswegen habe ich einen kleinen bunten Altar eingerichtet. Diesen Ort gestalte ich je nach Jahreszeit mit frischen Tulpen oder Tannenzapfen, Kristallen, Bildern, Kerzen, Räucherwerk, Kräutern, skurrilen Gegenständen und einfach Geschenken aus der Natur. Die Fotos meiner Ahnen und Familie finden dort ihren Platz, und worauf ich sonst Lust habe, auch. Manchmal stelle ich dann meinem Opa einen Shot Wodka hin und der Oma ein bisschen Tabak und Süßes. Als Ahnengeister darf man ja ein wenig sündigen. ;) So haben meine Wurzeln, Wünsche und Spiritualität einen hübschen Platz in meinem Leben und ich einen Ort, an dem ich immer wieder bei mir selbst ankommen darf. Dabei folge ich keinem festen Drehbuch, sondern meinem Herzen. Wenn du jetzt auch den Wunsch verspürst, dir so einen Ort zu schaffen, empfehle ich dir, eine Stelle zu Hause zu finden, die im besten Fall nach Osten, also in Richtung Sonnenaufgang ausgerichtet ist. Das kann die Fensterbank, ein Regalfach oder ein Beistelltisch sein oder wo auch immer du fühlst, dass es dort genau richtig ist! Du kannst dir dann je nach deiner Stimmung und dem Kapitel, in dem du dich gerade befindest, Dinge auf den Altar legen, die du passend findest! Wenn du eine bestimmte Seite in deiner Selbstfindung gerade unterstützen möchtest, dann platziere stellvertretend etwas auf dem Altar, das diesen Bereich bei dir verstärkt aktiviert. Du kannst dazu ein besonderes Räucherwerk nehmen, Symbole auf ein Stück Papier malen oder einfach nur das Wort in schöner Schrift schreiben. So erinnerst du dich, auf welchem Weg du dich gerade befindest, und alles auf deinem Altar supportet dich dabei.

BEDIENUNGSANLEITUNG – KURZ UND KNACKIG

Am besten startest du mit der Erstellung deines Natal Charts und beginnst dann bei der Einleitung zur Sonne und deinem Sonnen-/Sternzeichen. Danach schaust du dir die Einleitung zum Aszendenten und deinen persönlichen Aszendenten an und machst das Gleiche mit dem Mond und deinem Mondzeichen.

Dafür musst du, wie oben schon erwähnt, deine Geburtszeit und deinen Geburtsort kennen und deine Zeichen auf www.astrolinski.com ausrechnen lassen. Lass dir Zeit und übereile nichts. Ich persönlich mache mir zum Beispiel auch immer gerne Notizen in einem Journal, so kann ich mir die Dinge, die bei mir am meisten Resonanz erzeugen, notieren und damit schwanger gehen.

Auch zu Sonne und Mond habe ich dir Rituale ausgesucht; diese können dir helfen, dich besser mit der Natur, deiner Umwelt und vor allem dir zu verbinden. Mach diese gerne, je nachdem, wie du dich fühlst. Keines davon ist ein Muss, aber wenn ich deinen Alltag ein wenig bereichern und dich inspirieren kann, freue ich mich sehr!

SONNE

Schon der Name »Sonnensystem« sagt es: Die Sonne ist das Zentrum unseres Systems.

Ohne die Sonne gäbe es uns nicht. Nur weil sie uns Licht und Wärme schenkt, können wir überhaupt existieren. Der Umfang der Sonne ist rund hundertmal größer als der der Erde, in anderen Worten: Die Sonne ist 330 000-mal so groß wie die Erde.

Das Zeichen, in dem die Sonne bei unserer Geburt steht, entspricht unserem existenziellen Selbst. Es ist dein Lebenszweck, die Sonne sagt dir, wo dein Potenzial liegt, um dich selbst positiv in der Welt zu entfalten. Wenn du dich fragst: »Wer bin ich?«, wird die Sonne es dir beantworten. Dein Sonnenzeichen zu kennen und dich damit zu beschäftigen wird dir helfen, dich besser zu verstehen, die Fallen, in die du tappen könntest, zu vermeiden und mit dir ins Reine zu kommen.

Das astrologische Symbol der Sonne ist ein Kreis mit einem Punkt in der Mitte. Der Kreis steht für unser (oft noch ungenutztes) Potenzial und unbewusstes Wesen, der Punkt für unser Bewusstsein. Wenn wir es schaffen, beides zu verbinden, unser Bewusstsein also erfasst, welches Potenzial und welche Schwächen in uns liegen, können wir wie die Sonne strahlen, weil wir unsere Mitte gefunden haben.

Wenn du mit deiner Sonne im Reinen bist, hast du ein gesundes Gefühl für dich und deine Bedürfnisse und für die Gefühle und Bedürfnisse der anderen. Du kannst deine Aufgabe erkennen und danach handeln, was dich mit tiefer innerer Befriedigung erfüllt. Und wenn dir dann jemand dein Strahlen neidet, weil er selbst noch nicht in seiner Mitte angekommen ist, muss es dich nicht kümmern, da du in Frieden und Harmonie mit dir selbst und deiner Umgebung bist.

**DEIN INNERES LEUCHTEN
ZU FINDEN IST NICHT IMMER EINFACH,
ABER ES LOHNT SICH.**

Wenn du bei dir bleibst, kannst du aus deinem Inneren heraus leuchten und den dir am Herzen liegenden Menschen und Tieren Sensationen, Freude, Liebe und Glück bringen und eine Inspiration sein.

RITUAL: TANKE DEINE SOLAR-POWERBANK AUF

Dieses Ritual kann dir helfen, dich auf dich selbst und deine Kraft zu besinnen. Du kannst dir dazu auch die von mir geführte Sun Meditation auf www.astrolinski.com anhören.

- Stell dich selbstbewusst auf, die Beine hüftbreit auseinander und die Hände entspannt am Körper.
- Mach dich ganz groß und verbinde dich gedanklich mit der Sonne. Stell dir vor, wie die Sonne mit deinem Kopf korrespondiert und ihr eine stark leuchtende Verbindung habt.
- Wenn die Sonnenstrahlen zwischen dir und der Sonne pulsieren, kannst du die Sonnenenergie in dein Herz lassen.
- Aufgetankt mit purer Solarenergie – ja, genau, die ganzen Solarzellen machen ja im Grunde nichts anderes –, stellst du dir jetzt vor, was du heute schaffen möchtest!
- Spüre, wie es sich anfühlt, dein Ziel zu erreichen, und spüre dieses befriedigende Gefühl in deinem ganzen Körper. Nutze diese Energie und fang direkt an!

DIE VIER ELEMENTE

Jedes Sternzeichen wird in der Astrologie einem der vier Elemente zugeordnet. Jedes Element regiert drei Zeichen und verkörpert ein bestimmtes Naturell, wovon diese geprägt sind:

Feuer: Widder, Löwe, Schütze
Erde: Stier, Jungfrau, Steinbock
Luft: Zwillinge, Waage, Wassermann
Wasser: Krebs, Skorpion, Fische

Das Element gibt uns bereits einen Hinweis auf die Eigenschaften, die ein Zeichen mit sich bringt. Darüber kann man schon mit der kleinsten Deutung erkennen, mit welcher Energie, Art und Weise, in welchem Stil der Mensch durch sein Leben geht, wie er Challenges, Herausforderungen, Pflichten, Freundschaften, Beziehungen, Liebe und Emotionen begegnet und was sein Lebensantrieb ist.

Wir sind alle eine Mischung aus verschiedenen Elementen und haben unsere ganz persönliche Ausprägung. Wie sehr ein Element dich tatsächlich beeinflusst, hängt natürlich von deinem ganz persönlichen Geburtshoroskop ab.

DIE FEUERZEICHEN – STARK, BEGINNEND, NEUGIERIG

Hinter den Feuerzeichen stehen die unbändige Kraft, der Wille, die Neugier und Hoffnung auf eine schillernde Zukunft. Sie möchten mit ihrem Temperament, ihrer Inspiration und ihrer Leidenschaft immer wieder erschaffen! Das lodernde Feuer von Widder, Löwe und Schütze sorgt für ihre stark ausgeprägte Begeisterungsfähigkeit, ihren Tatendrang, ihre Rastlosigkeit und Spontaneität, die sie dazu bringen, immer wieder Neues zu wagen. Sie handeln mutig impulsiv und aufrichtig, den negativen Charaktereigenschaften der Menschen stehen sie naiv und unschuldig gegenüber. Mit ihrer blühenden Fantasie und schier grenzenloser Energie reißen sie andere mit. Sie genießen die Aufmerksamkeit, die ihr Pioniergeist ihnen oft beschert. Sie haben eine unbändige Abenteuerlust und leben meist eher in der Zukunft als im Hier und Jetzt.

DIE ERDZEICHEN – SINNLICH, SICHERND, GEERDET

Hinter den Erdzeichen steht eine sichernde, erdende schützende Energie, damit die Dinge und Umstände sich zum Besseren entwickeln können.

Über ihre ausgeprägte Sinnlichkeit erspüren sie, was es braucht, um das zu schaffen. Erdzeichen sind in der wirklichen Welt verwurzelt. Der beständige Stier, die fleißige Jungfrau und der zuverlässige Steinbock fühlen sich mit dem Irdischen verbunden und haben keine Zeit für Träumereien. Das Element Erde steht in der Astrologie für die praktischen Dinge. Die »erdenden« Erdzeichen gelten als fleißig, sorgfältig und zuverlässig. Sie kümmern sich gerne um andere, sind Teamplayer und arbeiten hart. Auch Fruchtbarkeit und Bodenständigkeit stehen mit dem Element Erde in Verbindung. Sie mögen eine gewisse Beständigkeit, Rituale und Gewohnheiten und versuchen, Sicherheit zu erschaffen.

DIE LUFTZEICHEN – DENKEND, KOMMUNIZIEREND, INNOVATIV

Hinter den Luftzeichen steht der Drang zu denken, zu kommunizieren und zu verbinden. Sie sprudeln über vor Ideen. Aus der Luft haben sie einen guten Überblick und gelten deswegen als objektiv. Die vielseitigen Luftzeichen Zwillinge, Waage und Wassermann gelten als kommunikativ, intelligent, intellektuell, logisch und erfinderisch. Sie schaffen es, Brücken zu bauen zwischen Meinungen und Polaritäten. Um ihren Geist immer wieder zu bereichern, suchen sie Kontakt und Austausch mit anderen. Das Element Luft ist am wenigsten verbunden mit seinen Gefühlen. Sie versuchen oft, durch Denken und Kommunizieren an ihre Emotionen heranzukommen. Die Luftzeichen möchten unsere spannende, bunte Welt ergründen und verstehen. Ihre Flexibilität und ihr diplomatisches Geschick verhelfen ihrem geselligen Wesen zu einem Platz in der Gesellschaft.

DIE WASSERZEICHEN – INTUITIV, EMPATHISCH, SENSIBEL

Hinter den Wasserzeichen steht der Drang zu fühlen. Krebs, Skorpion und Fische gelten als besonders einfühlsam, sensibel und verletzlich. Sie sind die Meister im Mitgefühl, sind frei von vorschnellen Urteilen und können durch diese Eigenschaften ihrer starken Intuition vertrauen. Sie schaffen es, durch ihre Empathie sehr tiefe Beziehungen mit den Menschen einzugehen, auch weil sie oft selbstlos sind. Wasserzeichen lernen und machen ihre Erfahrungen durch ihre Empfindungen. Sie sind wie ein großer Server voll mit Erinnerungen, die durch Emotionen getriggert werden. Oft sind sie eher unbeständig und gelten als verträumt. Das Wasser spiegelt die Welt der Emotionen wie kein anderes Element in der Astrologie und verbindet uns alle auf eine schöne liebevolle Weise.

MODALITÄTEN

Die Modalitäten sind Qualitäten der Elemente. Jede Modalität beschreibt die Herangehensweise, Dynamik an das jeweilige Element.

So übt jedes der drei Sternzeichen im Element verschiedene Funktionen aus. Man kann sich das wie die Zubereitung eines leckeren Essens vorstellen.

Die kardinale Qualität startet den Prozess: Geht los in den Supermarkt und kauft alles ein, worauf sie Bock hat und bringt es nach Hause.

Die fixe Qualität packt den Einkauf sorgfältig aus, schaut, welche Lebensmittel gekühlt, sortiert, umgefüllt, anders abgepackt werden müssen und welches Gericht man daraus zaubern kann.

Die veränderliche Qualität nimmt die Lebensmittel, verarbeitet und kocht sie. Die Paprika, Tomaten, Auberginen, Zucchini, Kräuter werden geschnitten, um daraus ein köstliches Ratatouille zu machen. Sie verändert also den Zustand der einzelnen Zutaten.

Die Kardinalzeichen stehen demnach für den Anfang, sie gelten als Initiatoren. Die fixen Zeichen symbolisieren Ausdauer und Beharrlichkeit. Die veränderlichen Zeichen stehen für Veränderung und den Weg zum Neuanfang.

Kardinalzeichen: Widder, Krebs, Waage, Steinbock
Fixe Zeichen: Wassermann, Löwe, Skorpion, Stier
Veränderliche Zeichen: Zwillinge, Jungfrau, Schütze, Fische

Auf den folgenden Seiten findest du dein Sonnenzeichen in seiner Essenz, Qualität und mit den typischen Fallen detailliert beschrieben. In Kombination mit deinem Aszendenten und deinem Mondzeichen kannst du viel über dich herausfinden.

STERNZEICHEN

IV
DER HERRSCHE

WIDDER

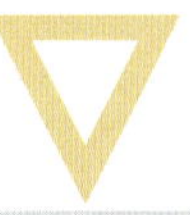

Ich bin und ich beginne

21. MÄRZ – 20. APRIL

HERRSCHENDER PLANET ~ MARS

ELEMENT ~ FEUER

MODALITÄT ~ KARDINAL

ESSENZ ~ MUTIG, KRAFTVOLL, FURCHTLOS, DIREKT, UNABHÄNGIG, UNSCHULDIG, SELBSTBEWUSST, EGOZENTRISCH, STUMPF, INKONSEQUENT, DOMINANT, AUFDRINGLICH, SCHLECHT GELAUNT

BEHERRSCHTES KÖRPERTEIL ~ KOPF

TAROTKARTE ~ IV DER HERRSCHER

URSPRUNG

Die Natur erwacht mit dem Frühling der nördlichen Halbkugel aus dem kalten unfruchtbaren Winter. Jetzt sprießen die Triebe. Man sieht kleine Knospen an den Ästen, die Samen kämpfen sich ans Licht und beglücken unsere Augen mit den ersten Krokussen. Nur von der Widder-Kraft befeuert, schaffen die kleinen Pflänzchen es durch die Erde. Das Licht besiegt mit der Tagundnachtgleiche die Dunkelheit, und damit findet auch das erste Sternzeichen im Tierkreis seine Sonnengeburt.

Es ist das durchsetzungsfähige, kämpferische, kraftvolle, getriebene, selbstbewusste, impulsive, unabhängige, aktive, eigenwillige, furchtlose, starke Feuerzeichen Widder. Und genau diese Eigenschaften werden von der Natur gebraucht. Nur mit diesen Kräften kann die Welt wieder von Neuem erschaffen werden. Jahr für Jahr – zur gleichen Jahreszeit.

Die Sonne kommt gerade aus dem abschließenden Tierkreiszeichen der träumerischen, übersinnlichen, im Kollektiv verschmolzenen Fische. Um nun, so wie der Zyklus der Natur es will, Leben in die Welt zu treiben, muss man die Dinge in die Hand nehmen und sie erschaffen. Der Energy Switch ist voll da! Das Widder-Naturell als kardinales Feuerzeichen kann und will mit seinem Ich-Bewusstsein, Selbstbewusstsein und Selbstvertrauen diese Bürde tragen und voller Elan, Führungsqualitäten und Pioniergeist Großes beginnen.

Die vom kriegerischen, impulsiven, durchsetzungsstarken Planeten Mars beherrschten

Widder-Geborenen sind Natural Born Leader. Sie sind progressiv, verfolgen neue Ansätze, probieren Neues aus und möchten genau in diesen Qualitäten strahlen. Sie kämpfen für Fortschritt und Erneuerung. Die geborenen Pioniere.

Was für eine Gabe!

WESEN

Dein Lebensmotto könnte sein: »Just do it!« Aber manchmal sollte dir (von Herzen) gesagt werden: »Don't just do it!« Du bist einfach wundervoll optimistisch und glaubst an das Beste im Menschen. Argwohn ist dir fremd. Du siehst mit Vorliebe nicht das, was da ist, sondern das, was im besten aller Fälle da sein könnte. Das kann dazu führen, dass du wichtige Umstände übersiehst und unangenehm überrascht wirst. Denn du erwartest, dass sich alle nach deinem edlen Ehrenkodex verhalten, und bist tief enttäuscht und desillusioniert, wenn dein Gegenüber nicht danach handelt, obwohl dir das selber auch nicht immer gelingt.

Mit reinem Optimismus im Herzen rennst du los. Auch wenn du eine Situation nicht wirklich überblicken kannst. Es kann schon fast kindlich naive Züge haben, mit welcher Verve Widder sich immer wieder in neue Vorhaben stürzen.

Dabei planst du nicht gerne deine Route mit Rastplätzen, genügend Proviant oder überhaupt zu Ende. Die Konsequenzen deiner Handlungen hast du oft einfach nicht auf dem Schirm. Wie denn auch, denn du denkst ja nur an den ersten Schritt und gehst einfach vom Besten aus. Aber wenn du mit einer Karawane in die Wüste ziehst, solltest du auch genug Wasser mitnehmen. Kann ja auch sein, dass dir ein guter Freund das schon mal gesagt hat und du den guten Rat nicht annehmen wolltest, weil das einfach nicht so dein Ding ist. Außer von sehr wenigen auserwählten Menschen finden gut gemeinte Ratschläge selten dein offenes Ohr.

Überhaupt magst du es ganz gerne, recht zu haben, dir liegen das Siegen und Rechthaben nun mal im Blut, und du erträgst Verzögerung, Verlangsamung und Begriffsstutzigkeit schwer. Ideen anderer können für dich erst mal nur ein blöder Kompromiss sein, auf den du »keinen Bock« hast. Andere Meinungen hörst du erst, wenn dein Gegenüber die Lautstärke auf Maximum stellt und den Extra-Bass reindreht. Das kann mitunter den Umgang mit dir nicht so easy peasy chilly vanilly machen. Das gilt für Freundinnen und Freunde, Partner:innen und dir nahestehende Personen, aber auch für deine Work Family.

Wenn du aber eine fremde Idee für dich entdeckst und merkst, dass das doch eine ganz schön schlaue, vernünftige, andere Perspektive ist, springst du voller Elan drauf. Dann bist du ein starker Teamplayer, teilst deine unbändig starke, treibende Energie, deine Visionen und deinen Optimismus und bringst durch deine »Schub-Kraft« das ganze Team nach vorne.

Manche Widder sind allerdings auf den

ersten Blick nicht als Widder zu erkennen. Sie können ihr Feuer auch unterdrücken und sich tarnen. Das kann passieren, wenn Widder-Geborene in einer Partnerschaft mit einem sehr dominanten Menschen sind oder der Chef beziehungsweise die Chefin oder die Eltern sie kleinhalten. Dann kann es sein, dass ihr Feuer sie innerlich auslodert. Vor allem, weil der Widder den Ärger gerne in sich hineinfrisst. Ein typisches Widder-Symptom sind Kopfschmerzen. Trotzdem wird der stolze Widder immer irgendwo durchblitzen.

Für alle Feuerzeichen (Löwe, Schütze, Widder) ist das Leben ein überdimensionales, exklusives Kaufhaus, in dem sie sich alles aussuchen dürfen. Und damit meine ich wirklich alles. Bestimmt hast du dich auch schon dabei erwischt, wie du die gerade aufgemachte Chipspackung nach drei Bissen für die leckeren Schokocookies liegen lässt.

Langeweile ist Folter für dich, deswegen bleibst du immer in Bewegung und bist immer in Eile, auch wenn das gar nicht nötig ist. Alles, was schnell ist, liegt dir. Viele Widder sind zügige und wagemutige Autofahrer, immer auf der linken Spur mit der coolsten Playlist am Start. Du willst immer Zirkus, Farbe, Leben um dich haben. Das führt dazu, dass du einfach wahnsinnig ungern Dinge zu Ende bringst. Dir geht es oft mehr um die Challenge, schon wieder was Neues zu erschaffen, als um das Projekt an sich.

Das Chaos sollen bitte andere wegräumen. Denn nur die Zukunft ist für Widder-Geborene faszinierend. Und ihre Träume sind ihnen heilig. Auch wenn sie noch gar nicht zu Ende geträumt sind. Ihr größter Traum ist, immer wieder neu anzufangen.

Du solltest immer ein Ziel haben, sonst schießt deine Energie ziellos hin und her, das macht dich plötzlich frustriert, verärgert, gereizt und bockig. Wichtig dabei ist es, deine Ziele in Sichtweite zu haben und einen Plan zu haben, wie du sie erreichst. So musst du sie nicht in tiefster Verzweiflung aufgeben, weil sie unerreichbar sind.

Generell solltest du – wie wir alle – regelmäßig eine Innenschau betreiben. Ich weiß, dass es dir nicht so liegt, dich mit dir selbst auseinanderzusetzen. Das Widder-Naturell mag es nicht, Erfahrungen zu hinterfragen, begangene Fehler zu analysieren und aus ihnen zu lernen, also im Großen und Ganzen Rückschau zu halten. Wenn du es aber schaffen würdest, dich hier etwas zu disziplinieren und dich mit den Konsequenzen deiner vergangenen und zukünftig geplanten Handlungen auseinanderzusetzen, könntest du deine Star-Sparkling-Widder-Energy noch viel magischer einsetzen.

Gut wäre es, wenn du dir morgens nach dem Aufstehen zehn Minuten Zeit nehmen würdest für eine Meditation (ja, genau, lieber Widder, einfach sitzen, in sich ruhen und an nichts denken) und dir dann eine kleine Liste erstellst mit deinen ehrlichen Intentionen. Sonst lässt dein ständig vor neuen Ideen sprudelnder Kopf deinem Körper keine Ruhe und vernebelt die tatsächlichen Chancen.

Und das überträgt sich auf alle Bereiche. Widder-Geborene können auch meist sehr schlecht Sachen beenden. Sich von Sachen trennen und Nein sagen fällt ihnen schwer. Mit einem Lied auf den Lippen ins nächste Gefecht, so hast du es am liebsten.

Apropos Gefecht. Wenn »Frau und Herr von und zu Widder« ins Gefecht ziehen, kümmern sie sich ja wohl nicht darum, dass ihre Rüstung poliert ist. Das sollen bitte andere für sie erledigen. Alltägliches ist dir oft zu klein, du willst deine Zeit nicht mit vermeintlich unwichtigen Dingen verbringen. Du magst es schön um dich herum, möchtest aber nichts dafür tun. Zum Beispiel willst du natürlich gerne einen schönen, exotischen Garten – der steht dir deiner Meinung nach auch einfach zu –, findest es aber zu belastend, ihn tagtäglich zu pflegen. Auch bei deiner Ernährung greift dieses Muster oft; du möchtest gut essen, es ist dir aber zu viel, dich selbst drum zu kümmern. Gleiches gilt für Finanzen und Ähnliches; es kann natürlich sein, dass das bei dir in manchen Bereichen ganz anders ist, aber das Grundmuster wird irgendwo immer durchkommen.

Damit meine ich natürlich nicht, dass Widder-Geborene faul sind. Du bist nicht

TAROTKARTE FÜR DICH: IV DER HERRSCHER

Die Tarotkarte IV symbolisiert den Herrscher. Er steht für den Vater, den Kriegsführer, der jederzeit bereit ist, in den Kampf aufzubrechen. Er hat einen super (Schlacht-)Plan und alle Fäden und Schätze fest in der Hand. Er ist nicht so der sanfte, romantische Typ, der gerne stundenlang über seine Gefühle spricht, protzt dafür mit seiner äußeren Kraft und Stärke, steht auf Recht und Ordnung, Selbstbeherrschung und Stabilität. Findet die Welt am besten, wenn er sie kontrollieren kann. Gut für den Herrscher ist, auch mal in die Sauna zu gehen, um seine Muskeln vor lauter Kontrolle und Anspannung locker zu machen. Generell ein bisschen Emotionalität und Milde zulassen kann Wunder bewirken und die Welt schöner, süßer und bunter machen – für ihn und seine Liebsten. Er besitzt von Natur aus viel Güte, ist weise und möchte einfach nur seiner Aufgabe nachgehen – dem Beschützen, auch wenn es vor zu viel Kuchen und Eiscreme ist.

arbeitsscheu, du kannst härter arbeiten als alle anderen, du möchtest dir nur gerne die Rosinen rauspicken, und das sind eben nicht die langweiligen Alltagsdinge.

Deswegen kommen Widder oft trotz großer Talente nicht in ihr Full Potential, weil sie erwarten, dass ihr Umfeld und eigentlich der ganze Planet ihnen bei ihrer unfassbaren Großartigkeit und Triebkraft etwas zurückgeben. Diese Erwartung, dass andere die lästige Alltagsarbeit übernehmen und im Zweifel auch die finanzielle Last tragen, kann ein großes Hindernis sein!

Außerdem sind deine Ansprüche an die Arbeit anderer hoch. Es muss schnell gehen und perfekt sein, wenn etwas für dich erledigt wird. Dass du selbst kläglich scheitern würdest, müsstest du das superleckere, gesunde Essen kochen, die Wochenendeinkäufe erledigen oder die PowerPoint-Präse erstellen, ist dir dabei egal.

Wenn du auf deinen professionell blitzblank geputzten Sneakers einen Fleck entdeckst, kann das zu schlechter Laune führen. Dein Maßstab für die Arbeit anderer ist Perfektion, drunter machst du es nicht.

Eigentlich bist du nicht kleinkariert, denn du willst ja immer Großes bewirken, aber bei Minor Inconveniences könntest du an die Decke gehen, wo zum Beispiel ein Stier nur mit den Schultern zucken würde.

Das liegt daran, dass solche Kleinigkeiten für dich Wahrsage-Charakter haben. Der Fleck auf den Sneakers wird in deiner Wahrnehmung zum Vorboten für ein gescheitertes Projekt.

Wenn man dich deswegen für ichbezogen oder egomanisch hält, geht das nicht spurlos an dir vorbei. Denn du hast tatsächlich eine gute Portion Selbstbezogenheit, aber nicht unbedingt mehr als andere. Du hast ein großes Ego, aber auch ein großes Herz, eine große Brieftasche und große Visionen. All das teilst du gerne, aber du hast eben auch hohe Erwartungen. Du bist einfach Speziell. Mit einem großen S.

Wenn du nicht ausgeglichen bist und dich deine eigene übersprudelnde Energie unter Strom setzt, besteht die Gefahr, dass du zu einem ungehobelten Klotz mutierst, einfach weil du den Wert eines freundlichen Miteinanders vergisst. Dann gilt bei dir nicht mehr: »Ich denke, also bin ich«, sondern »Ich bin, deswegen brauche ich noch nicht mal zu denken«.

In solchen Momenten bist du impulsiv und tust Dinge, ohne darüber nachzudenken. Das kann gut ausgehen, ist aber oft auch schädlich für dich und andere.

Du handelst unbewusst und nimmst auch deine Umwelt nicht wahr. Du bist dann wie ein Kind, das seine Grenzen nicht kennt. Das sich stößt und sich blaue Flecken holt und auch andere verletzt.

In solchen Situationen kannst du auch richtig wütend werden, da fährt dein Herrscherplanet Mars, der Kriegsgott, richtig auf und kennt keine Grenzen. Vielleicht hast du so schon das eine oder andere Mal verbrannte Erde hinterlassen.

Das ist deine Widder-Kraft, die ja eine wundervolle Gabe ist, wenn sie in die richti-

DEINE HEILSTEINE

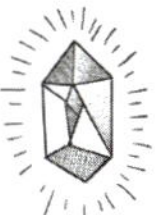

Bevor du deinen Stein benutzt, ist es gut, ihn unter fließendem Wasser zu reinigen, ihn unter das Licht des Vollmondes zu legen oder ihn in der Sonne aufzutanken. Wenn du ihn das erste Mal benutzt, empfehle ich dir, ihn mit deiner persönlichen Intention aufzuladen. Sag ihm bitte deine Absicht und was du mit ihm erreichen möchtest und/oder welche Kraft er dir geben soll. Du kannst ihn auch einfach in die Hand nehmen und ihn mit dem gewünschten Gefühl, Gedanken, Wort aufladen. Bitte handle zum Wohle aller und nur aus Liebe.

Für das Tierkreiszeichen Widder empfehle ich als Hauptstein den Karneol. Er stärkt deine idealistische Seite und schenkt dir Energie und Lebensfreude, während er dich daran erinnert, die schönen Dinge zu genießen. Außerdem unterstützt er dich dabei, im Moment zu leben, dich auf das einzulassen, was ist. Denn der schöne Karneol schärft den Sinn für das Wesentliche. Um die Kraft des Karneols optimal zu entfalten, solltest du ihn regelmäßig entladen, indem du ihn unter Wasser hältst. In der Sonne kannst du ihn wieder aufladen. Aber auch der rote Jaspis und der Heliotrop haben einen positiven Einfluss auf die Widder-Energie.

gen Bahnen gelenkt wird. Nur musst du sie auch richtig einsetzen.

LIEBE

In der Liebe kannst du tiefe Gefühle entwickeln und große Zärtlichkeit geben. Dazu brauchst du eine Partnerschaft auf Augenhöhe, die dich kontinuierlich fordert, in der du nicht alles bestimmen kannst.

Du denkst zwar, du brauchst eine:n nachgiebige:n Partner:in, der/die für Harmonie sorgt, weil sie/er dich bestimmen lässt, gleichzeitig werden dir Menschen mit diesen Qualitäten schnell langweilig.

Dazu passt auch, dass du dich in deine Projektion eines Menschen verliebst, da du ja – wie am Anfang schon geschrieben – gerne die Dinge siehst, wie sie sein könnten, nicht, wie sie sind.

Damit verbunden ist auch, dass Widder-Geborene gerne Menschen in Not retten. Danach gibt es wie im Märchen vermeintlich das Happy End. Aber wir sehen eben nur den Schriftzug. Dann ist der Film zu Ende, und wie das echte Leben weitergeht, sehen wir nicht mehr.

Es geht einfach gerne dein Jagdtrieb mit dir durch, denn gerade beim Werben folgst du am liebsten den Regeln der Jagd. Bist schnell wie immer und kannst dein Gegenüber durch die pure Kraft und volle Energie, die du in deinen Balztanz steckst, gewinnen. Darauf folgt aber auch schnell die Ernüchterung, und du bist wieder weg.

Denn eigentlich magst du Persönlichkeiten, die nicht zu allem Ja und Amen sagen. Das kann durchaus ein:e sensible:r und emotionale:r Partner:in sein, die/der auf eine schöne Art und Weise deine Verletzlichkeit und Sanftheit hervorbringt, aber du brauchst auch Tiefe, Konflikt, Konfrontation und Ansporn, und du kannst sehr ambivalent sein. Innerhalb kürzester Zeit wechselst du dann zwischen großen gefühlvollen Gesten und unsensibler Schroffheit und merkst gar nicht, wie sehr du dein Gegenüber damit verletzen kannst. Was deine Beziehungen zusätzlich erschweren kann, ist dein ausgeprägter Hang zur Verschlossenheit. Du lässt dir nur sehr ungern in die Karten gucken. »Sich zu erklären« empfinden Widder-Geborene als »Sich rechtfertigen müssen«, und das ist in ihren Augen eine Schwäche. Es kann aber durchaus hilfreich sein, deine Motivation darzulegen, das sorgt beim Gegenüber für mehr Verständnis und würde dich selbst und deine:n Partner:in einfach positiv zusammenbringen.

Dein Love Interest braucht also ein dickes Fell und einen starken Charakter. Wenn ihr aber matcht, belohnst du das mit tiefer Liebe, Zärtlichkeit und Loyalität. Und es bleibt auf jeden Fall spannend.

Je nachdem, wie viel du dich schon mit dir selbst beschäftigt hast, war jetzt entweder viel Neues für dich dabei und du hast dich in der einen oder anderen Beschreibung wiedererkannt, oder aber du hast Themen schon bearbeitet und bist schon viel weiter. Das alles ist ein Angebot an dich, dein Potenzial auszuschöpfen. Mit den folgenden praktischen Tipps und Anregungen fällt es dir sicher leichter.

DEIN RITUAL

Du brauchst regelmäßig Sport und Bewegung als Ventil und auch, um deine Kraft zu erwecken. Es sollte ein Sport sein, der dir Spaß macht, bei dem du dich physisch auspowern kannst. Zum Beispiel Boxen, Crossfit, Basketball, Fußball. Das ist wichtig, um deine aufsteigende Feuerenergie abzuleiten. Sonst könnte es passieren, dass zu viel Feuer und Hitze in deinen Kopf steigt, du also hitzköpfig wirst. Vor deiner Session könntest du dir eine Intention setzen und bestimmen, wohin deine gleich entstehende Power energetisch hinfließt. Es könnte eine Person, eine Situation, ein Lösungsansatz bei einem Hindernis, ein Haustier, ein Baum, ein Element – Wasser, Feuer, Erde, Luft –, Frieden für ein Land, Frieden für die Welt, Heilung für eine kranke Person oder Ähnliches sein. Übe dich bei deiner Widmung in Dankbarkeit. Das wird dir eine hervorragende Balance geben.

Und solltest du doch mal wieder zu viel im Kopf haben, wird eine Kopfmassage bei dir Wunder bewirken.

EIN TIPP FÜR DICH

Wir haben in unserem Geburtshoroskop alle zwölf Sternzeichen-Essenzen. Manchmal ist es gut, mit dem Gegenpol, also mit dem gegenüberliegenden Sternzeichen im Tierkreis, zu arbeiten, um Eigenschaften, die man vielleicht noch nicht an sich kennt oder noch entwickeln kann, zu finden und so Balance zu erlangen. Um hier noch tiefer einzutauchen, kannst du dir auch das Sternzeichen-Kapitel zu deinem Gegenpol durchlesen.

Deine Widder-Perspektive ist oft zu selbstzentriert und einsam. Dabei entgeht dir häufig das Bereichernde, das andere Menschen beitragen können. Um deinen Horizont hier zu erweitern, empfehle ich dir, das im Tierkreis gegenüberliegende Sternzeichen Waage anzuschauen. Die Essenz des Zeichens geht in harmonische Verbindung mit anderen und kann sich dadurch in deren Perspektiven versetzen. Das heißt nicht, dass du deine starke Meinung und Position aufgeben solltest, sondern du profitierst davon, weil du deine Scheuklappen abnehmen kannst und andere dich besser verstehen können – und du die anderen auch. Wir alle haben das jeweils gegenüberliegende Sternzeichen als unseren Gegenpol in uns. Wecke die Waage in dir – es wird dir helfen!

TAURUS

STIER

Ich habe und sichere

21. APRIL – 20. MAI

HERRSCHENDER PLANET ~ VENUS

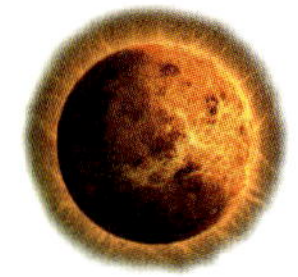

ELEMENT ~ ERDE

MODALITÄT ~ FIX

ESSENZ ~ BESTÄNDIG, MOTIVIERT, BEHARRLICH, GEDULDIG, AUSDAUERND, VERTRAUENSWÜRDIG, LOYAL, UNABHÄNGIG, GESCHMACKVOLL, KUNSTLIEBEND, MATERIALISTISCH, FANATISCH, BESITZERGREIFEND, STUR, ENGSTIRNIG, NACHGIEBIG

BEHERRSCHTES KÖRPERTEIL ~ HALS

TAROTKARTE ~ III DIE HERRSCHERIN

URSPRUNG

Der Stier ist das erste Erdzeichen im Tierkreis. Der Stier ist wie die Erde, er hält, sichert, unterstützt uns und hilft uns, Wurzeln zu schlagen. Wenn die Widder-Energie der Götterfunken ist, den es braucht, um zu beginnen, ist die Stier-Energie dafür da, daraus ein richtig schönes wohlig warmes, nährendes gemütliches Lagerfeuer zu errichten und zu bewahren!

Der Herrscherplanet der Stiere ist die Venus; sie steht für Schönheit, Liebe und Lebensfreude. Sie ist der dritthellste Stern am Himmel nach der Sonne und dem Mond. Mit ihrer Strahlkraft ist sie unser Morgen- und Abendstern und zeigt uns den Weg zu unseren Beziehungen, Leidenschaften und Künsten. Sie ist unsere Muse für ein freudvolles, erfülltes Leben.

Dein Sternzeichen ist voll von Sinnlichkeit, so wie die Natur im späten April und Mai. Es wird wärmer, und man kann es kaum erwarten, die Jacke zu Hause zu lassen und es zu genießen, die Sonne auf der Haut zu spüren. Den ersten Rosé im Freien zu trinken und das gesellschaftliche Leben erwachen zu sehen. Natürlich braucht man dafür auch eine sehr schicke, fancy Sonnenbrille. Die Venus kickt mit ihrer Lust for Life, sie verleiht dir Charme und Zauber.

WESEN

Da es in Souvenirgeschäften meinen Vornamen nie auf Schlüsselanhängern und irgendwelchen coolen Tassen gab, habe ich zu den Horoskop-Büchlein gegriffen. Meine Sonne steht im Stier, und so durfte ich lesen, dass für mich Sicherheit das Wichtigste ist und ich gar keine Abenteuer mag und ansonsten auch eher ganz schön langsam bin.

Wow, wer will das nicht sein als Neunjährige: langweilig, langsam und am liebsten nur in ihren eigenen vier Wänden hocken.

Heute verstehe ich, warum diese drei Begriffe im Zusammenhang mit dem Stier immer wieder auftauchen. Ich habe erkannt, dass ich nicht unbedingt Sicherheit brauche, sondern dass ich es liebe, Sicherheit zu erschaffen und zu bewahren! Und genau darum geht es bei der Stierqualität.

Der Stier hilft den vom Widder gebildeten Trieben, sich zu verwurzeln. Der Samen, der vom Widder gepflanzt wurde, wird vom Stier in ein Feld voll Getreide verwandelt, das alle versorgt mit Essen und einem guten, sicheren Leben. Der Stier sichert den Bestand, damit die Ressourcen nie versiegen.

Um die frischen Triebe zu großen Blüten werden zu lassen, braucht es Geduld, Ruhe, Ausdauer, Sicherheit und Gelassenheit, denn jeder Keim muss sich setzen um zu wachsen.

Als Erdzeichen haben Stier-Geborene außerdem einen naturgegebenen Pragmatismus und Realismus in sich. Den braucht es, um die impulsive Energie des Beginns unseres Tierkreiszeichens im Zeichen Widder zu kanalisieren und den Samen wachsen zu lassen.

Damit einher gehen ein guter Radar für Situationen und eine gewisse Menschenkenntnis und Empathie. Stiere, die in ihrer vollen Kraft sind, setzen selten aufs falsche Pferd. Egal, in welcher Situation, Stier-Geborene haben häufig ein sehr gutes Bauchgefühl und hören auch darauf.

Auch mit der rosaroten Brille auf der Nase prüfen Stier-Geborene noch schnell die finanziellen und familiären Grundlagen ihres Rendezvous. Für Stiere ist es essenziell, ihre Sicherheit und die ihrer Liebsten zu wahren. Man könnte denken, dass das ein durch und durch eigennütziger Zug ist, aber es ist vor allem ein bewahrender. Nicht nur für sich, sondern auch für alle, für die sie sich verantwortlich fühlen.

Stiere bieten auch in Freundschaften Beständigkeit und Sicherheit. Wahrscheinlich kommt dir das bekannt vor: Du hast lange, starke Freundschaften. Du bist loyal und stehst deinen Freundinnen und Freunden zur Seite, auch wenn du ihre Beweggründe nicht immer nachvollziehen kannst. Du bringst eine Großherzigkeit und Akzeptanz für das Wesen anderer mit, von der sich beispielsweise die kritische Jungfrau eine Scheibe abschneiden kann.

Dein Antrieb ist dein Hunger auf Reichtum, Stellung, Liebe, Essen, Schönheit oder andere sinnliche Freuden. Manchmal dauert es etwas, bis du weißt, was du wirklich möchtest, aber sobald du dein Ziel ins Auge gefasst hat und es wirklich, wirklich willst, kann dich nichts aufhalten. Dann ist dein Ziel wie das berühmte rote Tuch für den Stier. Du willst es um jeden Preis treffen. Um diese Kraft optimal zu nutzen, ist es am besten, wenn wirklich der Wunsch dein Motor ist – nicht die Leere eines empfundenen Mangels, sondern die Vorfreude auf das wirklich Richtige. So konzentrierst du dich auf echte Ziele und nicht auf Übergangsdinge oder Beziehungen, die nur kurz vorhalten und eigentlich nur nicht richtig haftende Pflaster sind.

Wenn es die Aufgabe des Stiers ist, zu manifestieren, zu unterstützen und gedeihen zu lassen, und sie so unser aller Überleben sichern, ist es nur verständlich, dass das physische, also materielle Ergebnis für Stier-Geborene ganz besonders wichtig ist.

Der Stier möchte alles fühlen und sehen, was ihm gehört, sonst ist es nicht real. Es soll etwas von Wert entstehen, und sein Reichtum soll haptisch sein – aka Gold, Schmuck, Bargeld, Immobilien, ein teures Auto. Er möchte seine Gaben fühlen, dann kann er sich entspannen. Mit theoretischem Reichtum in Form von ETFs, NFTs oder am besten noch Krypto kannst du wahrscheinlich gar nichts anfangen. Die Venus regiert unter anderem den Reichtum, und im Stier, im irdischen Zeichen, möchte die Fülle materialistisch angefasst werden.

Gleiches gilt auch für den Körper. Stier-Geborene sichern unser Überleben. Sie müssen ganz und gar Mutter Erde sein. Sie müssen ihren physischen Körper fühlen, drin wohnen. Sie sind fest in der Erde und ihrem irdischen Körper verwurzelt, ein durch und durch physisches Zeichen. Sie sind sehr naturverbunden und geerdet, und eine regelmäßige Verbindung mit der Natur ist für Stier-Geborene ein wichtiges Lebenselixier. Diese starke Körperlichkeit sorgt dafür, dass ihre fünf Sinne ganz besonders stark ausgeprägt sind.

Am liebsten checkt der Stier in einen Vergnügungspark ein, in dem alles aus haptisch angenehmen Stoffen wie Kaschmir, Marmor, edlem Holz und anderen hochwertigen Materialien gebaut, farblich gut kombiniert und stilsicher gestaltet ist, wo er wahnsinnig gutes hochqualitatives Essen bekommen, alles »teuer« und kostbar riecht und nur die allerbeste Musik läuft. Abends fallen die Stier-Geborenen dann mit ihrem Schatz in ihr superbequemes Bett, und es gibt noch eine Kuscheleinheit. Heaven yes!

Stiere lieben das qualitativ Hochwertige, weil sie gar nicht anders können. Ihre Sinne sind so gespitzt, dass sie Minderwertiges kaum ertragen. Wenn man dem Stier eins auswischen will, dann hängt man ihm einen stark riechenden Wunderbaum ins Auto oder bezieht ihm das Bett mit Polyester-Bettwäsche. Diese Künstlichkeit bereitet dem naturverbundenen Stier körperliche Schmerzen.

Je besser die Qualität, desto anregender für den Stier-Geborenen. Das kostet natürlich gerne mal ein bisschen mehr, aber der Stier schätzt Wertigkeit, da sie für ihn wirklich einen großen Unterschied macht. Stiere diggen Qualität und rennen dadurch keinen Trends hinterher, sondern setzen sie vielmehr selbst, egal, ob das die besten Restaurants, Bars, Designer, Bands oder Reiseziele sind.

Die Venus schenkt dem Stier seine Begabung im künstlerischen Feld, und so findet man viele Stiere in der Mode, Musik, Fotografie, Film, Kunst oder anderen künstlerisch kreativen Berufen.

Außerdem haben Stiere oft ein großes Faible für Tradition, auch hier geht es ums Bewahren. Antik-Flohmärkte, Museen oder Auktionshäuser mit seltenen Kostbarkeiten wie Schmuck, Juwelen, Gemälden, Kleidern und seltenem chinesischen Porzellan bringen die Stier-Herzen zum Flattern. Wahre Klassiker verursachen ihnen Gänsehaut. Bei Stieren gilt also Bares UND Rares. ;)

Wegen dieser ausgeprägten sinnerfüllten Seite tun Stiere gut daran, ihre Talente für Dinge einzusetzen, die einen greifbaren Wert haben. Das vermittelt ihnen Stabilität, und darin sind sie auch einfach am besten. Der Stier kann aufbauen. Ob es sich um Beziehung oder (gewählte) Familie, das Zuhause, Vermögen oder ein Business handelt.

TAROTKARTE FÜR DICH: III DIE HERRSCHERIN

Die Tarotkarte III zeigt die Herrscherin und steht für Weiblichkeit, Fruchtbarkeit, Mutter, Wachstum und Fülle. Sie hat eine unbändige innere Kraft, Selbstvertrauen und Verantwortungsbewusstsein, um aus einem kargen Land eine ertragreiche, wertvolle, wohlwollende, nährende Oase zu schaffen. Sie ist absolut naturverbunden. Die Venus auf dem Herz-Stein zeigt uns, dass sie es gut mit den Menschen, Tieren und Idioten dieser Welt meint. Ein bisschen Scharfsinnigkeit und das Setzen von Grenzen tun der Herrscherin gut, sodass sie nicht allen getarnten Schurken und Plünderern ihr ertragreiches Ackerland zur Verfügung stellt. Sie muss lernen, sich liebevoll zu schützen und mit den Zeiten, dem natürlichen Zyklus zu gehen, um nicht vollkommen ausgepowert als Reaktion ihren eigenen Fluss versiegen zu lassen und dann nichts mehr für ihr reiches Feld zu machen. Sie kann mit ihrer Kraft und ihrer Vorstellungskraft erschaffen und manifestieren.

Am besten gelingt es dir, lieber Stier, wenn du deinen fünf Sinnen in deinem Beruf freien Raum gibst. Gerade im Beruf ist es wichtig, dass du etwas anbietest oder erschaffst, was du als wirklich wertvoll schätzt, und es sollte gleichzeitig profitabel sein. Das kann eine schöne Boutique, ein veganer Lunchspot oder ein Kosmetiksalon sein. Wenn du von deiner Ware als wertvoll überzeugt bist und Kosten und Nutzen stimmen, kannst du auf deinem Gebiet ehrlich flowen.

Die Selbstständigkeit steht dir gut, oder aber ein Posten in einer Firma, in der du sehr frei agieren kannst.

Das Urbedürfnis eines jeden Stier-Geborenen ist, etwas zu erschaffen, das sinnvoll, anfassbar und beständig ist und für seine Leistung, seine Kraft und vor allem seinen eigenen Wert steht.

Bis der Stier »seine« Aufgabe, gefunden hat, ist er oft lost und antriebslos und braucht andere, um in die Gänge zu kommen. Du brauchst dein Ziel und etwas Struktur. Wenn beides da ist, kann dich nichts mehr aufhalten. Und dann kannst du mit deiner Kunst und deinem Können die Welt verzaubern.

Nur deine Ungeduld kann dir dann noch das Leben schwer machen. Denn du bist zwar sehr geduldig mit anderen, aber überhaupt nicht mit dir selbst. Du willst die Früchte deiner Arbeit sofort sehen und in den Händen halten. Das kann dazu führen, dass du eventuell vorschnell Entscheidungen fällst und lieber irgendein Ergebnis hast, als noch weiter zu warten. Das ist ungefähr so, als ob du dich mit dem ersten Türchen im Adventskalender zufriedengibst, anstatt auf dein großes Geschenk am 24. zu warten.

Dein Wunsch, die Dinge zu sichern und zu bewahren, macht dich wahrscheinlich auch zu einem ausgeprägten Sammler, oder? Ich schreibe da aus Erfahrung. Das ist ganz einfach so, weil du tief in dir verankert das Bedürfnis nach Unabhängigkeit hast. Du möchtest dein eigenes Geld machen, ein eigenes Haus bauen, das eigene Essen kochen. Du bist wie ein Eichhörnchen, das Nüsse sammelt und aufbewahrt, sodass du und deine (gewählte) Familie immer genug zu essen haben. Du sicherst euer aller Überleben.

Also sammelst du – Dinge, Klamotten, Schuhe, Schmuck, Wertvolles und auch Freundinnen und Freunde. Was du wertvoll findest, möchtest du behalten. Das klingt jetzt im Hinblick auf Menschen vielleicht schräg, aber Stier-Geborene werden ihre wertvollen Schätze immer respektieren, hüten und achten. Und das ist ja erst mal nicht verkehrt in einer Freundschaft.

Dein Sammeltrieb kann allerdings auch vollkommen überhandnehmen. Dann haben wir plötzlich 500 Trilliarden Paar Schuhe, 28 000 000 schicke Sonnenbrillen und 85 000 verschiedene Küchenutensilien. Das ist bei Dingen nicht so schlimm – solange man genug Platz hat, natürlich. Bei Freundinnen und Freunden kann das aber schwierig werden, denn irgendwann kann man nicht mehr allen die Aufmerksamkeit zukommen lassen, die jede:r Einzelne von ihnen braucht.

Wundere dich also nicht, wenn deine Liebsten (für dich) aus dem Nichts heraus sauer werden. Sie werden im Streit wahrscheinlich darauf pochen, dass auch ihnen mal etwas Quality Time zusteht. Spätestens dann und wenn der Mensch dir was bedeutet, solltest du das ernst nehmen. Es kann nämlich gut sein, dass sie vorher schon eine Menge subtiler Hinweise hinterlassen haben, die du überhaupt nicht wahrgenommen hast.

Überhaupt bist du eher ein Fan der klaren Worte, Zwischentöne sind nicht so dein Ding, und wenn eine Beziehung etwas kompliziert wird, kann dich das leicht überfordern, und dann weißt du gar nicht mehr, wohin mit dir. In dem Fall hilft (wie meistens), sich Zeit nehmen, in sich hineinhören, aber auch der anderen Person zuhören. Bei passiv-aggressivem Verhalten oder anderen unterschwelligen Vorwürfen ziehst du aber ganz klar eine Grenze.

Du kannst einen Streit beenden und nicht mehr drüber reden, aber du wirst ihn wahrscheinlich nicht vergessen. Es kann sein, dass du dich lange erinnerst und ihn auch 20 Jahre später noch im (un)passenden Moment hervorkramst.

Du musst aber selber aufpassen, dass du dich nicht verrennst, denn du bist zwar sehr realistisch und pragmatisch, aber du kannst unten drunter auch ganz plötzlich einer fixen Idee verfallen und das selber gar nicht wahrnehmen. In deinen Augen bist du also nach wie vor noch das absolut objektivste, realistischste Sternzeichen, und keiner sieht so klar wie du, in Wirklichkeit bist du gerade aber total einseitig unterwegs und lässt dann auch keine andere Meinung zu. Das kann es deinen Lieben schwer machen, dich aus so einer fanatischen Stimmung herauszuholen.

LIEBE

Stier-Geborene sind sich im Allgemeinen ihres Wertes und ihrer Talente bewusst, und wenn sie davon etwas geben, möchten sie auch gut entlohnt werden. Der Eigenwert und der Wert dessen, was sie erreichen und besitzen wollen, sind in ständigem Austausch. Oft sind sie sehr auf ihre Anziehungskraft auf mögliche Love Interests bedacht, denn auch das ist ein Gradmesser für ihren Wert. Die eigene Erscheinung ist ihnen sehr wichtig. Die meisten Stier-Geborenen mögen Eleganz und pflegen sich sehr gerne und aufwendig.

Es gibt aber natürlich auch die Stier-Geborenen, die weniger elegant, dafür eher natürlich unterwegs sind. Aber alle Stiere eint: Sie werden von der Venus regiert, und die Venus liebt die Schönheit in all ihren Facetten.

Gerade Stier-Frauen gelten häufig als das Idealbild der Frau. Überaus weiblich, beschenkt mit Sinnlichkeit, Zärtlichkeit, Power, Sexualität und Geduld.

Paradoxerweise kann genau das deine Achillesferse sein. Denn wenn du nicht ganz in deiner Stierpower und noch auf der Suche bist, dann ist es genau dieser Selbstwert, der dir fehlt. Von dem du aber instinktiv weißt, dass er da sein sollte.

Und das resultiert in einer kaum enden wollenden Suche nach den passenden Dingen, die deinen Wert heben sollen, vor allem aber in der Suche nach einer/einem Seelenpartner:in, mit der/dem du verschmelzen kannst. Der Hang der Stier-Frau zu Flair, Erfolg und Tausendsassas, die etwas unberechenbar sind, macht sie dann zur idealen Beute für genau diese unbeständigen Naturelle. Auch wenn etwas nur als leichter Sommer-Flirt gedacht war, wird es mit Stier-Geborenen schnell zu etwas Festem. Für ihre:n neue:n Partner:in stellen sie dann hingebungsvoll ihre Wohnung, ihr Bett, ihren Kühlschrank, ihre Wärme, ihre Klamotten, ihr Auto, ihr Geld, ihre Zeit und sonstige Ressourcen zur Verfügung und springen mit Anlauf in die Mama-Rolle. Das schreckt die Unbeständigen entweder ab und lässt eine verwirrte Stier-Frau zurück, die alles von sich gegeben hat und ihren Selbstwert nun noch weniger fühlt, oder aber die/der Partner:in nistet sich ein in dieser gemütlichen Beziehung, trägt aber wenig dazu bei. Stier-Frauen können zwar warten, und das sehr lange, aber irgendwann wird es auch ihnen zu bunt. Es kann dann nur gut sein, das Jahre ins Land gezogen sind, in denen sie in einer Partnerschaft gelebt haben, die von Anfang an nicht ausgeglichen war.

Diese Tendenz haben ja nicht nur Stier-Geborene, aber bei dir ist sie besonders gefährlich, denn durch das riesige Selbstwert-Vakuum, das entsteht, wenn du deinen Selbstwert nicht fühlst, fängst du an, dir die Bestätigung durch andere zu suchen. Du gibst also deinen kompletten Selbstwert in fremde Hände. Du bist süchtig nach der Bestätigung von außen, weil du denkst, nur so kannst du die Leere in dir füllen. Und dann brauchst du immer mehr, egal wie viel Bestätigung und Unterstützung du bereits von außen erhältst, und bist umso anfälliger für vermeintliche Schwankungen deines Selbstwertes, nur weil jemand in deinen Augen nicht enthusiastisch genug in seiner Lobpreisung war.

Wenn du in diesem Zustand bist, bist du auch sehr anfällig für Menschen, die es nicht so gut mit dir meinen oder einfach nicht die Richtigen sind. Weil du die Lücke in deinem Inneren einfach nur schnell füllen möchtest, wirfst du deine Menschenkenntnis über Bord und überlässt deiner Schönheitsliebe und deiner Liebe zum Teuren und der Extravaganz das Ruder. Man kann leider sagen, dass du dann wirklich auf jedes vermeintlich schöne Instagram-Profil reinfällst und die Eigenschaften wie Charakter, Ehrlichkeit und Loyalität, die dir ja sonst sehr wichtig sind, komplett in den Hintergrund gedrängt werden. Du willst eine gute Partie machen – nur manchmal ist eine vermeintlich gute Partie eben keine gute Partie, weil du nur oberflächlich schaust und dich von Schönheit blenden lässt.

Es wird in deinem Leben also die eine oder andere Schlange geben, der du eventuell sogar noch schmeichelst und die du durchfütterst. Das kann ein böses Erwachen geben. Muss es aber nicht. Denn wenn du die Schlange erst mal als Schlange erkannt hast, sie den Bogen nicht überspannt und dich nicht ernsthaft reizt, kannst du sie wunderbar in ihrer Schlangenhaftigkeit ak-

DEINE HEILSTEINE

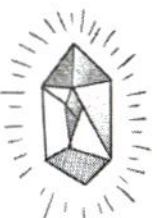

Bevor du deinen Stein benutzt, ist es gut, ihn unter fließendem Wasser zu reinigen, ihn unter das Licht des Vollmondes zu legen oder ihn in der Sonne aufzutanken. Wenn du ihn das erste Mal benutzt, empfehle ich dir, ihn mit deiner persönlichen Intention aufzuladen. Sag ihm bitte deine Absicht und was du mit ihm erreichen möchtest und/oder welche Kraft er dir geben soll. Du kannst ihn auch einfach in die Hand nehmen und ihn mit dem gewünschten Gefühl, Gedanken, Wort aufladen. Bitte handle zum Wohle aller und nur aus Liebe.

Der Hauptstein für den Stier ist der Stein der Lebendigkeit und der Lebensfreude – der orangefarbene Bernstein. Er passt zum Stier, weil er mit seiner konservierenden Eigenschaft – der Bernstein bewahrt Insekten und Pflanzen – für Tradition und alte Werte steht, Eigenschaften, die dir als Stier ein Gefühl von Sicherheit und Beständigkeit geben. Da der Stier in seinen Traditionen und Werten, in seinen Ansichten und mit Menschen, die er um sich gesammelt hat, verharrt, unterstützt der Bernstein ihn darin, Entscheidungen zu treffen und die Comfort Zone zu verlassen. Der Bernstein ist dein Schutzstein. Weitere Steine für dich sind Malachit und Jade.

Der Rosenquarz ist mein persönlicher Favorit als Heilstein für den Stier. Er unterstützt unser Herz, verstärkt Sensibilität und Romantik und zeigt uns unsere Sehnsüchte und Wünsche. Gerade, was das Thema Selbstwert angeht, kann der Rosenquarz den Stier-Geborenen helfen, ihn zu erkennen. Durch ihn bekommen wir mehr Vertrauen in uns selbst, und das schenkt uns Sicherheit. Er hilft außerdem beim Loslassen von Dingen und Beziehungen, die nicht mehr gut sind, und macht gerade Stier-Geborene aufgeschlossen für einen Neubeginn.

zeptieren und weißt, wo du Grenzen ziehen musst.

Übertreibt sie aber ihre Rolle, kann von einem auf den anderen Moment Schluss sein, und du jagst sie mit all ihren Habseligkeiten vom Hof, ohne je wieder mit ihr zu sprechen. Du hast eine engelsgleiche Geduld, aber wenn die überstrapaziert wird, bricht der Vulkan aus.

Warum die Schlange überhaupt so lange bleiben durfte? Das hat mit einer nicht ganz so schönen Ausprägung deines Wesens zu tun, denn du kannst manchmal Menschen ausnutzen. Du sammelst und möchtest besitzen, und manchmal, wenn ein Mensch dir etwas bieten kann, was du in deinem Leben selbst nicht hast, dann möchtest du daran partizipieren. Das kann zum Beispiel die Freundin sein, die – wenn du ehrlich bist – ohne ihre Pluspunkte, wahnsinnig gutes Bananenbrot zu backen oder einen supergrünen Daumen zu haben und regelmäßig deine Zimmerpflanzen zu retten, gar nicht zu deinen Freundinnen zählen würde. Na ja, sagst du jetzt wahrscheinlich. Sie bekommt ja auch etwas dafür. Meine Freundschaft und Begleitung. Und das ist doch ein fairer Tausch. Da ist er wieder, dein unvergleichlicher Pragmatismus. ;)

Du bist fähig zu bedingungsloser Selbstliebe und hast deine eigene Sichtweise. Du weißt, was gut für dich ist, und forderst das ein. Als Folge dessen kannst du stur und besitzergreifend sein. Das ist in seinem Ursprung kein egoistischer Zug. Um zu erkennen, dass der vom Widder gezündete Funke etwas ist, das geschützt, bewahrt und unterstützt werden muss, muss man den Wert des Funkens erkennen. Trotzdem ist es nicht verkehrt, als Stier-Geborene:r zu wissen, dass man so rüberkommen kann. Wie bei allen eher negativen Mustern ist es ja schon gut, wenn man um sie weiß und gegensteuern kann.

Meist hilft es, sich zu erklären. Unterbewusst wollen Stier-Geborene immer, dass es all ihren Lieben gut geht und dass alle gut versorgt sind. Und diese Tendenz zu hüten und zu bewahren kann eben auch recht egomane Züge annehmen. Aber eigentlich sind Stiere Herdentiere, sie finden ihre Stärke und Geborgenheit in der Gruppe.

Stier-Geborene können sehr zärtlich und liebevoll sein. Da sie ein so körperliches Zeichen sind, drücken die meisten Stiere ihre Liebe sehr sichtbar und haptisch aus. Sie können ihre Gefühle gut zeigen und sind durchaus besitzergreifend. Für die/den richtige:n Partner:in ist das himmlisch, es kann aber auch schnell zu viel sein, wenn die/der Partner:in eher zu leichten Verbindungen neigt. Denn wenn der Deal stimmt, geben sich Stier-Geborene ganz hin. Sie sind hingebungsvoll und lassen ihre:n Partner:in an all ihren Qualitäten teilhaben, vorausgesetzt, man erfüllt seinen Teil der unausgesprochenen Vereinbarung und sorgt für Sicherheit und verwöhnt sie, denn das stellt einen Wert für sie dar. Sie sind verlässlich und erwarten das auch von ihrer/ihrem Partner:in.

Wahrscheinlich bist du eigentlich auch fürchterlich romantisch, auf eine altmodische Märchen-Art. Meist lieben Stier-Geborene althergebrachte Rituale und wünschen sich im tiefsten Innern einen romantischen Antrag, fette Verlobungsklunker (materialistisch :)) und eine große Hochzeit in Weiß.

Das heißt aber nicht, dass sie Mauerblümchen sind; sie sind sinnlich, lieben die schönen Seiten des Lebens und können sehr schwelgerisch sein. Das drückt sich in ihrem Sex- und Beziehungsleben aus. Wenn diese Mischung stimmt, sind die Stiere loyale Gefährten.

Im besten Fall finden Stier-Geborene eine:n Partner:in, die/der ähnliche Ziele anstrebt. Dein Beziehungs-Ideal ist wahrscheinlich etwas symbiotisch Festes, vollkommen Zuverlässiges.

Um so etwas zu finden, musst du kritisch sein, genauer hinschauen und jemanden suchen, der etwas Ähnliches anstrebt und ähnliche Werte teilt. Ich sage das hier noch einmal so deutlich, weil wir ja inzwischen wissen, dass du manchmal zu oberflächlich hinsiehst, dich von schönen Augen ablenken lässt und so am Ende nur Zeit vergeudest. Solltest du wiederholt Enttäuschungen erleben, nachdem du zu eng und zu schnell mit jemand anderem verschmolzen bist, solltest du das als ein Zeichen sehen, dass du noch mehr bei deinen eigenen Werten und Vorstellungen bleiben solltest. Wirf nicht alles sofort über Bord, nur weil du dir so sehr wünschst, dass es dieses Mal klappt.

Und vielleicht musst du auch noch mehr über deine eigenen Werte rausfinden und dir deines Selbstwertes noch stärker bewusst werden. So kannst du deine eigene Energie aufbauen und richtig ausrichten, und damit ziehst du automatisch Partner:innen an, mit denen diese Art des Verschmelzens möglich ist.

Gerade die träumerischen Idealisten fühlen sich sehr zu Stier-Geborenen hingezogen, weil ihr Können, den Alltag zu meistern und praktische Probleme auszuräumen, fast unerreicht ist.

In der richtigen Partnerschaft sind deine endlose Geduld und angenehme Gelassenheit ein echtes Geschenk für jeden, der kein tägliches Drama sucht.

Stier-Geborene suchen das Glück, und da sie dafür keine komplexen Dinge brauchen, können sie es auch finden und so mit ihrer Strahlkraft, Freude und Leichtigkeit die Menschen um sich herum anstecken.

Je nachdem, wie viel du dich schon mit dir selbst beschäftigt hast, war jetzt entweder viel Neues für dich dabei und du hast dich in der einen oder anderen Beschreibung wiedererkannt, oder aber du hast Themen schon bearbeitet und bist schon viel weiter. Das alles ist ein Angebot an dich, dein Potenzial auszuschöpfen. Mit den folgenden praktischen Tipps und Anregungen fällt es dir sicher leichter.

EIN TIPP FÜR DICH

Wir haben in unserem Geburtshoroskop alle zwölf Sternzeichen-Essenzen. Manchmal ist es gut, mit dem Gegenpol, also mit dem gegenüberliegenden Sternzeichen im Tierkreis, zu arbeiten, um Eigenschaften, die man vielleicht noch nicht an sich kennt oder noch entwickeln kann, zu finden und so Balance zu erlangen. Um hier noch tiefer einzutauchen, kannst du dir auch das Sternzeichen-Kapitel zu deinem Gegenpol durchlesen.

In deiner Stier-Energie ist dein Wunsch nach Bestätigung von außen oft ein Bremsklotz für die Entwicklung deines wahren Selbst und deines Potenzials. Um deinen Horizont hier zu erweitern, empfehle ich dir, das im Tierkreis gegenüberliegende Sternzeichen Skorpion anzuschauen.

Dein Gegenpol, die Skorpion-Energie, gibt dir die wichtige Kraft, nicht in jedem nur das Beste zu sehen und deine Augen auch für die niederen menschlichen Beweggründe zu öffnen. Fahr nicht zu sehr auf Äußerlichkeiten ab und erlaube dir, deinen Selbstwert nicht davon abhängig zu machen, jedem zu gefallen. Die skorpionische Kraft in deinem Geburtshoroskop wird dich inspirieren, Dinge und Menschen loszulassen, die nicht mehr gut für dich sind.

DEIN RITUAL

Sorge und nähre dich mit Zeit und Aufmerksamkeit. Als Stier stehst du auf Gaumenfreuden. Gönne dir mindestens ein Mal die Woche einen Gourmet-Abend zu Hause und koche dir ein leckeres Gericht. Schon die Zutatenauswahl und das Kochen befriedigen deinen Versorger-Spirit. Beim Einkaufen und Kochen dieses Gerichtes stellst du dir den ganzen Prozess der Lieferkette vor und dankst innerlich allen, die daran beteiligt waren. Dem Gemüse, der Erde, dem Wasser und der Sonne, die es zum Wachstum gebracht haben, den Landwirt:innen, den Erntehelfer:innen, dem Tier, wenn es Fleisch oder Fisch ist, den Fahrer:innen. Bis zu den Mitarbeiter:innen im Supermarkt gehst du die Lieferkette durch und empfängst dein Essen in Dankbarkeit und Liebe. Wenn dein Gericht fertig zum Verzehren ist, bedankst du dich auch bei dir. Für die Achtung, Aufmerksamkeit und Zeit, die du dir geschenkt hast!

Sich mit schönen Früchten der Natur zu umgeben, ist wie warmer Balsam für deine Stier-Seele. Wenn das Gericht dann auch noch schmeckt, hast du alle deine Sinne befriedigt (und vielleicht auch für deine Liebsten mitgekocht) und deine Versorgerrolle im Schönen übernommen.

VII
DER WAGEN

ZWILLINGE

Ich denke und lerne

21. MAI – 21. JUNI

HERRSCHENDER PLANET ~ MERKUR

ELEMENT ~ LUFT

MODALITÄT ~ VERÄNDERLICH

ESSENZ ~ AGIL, ANPASSUNGSFÄHIG, KOMMUNIKATIV, INFORMATIV, VERBUNDEN, INTELLIGENT, GESCHWÄTZIG, ÜBERTRIEBEN, TRÜGERISCH, GERISSEN, OBERFLÄCHLICH, INKONSEQUENT

BEHERRSCHTES KÖRPERTEIL ~ BRONCHIAL-LUNGENSYSTEM

TAROTKARTE ~ VII DER WAGEN

URSPRUNG

Unser drittes Sternzeichen im Tierkreis ist das der Zwillinge, das erste Luftzeichen. Es ist auch das erste Zeichen, das nicht animalisch ist. Wenn wir vorher im Feuer, dem impulsiven Startpunkt des Tierkreiszeichens (Widder – männliches Prinzip) und in der Erde, dem intuitiven Bewahren und Überleben (Stier – weibliches Prinzip) unterwegs waren, kommen wir jetzt in den weiten, offenen, abstrakten Raum der Luft. Es ist die Geburt des Bewusstseins, in dem das kopflastige Denken beginnt. Nachdem die Samen im Widder gesät und die Pflanzen durch die Stier-Energie genährt wurden, verteilt der Zwilling nun die Pollen mithilfe der Luft.

Vermeintliche Gegensätze miteinander zu verbinden und alle Seiten einer Medaille zu ergründen ist das Zwillingsnaturell. Zwillinge haben immer beide Pole in sich, und diese zu integrieren ist ihre Lebensaufgabe.

Der das Sternzeichen Zwillinge beherrschende Planet Merkur steht für die linke Gehirnhälfte, fürs lineare, logische, rationale, für schlussfolgerndes Denken. Es ist die Erkenntnis von Zusammenhängen: Ich habe hier ein Auto mit einem Motor, dort fülle ich Benzin rein oder lade es mit Strom, und wenn ich auf das Gaspedal trete, dann fährt es.

Es ist ein Weg, nach dem reinen Schöpferischen unsere Realität aufzubauen, einen Sinn zu (er)schaffen aus dem Erlebten und der Erfahrung, indem man die Punkte miteinander verbindet. Zwillinge schaffen das erste Bewusstsein, das kopfgesteuerte Entscheidungen trifft, anstatt der Intuition zu folgen. Merkur ist auch der schnellste, beweglichste und kleinste Planet unseres Sonnensystems und auch der Planet mit den höchsten Temperaturschwankungen aka Stimmungsschwankungen. Er ist der Götterbote, er überbringt Nachrichten zwischen den Göttern untereinander und zwischen den unsterblichen Göttern und den sterblichen Menschen. Kein Wunder also, dass, wenn der Merkur rückläufig ist, unser aller Kommunikation einen Schluckauf hat. (Bestimmt habt ihr schon mal von Mercury Retrograde gehört, lest gerne in der Einleitung nach.

WESEN

Zwillinge vereinen beide Prinzipien – männlich und weiblich, Erde und Himmel, hell und dunkel – in sich. Du bist zwei! Wie kein anderes Sternzeichen verkörperst du die Polarität unserer Welt.

Um deine Energie dabei richtig zu verstehen, ist es wichtig zu wissen, dass die beiden Zwillings-Pole – also die beiden Zwillinge – nicht innig vereint sind, sondern wie Castor und Pollux (der irdische und der göttliche Zwilling) getrennt wurden. Der große Abstand zwischen deinen beiden inneren Wesen ist auch deine größte Herausforderung, und deine Lebensaufgabe ist es, diese beiden Pole in dir zu vereinen und Brücken zu bauen.

Zwillinge-Geborene sind immer im Spannungsfeld ihres eigenen Bewusstseins und ihres Unterbewusstseins, das für sie sehr schwer fassbar ist. Sie müssen akzeptieren, dass sie wie kein anderes Sternzeichen beide Seiten einer Medaille sind und in sich tragen.

Diese Zerrissenheit macht ihnen Angst, und oft trauen sie sich selbst nicht über den Weg, und ihren Gefühlen schon gar nicht. Deswegen flüchten sie sich ins rein Intellektuelle, Kopfgesteuerte und haben meist eine sehr schwache oder keine Verbindung zu ihrer dunklen, unbewussten, emotionalen Gefühlsseite. Und da sie sich nicht mit ihrer verborgenen Seite beschäftigen möchten, tauchen sie insgesamt nicht zu tief, sei es in Beziehungen, aber auch in ihren vielfältigen Interessenbereichen.

Denn Zwillinge haben meist mannigfaltige Interessen, immer neue Ideen und verstehen es wie kein:e andere:r, auf vielen Gebieten ein:e anregende:r und interessante:r Gesprächspartner:in zu sein. Ihr Intellekt ist dabei so schnell, brillant und kommunikativ wie der Merkur selbst.

Die Zwillinge-Energie steht für das lineare Denken der linken Gehirnhälfte (auf eins folgt zwei und drei). So sind Zwillinge-Geborene in der Lage zu analysieren, zu verbinden und zu kommunizieren. Sie können leicht das Unwichtige weglassen, worüber sich zum Beispiel ein Stier den Kopf zerbrechen würde. Sie kommunizieren für ihr Leben gern. Sie lieben Sprache, die direkte Verbindung mit ihrem Element Luft – über unsere Stimmbänder werden Töne in die Luft getragen, und die Luft um uns herum trägt diese Energie weiter.

Sie erfassen oft sofort die verschiedenen Seiten einer Angelegenheit, können sie schnell für die langsameren oder geistesabwesenden Sternzeichen in mundgerechten Häppchen servieren und »die Kost« leicht bekömmlich machen. Sie sind die geborenen Journalisten, Reporter und Social-Media-Stars.

Social Media scheint für Zwillinge geschaffen zu sein. Bisschen Insta, TikTok und vor allem Twitter, die kurzen prägnanten Bits and Pieces sind für sie eine großartige Ausdrucksfläche.

Überhaupt lieben sie es, in Gesellschaft zu sein und mit ihrem Charme, subtilen Witz, Esprit, ihrem Wissen und ihrer Neugier die eigene Duftnote (Luft) bei gesellschaftlichen Events zu verteilen.

Das veränderliche Luftzeichen Zwillinge kann man überallhin mitnehmen, sie werden sich und alle anderen Gäste immer amüsieren und gut unterhalten. Small Talk ist absolut ihr Ding, sie sind redegewandt, intellektuell und vielseitig interessiert.

Sie vermögen es, ihren ganz eigenen Sparkle über eine Party zu streuen. Wenn sie gut drauf sind, können sie supercharming sein und jeden bezirzen.

Zwillinge passen auf jeder Jungle Party in Tulum hinters DJ-Pult und auf die Tanzfläche, sind aber auch gern gesehene Gäste bei einer Royal Wedding. Das Element ihres Herrscherplaneten Merkur ist Quecksilber, und das lässt sich auch wunderbar auf Zwillinge-Geborene übertragen. Sie lassen sich nicht festnageln, oft wechseln sie ihre Gestalt wie ein Chamäleon, möchten immer was Neues ausprobieren. Für Zwillinge ist das Leben ein wenig wie Kochen – sie können mit immer neuen Zutaten immer wieder neue leckere Menüs zusammenstellen. Das Leben ist ja auch zu einmalig, um immer die gleiche Person zu bleiben, und jeder Augenblick bringt Neues mit sich, das den Zwilling mit Sicherheit interessiert.

Weil sie so im Hier und Jetzt leben, lieben sie die aktuellen Trends und sind auf natürliche Weise zeitgemäß und jugendlich. Meist haben Zwillinge-Geborene die neueste Technologie, kleine fancy Gadgets, die das Leben einfacher machen. Sie sind der wandelnde geschmackssichere Zeitgeist. Sie wissen ums aktuelle Zeitgeschehen, können einem erklären, wie man Kryptowährungen schürft, und die Odyssee nacherzählen oder die Regeln von Cricket erklären und den typischen Faltenwurf eines Issey-Miyake-Entwurfes darlegen. Sie sind immer Kosmopoliten, egal wo sie gerade sind.

In Beziehungen zu anderen ist es der intellektuelle Austausch, der den Zwilling reizt, und hier sind sie der beste und geistreichste Sparringspartner, den man sich wünschen kann. Sie haben sich oft eine kindliche Naivität bewahrt und eine junge Seele, die gerne spielt. Mit ihrer grenzenlosen Neugier entdecken sie die Welt immer wieder neu und erinnern ihr Umfeld daran, dass ihr Dasein Spaß machen und immer neu gestaltet werden kann.

Zwillinge-Geborene lieben es, mit Menschen verschiedenster Kulturen, Religionen und Schichten in Kontakt zu treten und über alles und jeden zu quatschen, manchmal auch zu tratschen. ;) Aber Vorsicht: Curiosity killed the cat. Nicht überall kann man gefahrlos kindlich naiv reinplatzen. Und es kann vorkommen, dass der Zwilling in seiner grenzenlosen Neugier schon fast unverschämt rüberkommt. Denn manchmal ist sein Interesse an jemandem eher klinisch und wenig empathisch. Es geht ihm dann um die bloße Wissensvermehrung und nicht wirklich um sein Gegenüber. Dann kann der Zwilling mit seiner Art andere verletzen. Und da Zwillinge-Geborene häufig so getrennt sind von ihren Gefühlen, merken sie oft noch nicht mal, was sie angerichtet haben. Der Fairness halber muss man ihnen aber zugestehen, dass sie umgekehrt auch einstecken können und sich selbst nicht zu ernst nehmen.

So viel wie möglich zu wissen ist ein wichtiger Motor für Zwillinge-Geborene. Sie saugen Informationen in sich auf wie ein Schwamm. Im Gegensatz zu anderen Sternzeichen tun sie das aber nicht, um sie als Machtinstrument zu horten, sie zeigen ihr Wissen bereitwillig her und teilen ihre Infos gerne. Ihnen geht es um das reine Wissen, und davon so viel wie möglich. Sie wollen alle Informationen haben, um das große Bild zu überblicken, damit sie auf alles immer eine rationale Antwort haben. Damit versu-

TAROTKARTE FÜR DICH: VII DER WAGEN

Der Wagen als Karte VII symbolisiert den Zeitpunkt, an dem wir uns mit allen unseren Kräften verbinden. Der Wagenlenker ist ein Tausendsassa und hat wirklich alles in der Welt gesehen, gekostet und probiert und weiß jetzt eigentlich, wie der schwarze und der weiße Hase laufen. In diesem Fall die Sphinxe und nicht Hasen. Er hat die Verantwortung und das Bewusstsein über all diese Kräfte. Der lächelnde und der fratzige Halbmond an seinen Schultern zeigen, dass es an ihm, Shiva, liegt, für welche Seite er sich entscheidet. Welcher Stimmung und Färbung gibt er mehr Aufmerksamkeit? Er kann mit seiner Superpower und seinem Mastermind jeweils den einen oder den anderen Halbmond zur Wirklichkeit erwecken – das muss er anerkennen und im Herzen spüren.

chen sie, die Polarität in sich zu füllen und ihren Selbstwert aufzubauen. Denn an Selbstwert und Selbstbewusstsein mangelt es vielen Zwillingen; sie trauen sich selbst nicht, haben also kein Selbstvertrauen, weil sie die Abgründe ihres Wesens, die sie erschrecken, nicht ergründen wollen. Ihr Trugschluss ist, dass sie denken, je mehr sie wissen, desto mehr verschwinden die Abgründe in ihnen, und dass sie sich erst dann entspannen können, wenn sie allwissend sind. Das kann mitunter sogar leicht manische Züge annehmen.

Deswegen versteht man vielleicht auch eher, warum es für Zwillinge im See eines Themas auch der Zeh im Wasser tut. Sie würden es sonst nie schaffen, ihre vielen verschiedene Interessen und Karrieren unter einen (immer wieder anderen) Hut zu bringen.

Wenn dein Sonnenzeichen Zwillinge ist, kennst du das bestimmt von dir, du dippst gerne euphorisch in immer neue Themen, verlierst dann aber auch schnell das Interesse, FOMO lässt grüßen. Dann ziehst du weiter, dein nächstes Ziel im Blick.

Natürlich gibt es auch Zwillinge, die ein Gebiet ganz und gar meistern, aber das sind dann eher Bereiche, die Abwechslung und Vielseitigkeit bieten und in denen die Talente der Zwillinge zum Brückenbauen und Kommunizieren immer wieder neu zum Einsatz kommen.

Obwohl der Zwilling so gerne redet, kommunikativ ist und viele Dinge und Informationen über andere Leute erfahren möchte, redet er gar nicht gerne über sich selbst. Da hält er sich lieber bedeckt und macht Sachen im Verborgenen. An dieser Stelle kommt eine andere Seite des Zwillings – der Trickser und Heimlichtuer – ins Bild.

Zwillinge-Geborene haben zwar, wie alle Luftzeichen, einen hohen Moralkodex und verhalten sich meist ehrbar. Allerdings wären sie keine Zwillinge, wenn sie nicht auch eine andere Seite hätten. Sie haben halt einen Fuß am Boden und einen im Himmel. Ihr Verständnis von Verantwortungsbewusstsein fußt eher auf gesellschaftlichen Normen als auf einem inneren Bedürfnis, die Verantwortung zu übernehmen, wie zum Beispiel bei den Erdzeichen. Sie verhalten sich also nach ihrem Moralkodex, weil sie wissen, dass das so von ihnen erwartet wird. Wenn es ihnen aber zu eng wird und sie sich in eine Ecke gedrängt fühlen, kann es sein, dass sie zu Trickserrn werden und plötzlich verschwinden.

Der Heimlichtuer taucht eher dann auf, wenn der Zwilling eine Seite von sich komplett unterdrückt. Dann muss er sich vollkommen verschließen, um diese Verdrängung aufrechtzuerhalten und sich nicht mit sich selbst auseinanderzusetzen.

Wenn ein Zwilling in diesem Zustand ist, ist es äußerst schwer, mit ihm umzugehen. Denn da er unbewusst sein Inneres so sehr schützt, glaubt er, alle anderen wollen ihn damit konfrontieren. Er kann dann richtig bösartig werden, um von sich selbst und seiner inneren Zerrissenheit abzulenken.

Diese innere Trennung bringt den Zwilling aber nicht nur dazu, andere zu verletzen.

Auch für sich selbst ist sie seine größte Herausforderung.

Paradoxerweise sind Zwillinge zwar in der Außenwelt Meisterübersetzer und Brückenbauer in ihrem Inneren sieht es aber leider ganz anders aus. Sie können im Außen aus verschiedenen Atomen ein Molekül bauen und so etwas ganz Neues kreieren. So wie der Merkur schaffen sie es, mit ihrem Talent für Kommunikation, mit neuen Ideen und ihrer Fähigkeit zu dolmetschen, die gegensätzlichsten Ansichten und Ziele anderer zu verbinden.

Aber wenn es um ihr Inneres geht, finden sie oft keine Verbindung, da haben sie eine Sechs in Chemie!

Wie alles bei Zwillinge-Geborenen ist auch die Stärke der inneren Verbundenheit versus die der inneren Zerrissenheit immer im Flow.

Wenn du eine Phase hast, in der die beiden Zwillingsseiten verbunden sind, dann strahlst du wie der Halbgott, der in dir steckt. Wenn aber die Zerrissenheit Oberhand gewinnt, kann die Stimmung urplötzlich kippen. Du wirst das kennen: Auch für dich vollkommen unerwartet, fällst du in ein tiefes Loch,

DEINE HEILSTEINE

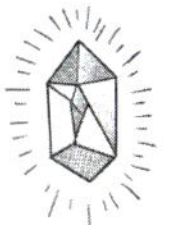

Bevor du deinen Stein benutzt, ist es gut, ihn unter fließendem Wasser zu reinigen, ihn unter das Licht des Vollmondes zu legen oder ihn in der Sonne aufzutanken. Wenn du ihn das erste Mal benutzt, empfehle ich dir, ihn mit deiner persönlichen Intention aufzuladen. Sag ihm bitte deine Absicht und was du mit ihm erreichen möchtest und/oder welche Kraft er dir geben soll. Du kannst ihn auch einfach in die Hand nehmen und ihn mit dem gewünschten Gefühl, Gedanken, Wort aufladen. Bitte handle zum Wohle aller und nur aus Liebe.

Der Hauptstein des Tierkreiszeichens Zwillinge ist einer der wichtigsten Heilsteine, die die Natur zu bieten hat: Der Labradorit. Dieser Stein fördert Kreativität, Fantasie, Einfallsreichtum und Innovationskraft. Er bringt dich voran, wenn du ins Stocken gerätst, und wirkt sich ebenfalls positiv auf deine Intuition aus. Gleichzeitig hat der Labradorit eine ausgleichende Kraft, die aktive und kommunikative Zeichen wie die Zwillinge zur Ruhe bringt. Auch Achat und Opal eignen sich sehr gut für dich.

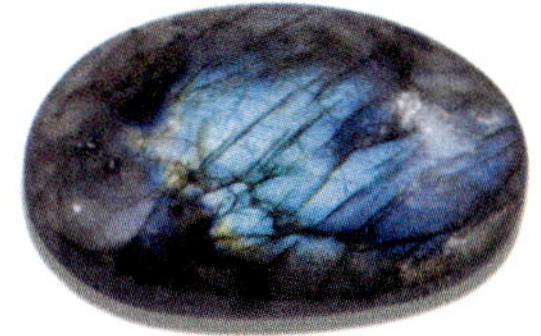

alles ist hoffnungslos, und du wirst zynisch. In diesen Phasen haben es deine Lieben schwer mit dir, denn genauso, wie die Stimmungsschwankungen für dich überraschend kommen, sind sie es auch für deine Freundinnen und Freunde oder Partner:innen. Die vermeintliche Kälte, die ihnen dann entgegenschlägt, einfach weil du so überfordert bist mit deiner eigenen emotionalen Dunkelheit, beziehen sie schnell auf sich und denken, sie haben etwas falsch gemacht. Hier kann es helfen, wenn du versuchst, dich ein wenig zu erklären. Du musst ja gar nicht genau erzählen, was in dir los ist, aber wenn du nur kurz eine Wasserstandsmeldung gibst, dass das eine Phase ist, die aber auch bald wieder vorbei ist – denn das ist sie ja, wie du weißt –, und du jetzt nur kurz deine Ruhe brauchst, wird dein Gegenüber das viel besser verstehen.

Für dich ganz wichtig zu verstehen ist, dass diese Zyklen, von himmelhoch jauchzend bis zu Tode betrübt bei dir einfach dazugehören. Sie sind der Ausdruck deiner Polarität. Bei vielen Zwillinge-Geborenen ist es aber so, dass die dunklen Phasen sie so erschrecken, dass sie sich lieber gar nicht mit dieser Seite auseinandersetzen wollen. Deswegen reflektieren sie so wenig wie möglich über sich selbst und ihr Gefühlsleben und versuchen oft, die dunkle Seite wegzuignorieren. Das Problem ist dann aber: Wenn man vor etwas in sich selbst Angst hat, sich damit aber nicht auseinandersetzt, wird es nur immer schlimmer und größer.

Du wirst dann quasi zu Dr. Jekyll und Mr. Hyde. Der gutbürgerliche und ehrbare Dr. Jekyll wusste ja auch nicht, ob, wann und wie er sich in Mr. Hyde verwandeln würde, und danach auch nicht, dass er Mr. Hyde gewesen ist. Das heißt jetzt nicht, dass du einen so schrecklichen Genossen wie Mr. Hyde in dir trägst. Aber deine dunklere Seite mit deinen Emotionen, Ängsten und Unsicherheiten muss auch zwischendurch ihren Platz haben und integriert werden. Negierst du sie, wird sie wachsen und unkontrollierbar sein. Kannst du sie annehmen, wirst du ein harmonischeres und glücklicheres Leben führen, und die Ausschläge deiner Stimmungen werden ausgewogener.

LIEBE

Natürlich ist die Polarität der Zwillinge-Geborenen auch in der Liebe ein bestimmendes Thema. Sie kann ein großes Problem werden und dich sehr dabei behindern, eine schöne und erfüllende Partnerschaft zu führen. Aber es gibt auch hier Möglichkeiten, deine ganz ureigene spezielle Energie auf wundervolle Weise in deine Liebesbeziehungen einzubringen.

Zuallererst ist es natürlich schon ein großer Schritt für dich, dich überhaupt so weit festzulegen, dass du eine wirkliche Beziehung mit einem Menschen eingehen möchtest. Deine absolute Sprunghaftigkeit und das immer vorhandene Interesse für das Neue sorgen dafür, dass du dich sehr schnell ablenken lässt. Auch in einer Partnerschaft wirst du einen Party-Abend nicht aneinanderklebend mit deiner Begleitung verbringen. Du brauchst jemanden, der dafür Verständnis hat und nicht sofort in den Grundfesten seines Selbstbildes zerstört ist, nur weil du deinem natürlichen Drang – der Informationssammlung – nachgehst. Es ist ja auch nicht so, dass du deswegen gleich fremdgehst. Das muss dein:e Partner:in aushalten können.

Du bist absolut zur Romantik fähig, aber sie hat nichts mit tiefer Dramatik zu tun, sondern ist eher wie eine frische Brise voller beschwingter Leichtigkeit.

Der intellektuelle Austausch ist es, der dich reizt, du suchst dir ein spannendes Gegenüber und hast selbst ja auch sehr viel auf diesem Gebiet zu geben. Wer intellektuelle Gespräche mag, wird dich lieben. Auch über die Liebe muss gesprochen werden. Dir sind Worte wichtig, es reicht dir nicht, dass jemand bloß da ist. Die Liebe muss artikuliert werden, und das auch immer mal wieder von beiden Seiten.

Allerdings – und das ist die Krux – möchtest du nicht über Gefühle sprechen, Liebesbekundungen – ja, aber Emotionen, tiefe Gefühle, Innenschau – nein.

Ein Partner, der ohne Geduld ist und hier zu viel zu schnell erwartet, gibt dir das Gefühl, in einer Zwangsjacke zu stecken. Und dann wirst du deinen Entfesselungszauber anwenden und auf magische Weise verschwinden.

Hinterher wirst du nicht so genau wissen, wo eigentlich der Stolperstein lag, und da du dich selbst ungern hinterfragst, wirst du vom Ende der Beziehung wahrscheinlich eher überrascht sein. Dein Selbstvertrauen leidet noch mehr. Denn du hast doch alles gegeben, was dir das Wertvollste ist – dein Wissen –, und in deiner Wahrnehmung hat das nicht ausgereicht. Dieses Gefühl trägst du dann in die nächste, wahrscheinlich schnell folgende Beziehung. Dass es nie an intellektuellem Austausch gefehlt hat, sondern dein Gegenüber eine tiefe Verbindung vermisst hat, ist dir allermeistens nicht klar.

Du hast zwar eine starke Begabung, zu analysieren, aber Gefühle lassen sich nicht einfach weganalysieren. Wenn du in diesem Kreislauf gefangen bist, in dem du deine Gefühle konstant ablehnst und wegdrückst, kannst du mit der Zeit immer manischer werden, ständig in Bewegung, auf der Flucht vor deinen eigenen Gefühlen und dem Alleinsein.

Da dein urinnerster Wunsch aber ja eigentlich ist, deine Pole zu vereinen, wirst du dir immer wieder Partner:innen suchen, die sehr gefühlsbetont sind. Du fühlst dich oft von Wasser-Typen, die vor allem von ihren Gefühlen gelenkt werden, angezogen. Und diese finden deinen freien analytischen Geist spannend. Du hast zwar Angst vor zu hohen emotionalen Erwartungen in einer Partnerschaft, aber gleichzeitig fühlst du unterbewusst, dass es genau dieser Aspekt deiner Persönlichkeit ist, bei dem du Hilfe brauchst, ihn zu entwickeln. Über die Emotionen, Gefühle und die Liebe deines Partners möchtest du deine eigene Liebe und Gefühle entdecken. Auch wenn sich das für dich im ersten Moment überhaupt nicht nach dir anhört: Du hoffst, im Spiegel deines Gegenübers deine Tiefe zu erkennen und deine eigenen Gefühle wachzurufen. Das ist ein unterbewusstes Programm, dem du dich nur schwer entziehen kannst, denn es birgt deine Lebensaufgabe in sich – deine Polarität zu integrieren.

Das Schönste ist: Das kann funktionieren, dazu musst du dir nur einiger Dinge bewusst werden. Es ist wichtig zu erkennen, dass du durchaus Gefühle hast und vor diesen keine Angst haben musst. Damit wird auch dein Bedürfnis kleiner, dich von deinen fehlenden Gefühlen abzulenken, und deine Bereitschaft, dich auf einen Menschen einzulassen, wird größer. Was du dann von deinem Gegenüber brauchst, ist etwas Zeit, um Vertrauen aufzubauen, stetiger intellektueller Austausch und ein Verständnis für dein Pendeln zwischen den beiden Polen, den damit verbundenen verschiedenen Gemütszuständen sowie deinem Bedürfnis, deiner Beweglichkeit und Vielseitigkeit Raum zu geben. Wenn du das findest – Jackpot! Dann wirst du dich angenommen fühlen und kannst dich im Gegenzug auch den emotionalen Ansprüchen deines Partners öffnen. Und so deine innere Verbundenheit und die zu deiner Partnerin oder deinem Partner und deinen Liebsten stärken.

Damit Dein Love Interest weiß, was du von ihm brauchst, und entscheiden kann, ob sie/er diesen Weg so gehen will, musst du lernen, diese Bedürfnisse aus dir selbst heraus zu formulieren. Nicht in Abwehrhaltung, sondern in Liebe. Dieser kleine Schritt kann der Anfang einer wunderbaren, neuen Reise sein, also ganz im Sinne der echten bezaubernden Zwillinge-Energie. :)

Je nachdem, wie viel du dich schon mit dir selbst beschäftigt hast, war jetzt entweder viel Neues für dich dabei und du hast dich in der einen oder anderen Beschreibung wiedererkannt, oder aber du hast Themen schon bearbeitet und bist schon viel weiter. Das alles ist ein Angebot an dich, dein Potenzial auszuschöpfen. Mit den folgenden praktischen Tipps und Anregungen fällt es dir sicher leichter.

EIN TIPP FÜR DICH

Wir haben in unserem Geburtshoroskop alle zwölf Sternzeichen-Essenzen. Manchmal ist es gut, mit dem Gegenpol, also mit dem gegenüberliegenden Sternzeichen im Tierkreis, zu arbeiten, um Eigenschaften, die man vielleicht noch nicht an sich kennt oder noch entwickeln kann, zu finden und so Balance zu erlangen. Um hier noch tiefer einzutauchen, kannst du dir auch das Sternzeichen-Kapitel zu deinem Gegenpol durchlesen.

Du als Zwillinge-Geborene:r kannst dich leicht verzetteln und bleibst durch den ständigen Strom an neuen Informationen viel an der Oberfläche. Dieses Suchen nach Infos und Impulsen lässt dir keine Zeit, um die empfangenen Infos zu verdauen.

Schau dir deinen Gegenpol im Tierkreis – die Schütze-Essenz – an und lass dich davon etwas inspirieren. Die Schütze-Energie geht in die Tiefe der Materie, destilliert die Essenz aus dem Wissen und trifft dadurch eine Erkenntnis. Bringe Dinge zu Ende und sei dann stolz auf dich.

DEIN RITUAL

Bewegung ist dein Motor, mach doch daraus ein Ritual.

Plane einmal pro Woche zum Beispiel eine Fahrradtour oder einen Spaziergang ein und fahr beziehungsweise geh einfach los, ganz allein in die Natur. Die Natur und die Bewegung sind für dich notwendig, um deinen Körper zu spüren. Du machst dir oft zu sehr einen Kopf, und damit belastest du dein Nervensystem. Diese wöchentliche Auszeit wird dir helfen, die Reset-Taste zu drücken und wieder mehr in deinem Körper anzukommen.

Wenn du dir diese Me-Time schaffen kannst, kannst du dich immer darauf freuen, dass du dir regelmäßig die Zeit nimmst, deinen Geist zu heilen. Wenn du dich in die Natur begibst, mach es mit Bewusstsein und Aufmerksamkeit. Bedanke dich am Anfang deiner Touren bei den Bäumen, dass sie dir und uns Menschen frischen Sauerstoff zum Leben geben, dass sie die Treibhausgase reduzieren und dass sie unsere Erderwärmung stoppen. Denk an die schönen Wälder unseres Planeten Erde und geh, renn, fahr ganz bewusst durch die Natur. Sie wird auf ihre spezielle Art und Weise zurückdanken.

KREBS

Ich fühle und versorge

22. JUNI – 22. JULI

HERRSCHENDER PLANET ~ MOND

ELEMENT ~ WASSER

MODALITÄT ~ KARDINAL

ESSENZ ~ PFLEGEND, UNTERSTÜTZEND, MITFÜHLEND, HEILEND, BEDINGUNGSLOS, LIEBEVOLL, ABHÄNGIG, INDIREKT, LAUNISCH, PASSIV-AGGRESSIV, UNFÄHIG, LOSZULASSEN

BEHERRSCHTES KÖRPERTEIL ~ BRÜSTE/ BRUST (MÜTTERLICH VERSORGEND)

TAROTKARTE ~ XVIII DER MOND

URSPRUNG

Der Krebs ist unser erstes Wasserzeichen im Tierkreis. Nach dem Luftzeichen Zwillinge, in dem der Pollen für die Bestäubung verteilt wurde, steht der Krebs für die Befruchtung und Geburt, für das Mütterliche und das Nährende.

Wenn der Stier mit Erde und Sonne für die Grundbedürfnisse zum Überleben gesorgt hat, ist der Krebs der engagierte Gärtner, der die Pflänzchen hegt und pflegt, hier mal was schneidet, gießt und dort mal ein Sonnensegel spannt. Seine Verbindung zu seinen Pflänzchen ist emotional. Er möchte fühlen, dass es jeder einzelnen seiner Schutzbefohlenen gut geht. Das Gefühl ist geboren, und unsere Gefühle sind unsere Identität!

Krebs-Geborene haben oft gute Antennen mit so starkem Empfang, dass sie schon zwei Wochen vorher fühlen können, wenn etwas passiert. Sie sind »hellfühlig«. Sie sind wie Krebse in bewegten Wassern, die vorausahnen müssen, woher die nächste Welle kommt, um sich und ihre Lieben an einem sicheren Ort zu wissen. Da sie ständig in Erwartung der nächsten Erschütterung sind, können Krebs-Geborene durchaus emotional etwas unruhig und nervös sein, denn Sicherheit aufzubauen und zu bewahren ist eine ihrer stärksten Sehnsüchte.

Der herrschende Planet des Krebses ist der Mond. Und wie der Mond durch seine Phasen geht, sind auch Krebs-Geborene ihren ganz eigenen Gemütsschwankungen unterworfen. Sie haben eine sehr emotionale, intuitive Energie und reflektieren ihre Umgebung – so wie der Mond die Sonnenstrahlen –, um sich möglichst gut auf sie einzustellen.

Trotz allen Sicherheitsbedürfnisses haben Krebs-Geborene eine sehr liebevolle, süße, kindliche Energie und können entzückend staunen über die Welt und die Menschen. Es ist ein wirklich sehr süßes Zeichen. Aber Vorsicht, wenn das Kind verletzt wurde. Dann neigt es dazu, launisch, bockig, melancholisch, traurig, beinahe depressiv zu sein. Es braucht dann ganz viel Liebe und Zuneigung, damit es sich wieder entspannen und vertrauen kann.

WESEN

Du kannst das wahrscheinlich nicht mehr hören, in jedem gängigen Horoskop-Heftchen steht ja nun mal, dass du supersensibel, voller Gefühl, scheu, zurückhaltend und ein Familienmensch bist. Und damit erschöpft es sich dann auch meist schon. Klingt irgendwie brav. Aber so ist es ganz und gar nicht. Zuallererst gibt es keinen stereotypen Krebs-Geborenen. Dass es Abstufungen gibt, trifft natürlich auf alle Sternzeichen zu, aber beim Sternzeichen Krebs ist das noch viel ausgeprägter. Aus dem gleichen Archetyp sind mindestens so viele verschiedene Frequenzen von Krebsen entwickelt wie Mondphasen. ;)

Das liegt daran, dass du ein kardinales Zeichen deines Elementes Wasser bist und dass dein Herrscherplanet der Mond ist. Die Eigenschaft des kardinalen Wassers ist sehr aufgeladen und aufgewühlt, so wie das Wasser an einem Surfstrand, an dem es eine starke Strömung gibt und ständig riesige Wellen mit voller Wucht brechen. Um hier leben zu können, musst du dich anpassen, immer neu justieren und auf große Wellen und Unterströmungen einstellen. Du bist also sehr wandelbar.

Deine Wandelbarkeit ist allerdings nicht zu verwechseln mit dem Bedürfnis des Zwillings, wie ein Chamäleon ständig seine äußere Gestalt und Interessen zu wechseln. Bei dir geht es um inneres Wachstum und innere Veränderungen, um für dich und deine (gewählte) Familie Sicherheit und den passenden Lebensraum zu erhalten. Das Wasser steht außerdem für emotionale Verbindung und Verbundenheit. Du magst und kannst emotional eine gute Verbindung aufbauen. Du denkst nicht, du fühlst! So wie der Mond, der unsere Gefühlswelt beherrscht.

Du bist vielschichtig und tiefgründig. Dein sich immer verändernder Herrscherplanet Mond steht für den Archetyp der Mutter. Es ist das Urthema der Geburt, des Nährens, des Urvertrauens, des Versorgens.

Krebs-Geborene tragen sowohl die Mutter, die nährt und beschützt und hält, als auch das Kind, das versorgt, geschützt und gehalten werden will, in sich. Es sind entweder beide abwechselnd oder eine der beiden Seiten ausgeprägter bei dir vorhanden. Du kannst also zum Beispiel ein absoluter Familienmensch und sehr häuslich sein, oder gar nicht. Es ist natürlich auch möglich, dass es sich im Laufe deines Lebens immer wieder ändert.

Um all diese Voraussetzungen meistern zu können, legen dir die Sterne die Macht der

Emotionen in den Schoß. Denn ja, du bist wirklich sehr sensibel. Du hast ein schlafwandlerisch sicheres Können, was das Erspüren der Gefühle anderer angeht. Du weißt einfach intuitiv, wie es ihnen geht und was sie brauchen, um sich (noch) besser zu fühlen.

Deine Sensibilität oder auch Feinfühligkeit ist, auch wenn es manchmal so klingt, kein Handicap. Krebs-Geborene nutzen diese Gabe exzessiv. Die Gefühle anderer zu lesen, die Stimmungen aufzufangen und auch zu steuern ist ihre Natur. Diese Sensibilität ist also so etwas wie die Krebs-Superpower.

Da, wo andere Sternzeichen zurückschrecken, gehen Krebs-Geborene in ihrer Uressenz all in. Sie haben keine Angst vor Tiefe und Emotionen und sind aus vollem Herzen liebevoll und fürsorglich, wenn sie jemanden lieben. Ihr Urbedürfnis ist es, zu versorgen (Mutter) und versorgt zu werden (Kind). Du möchtest Sicherheit kreieren und empfangen. Du möchtest gebraucht werden, und wie der Krebs im bewegten Wasser bist du darauf bedacht, alles vorauszuahnen und aufzufangen, sodass der sichere Zustand, den du geschaffen hast, überdauert. Du hältst ihn mit deinen Scheren mit aller Kraft fest. Manchmal schon zu fest und verpasst den Moment des Loslassens.

Wenn Krebs-Geborene etwas wollen, gehen sie nie direkt drauflos. Lieber tanzen sie ihr ganz eigenes Tänzchen. Zwei Schritte vor, einer zurück, dann ein wenig seitwärts dran vorbei, als wäre das Objekt ihrer Begierde etwas ganz anderes, links antäuschen und rechts zuschnappen und festhalten. Das ganze Ablenkungsmanöver veranstalten sie, weil eine direkte Initiative eine direkte Konfrontation nach sich ziehen könnte, und das wollen sie um jeden Preis vermeiden. Sich mit ihren Wünschen und Hoffnungen offen erkennen zu geben könnte ja auch bedeuten, dass sie offen scheitern. Für diese Schmach und Verletzung sind sie viel zu empfindsam. Lieber beeinflussen sie im Stillen die Stimmung nach ihren Wünschen, pflanzen den Beteiligten ihre Ideen als ihre eigenen ein und kommen so ganz elegant an ihr Ziel.

Das ist die berühmte Krebs-Manipulation. Sie ist aber in ihrem Ursprung nicht berechnend. Es ist eher eine instinktive Verhaltensweise, die Stimmungen und Gefühle anderer zu lesen und zu beeinflussen. Und meist, das darf man nicht vergessen, ja auch zum Positiven. Denn der Krebs will im Grundsatz einfach nur, dass es allen gut oder am liebsten noch besser geht. Er wünscht sich Harmonie in der (gewählten) Familie, im Freundeskreis, bei den Kolleginnen und Kollegen.

Aber natürlich hat diese Gabe der Manipulation auch ihre Schattenseite. Krebs-Geborene möchten die Dinge bewahren und festhalten, wie sie sind. Überall da, wo sie unsicher sind, kann schon die Absicht eines geliebten Menschen, sich auch nur ein kleines Stück zu verändern, eine vermeintliche Gefahr für die gesamte, hart erarbeitete Sicherheit darstellen.

Dann kann die »liebevolle Krebs-Manipulation« in etwas anderes umschlagen. Nicht selten generieren sie dann Reue bei ihrem

Gegenüber, um zu verhindern, dass er sich auch nur ein minibisschen ändert. Und das passiert nicht erst aus wirklicher Verlustangst, sondern schon aus dem Antrieb heraus, dass alles so bleiben soll, wie es ist.

Aus diesem Schutz-Motiv heraus neigen Krebs-Geborene auch manchmal dazu, sich sehr vorschnell anhand einiger weniger Stimmen eine Meinung zu bilden und diese nicht mehr zu hinterfragen oder zu ändern. Denn je schneller sie vermeintlich wissen, was läuft, desto schneller haben sie die Situation auch unter Kontrolle. Dass sie dabei völlig auf dem falschen Dampfer sein könnten und ihre Gesprächspartner:innen mit Sätzen wie »Ich erklär dir jetzt mal, wie es ist!« zur Verzweiflung treiben, ist für sie nebensächlich. Hier ist es wichtig, für dich zu erkennen, dass du zu vorschnellen Urteilen neigst. Wenn das nächste Mal eine dir nahestehende Person absolut gegen deine gefasste Meinung argumentiert, lohnt es sich, auch wenn es dir wi-

TAROTKARTE FÜR DICH: XVIII DER MOND

Nicht nur der Name der Tarotkarte führt uns auf die richtige Fährte, sondern natürlich auch die Mondsonne. Die Göttin Luna steht hier für das Unbewusste und den erweiterten Geist. Die Kernessenz dieser Karte sind deine tief sitzenden, unbewussten Gefühle, die dich manchmal nachts heimsuchen in der Rolle der Angst, Nebenrolle Sorge. Du kannst dieses Dream-Team unbewusst wegschieben und verdrängen, aber es kommt immer wieder zu dir zurück, um dir in fett gedruckter Markerschrift zu zeigen: »Erkenne, was du vergessen oder verdrängt hast, und bitte wach auf!« Denn du hast jetzt die super, duper, ultimative Möglichkeit, dein wahres Selbst kennenzulernen! Dafür musst du nur die »Sicherheiten« loslassen und in Kontakt mit dir gehen. Wenn du es schaffst, wie beim Limbo durch die zwei sehr großen hellen Säulen zu gehen, bist du wie Dornröschen aus deinem Kummerschlaf erwacht und hast dich im Positiven weiterentwickelt! Herzlichen Glückwunsch – nun bist du in Kontakt mit dir selbst!

derstrebt, ihre Sicht der Dinge anzuhören und im Kopf und Herzen offen zu bleiben und es nicht so persönlich zu nehmen. Vielleicht hilft dir auch der Gedanke, dass ein in Ruhe gefundenes, fundiertes Urteil mehr Sicherheit bietet als ein vorschnelles.

Krebs-Geborene haben ihre Panzer, um ihre weiche Gefühlswelt zu schützen. Er sorgt dafür, dass nicht jeder ihre sanfte, emotionale Seite zu sehen bekommt, und schenkt ihnen ein Pokerface, auch wenn es in ihrem Inneren gerade stürmisch zugeht. Nur du entscheidest, wen du in deinen Inner Circle lässt und wer deine Comfort Zone ist. Und nur, wer zum engen Kreis der Krebs-Geborenen gehört, wird ihr liebevolles, kreatives, lebendiges Wesen in seiner Gänze kennenlernen dürfen.

Der Panzer mancher Krebs-Geborenen ist allerdings so dick, dass sie kalt und abschreckend nach außen wirken und ihre Gefühle niemandem schenken können. Das hat oft mit ungelösten Mutterthemen zu tun. Diese Krebs-Geborenen sind dann häufig viel mehr Kind als Mutter und scheuen sich auch, die mütterliche Seite auszufüllen. Sie sind rastlos und auf der Suche nach einem emotionalen Ort, an dem sie Wurzeln schlagen können, da sie durch Verletzungen oder andere Traumata ihrer eigenen Wurzeln beraubt wurden. Sie sehnen sich nach Mutterliebe und suchen eine Mutter in all ihren Beziehungen, scheuen sich aber davor, echte Bindungen einzugehen aus panischer Angst vor dem erneuten Verlassenwerden. Da sie vor allem vom Kindlichen regiert werden, können sie egoistisch sein, und das Andocken an andere, das den Krebs-Geborenen sonst so leicht von der Hand geht, gelingt ihnen nur schwer. Krebs-Geborenen in diesem Zustand kann man nur mit sehr viel Geduld und Zuverlässigkeit helfen, ihre Panzer von innen heraus abzubauen.

Viele Krebs-Geborene sind echte Foodies, die ihre Emotionen mit Essen beruhigen. Es ist vor allem Soul Food, wie bei Mama, das auf den Tisch kommt. Sie kochen gerne, auch für andere.

Düfte, Songs, Menschen und Orte triggern ihre Nostalgie und sorgen für immer wiederkehrende Flashbacks, in denen sie voller Verve in der Vergangenheit schwelgen. Krebs-Geborene haben meist ein ziemlich gutes Gedächtnis für Momente und Stimmungen. Deswegen kennen sie auch das Lieblingsgericht und die Lieblingssocken fürs Regenwetter ihres Schatzes.

Das, was schon war, kann sich nicht mehr ändern. Die Vergangenheit ist für sie Entspannung pur. Denn aus einer unveränderlichen Vergangenheit entsteht eine planbare Zukunft. Oft bauen sie in der irdischen Welt ein Sicherheitsnetz aus Versicherungen, Immobilien, anderen Wertanlagen und aus Menschen, die füreinander Verantwortung übernehmen. Sie bewahren Traditionen und Werte, solange sie ihrem sicheren Zustand dienen.

Das alles geschieht intuitiv, Krebs-Geborene fühlen, was sie tun müssen, um zu bewahren. Sie analysieren ungern. Vor allem nicht sich selbst. Wie der Mond durchlaufen

Krebs-Geborene aber Zyklen. In größeren Abständen – also im existenziellen Zyklus – machen sie ganz instinktiv und unbewusst regelmäßig intensive Entwicklungsphasen durch, in denen ihre Persönlichkeit heranreift. Sie brauchen viel Zeit, um diese Entwicklungsschritte zu absolvieren, und nach der Wachstumsphase brauchen sie Ruhe und Geduld, um sich in ihre neue gewachsene Gestalt einzufinden.

In kleineren Abständen – im kreativen Zyklus – starten sie voller magischer Funken und Ideen, die in ihnen heranreifen. Es folgt eine intensive Schöpfungsphase, in der diese Ideen und Träume das Licht der Welt erblicken, und danach schließt sich eine Regenerationsphase an, in der Krebs-Geborene erst einmal melancholisch und ohne neue Ideen sind.

So sehr Krebs-Geborene Beständigkeit schätzen, sie selbst sind es also nicht. Ihre Zyklen vollziehen sich ganz ohne ihr Zutun und meist auch ohne ihr Wissen. Sie zeigen sich in Stimmungsschwankungen, und meist haben Krebs-Geborene selbst keinen Schimmer, warum sie heute als Grumpy Cat aufgewacht sind. Genau hier wäre es von Vorteil, wenn der Kopf dann auch mal was sagen dürfte. Denn vor allem, wenn Krebse in eine ihrer launischen Phasen geraten, ist es für sie wichtiger als für alle anderen Sternzeichen zu hinterfragen, wo diese Stimmung denn nun herkommt. Da sie so ausschließlich von ihren Gefühlen regiert werden, müssen sie manchmal den Kopf dazu nehmen, um ihre Emotionen zu verstehen und nicht der aufblasbare Strandball auf ihren inneren Wellen zu sein. Es tut auch ihren Beziehungen gut, wenn sie sich hier und dort erklären.

Denn nur, weil du die Antennen dafür hast, die Stimmungen deiner Mitmenschen zu erfühlen – bevor sie überhaupt wissen, was bei ihnen los ist –, heißt das nicht, dass sie das auch bei dir können. Du darfst hier wirklich nicht von dir auf andere schließen. Deine Gabe ist außergewöhnlich, und wenn deine Lieben dir deine Wünsche nicht von den Augen ablesen, ist das keine Ignoranz. Sie können es einfach nicht so perfekt wie du.

Weil du so gut darin bist, die Stimmungen von anderen zu reflektieren und darauf einzugehen, neigst du dazu, deine eigenen Gefühle und Wünsche zu vergessen und zu verdrängen. Du bist dann zu sehr auf Reaktion getrimmt, ohne selbst deine eigenen Aktionen, Standpunkte und Sichtweisen zu spüren. Dem zugrunde liegt der innige Wunsch, zu nähren und Sicherheit zu erschaffen. Es kann sein, dass Krebs-Geborene ihr gesamtes Leben für das Leben ihrer Lieben aufgeben, auch wenn niemand das von ihnen erwartet.

Aber eine Identität kann nicht nur aus dem Kümmern um jemand anderen bestehen. Ihr inneres Kind wird rebellieren. Weil Krebs-Geborene nicht wissen, wie sie damit umgehen sollen – weil sie sich selbst nicht zuhören –, gehen sie dann häufig noch weiter in die verzerrte Mutterrolle. In der Annahme, dass es ihr einziger Lebenszweck ist, sich um andere zu kümmern, gehen sie davon aus, dass auch ihre eigenen inneren Themen geordnet und aufgelöst werden, wenn sie nur gut genug darin sind. Sie werden deswegen paradoxerweise zur überversorgenden, kontrollsüchtigen, mit Liebe erstickenden Mutter, die nicht darauf achtet, wie das Maß geradesteht. In dieser Verzerrung geben sie bildlich gesprochen dem Kind keinen Entwicklungsraum, kein Vertrauen und somit kein Selbstvertrauen.

Vor allem, wenn der umsorgte Mensch sich dann auch noch entfernt, weil es einfach zu viel wird, kann die eigentlich liebevolle, fürsorgliche, mütterliche Kraft der Krebs-Geborenen noch weiter zur überprotektiven, besitzergreifenden oder sogar zerstörerischen Energie mutieren. Dann wächst die innere Frustration auf ein neues Level, das die Krebs-Geborenen aber wahrscheinlich noch immer nicht wahrnehmen, welches sich aber ihren Nächsten gegenüber äußert: Sie gehen zwar offenen Konflikten aus dem Weg, verschießen aber ihre Pfeile mit passiv-aggressiven Spitzen, um innerlich etwas Druck abzulassen. Oft degradieren sie ihre Liebsten damit zu unmündigen Kindern. Das kann zu großen Konflikten und im schlimmsten Fall zum Verlust der Person führen, auf

DEINE HEILSTEINE

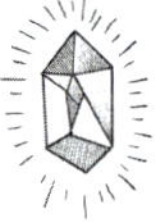

Bevor du deinen Stein benutzt, ist es gut, ihn unter fließendem Wasser zu reinigen, ihn unter das Licht des Vollmondes zu legen oder ihn in der Sonne aufzutanken. Wenn du ihn das erste Mal benutzt, empfehle ich dir, ihn mit deiner persönlichen Intention aufzuladen. Sag ihm bitte deine Absicht und was du mit ihm erreichen möchtest und/oder welche Kraft er dir geben soll. Du kannst ihn auch einfach in die Hand nehmen und ihn mit dem gewünschten Gefühl, Gedanken, Wort aufladen. Bitte handle zum Wohle aller und nur aus Liebe.

Der Hauptstein des Zeichens Krebs ist der magische Mondstein. Der Mond – und damit auch der Mondstein – befindet sich in ständigem Wandel und wird dadurch mit der Intuition assoziiert. Der Mondstein reflektiert die Mondphasen und hilft dir dabei, deine berüchtigte Krebs-Intuition zu stärken. Der Selenit wird dich ebenfalls sehr positiv beeinflussen. Er besitzt die Kraft, dich aus alten Mustern zu befreien und verhilft dir damit zu emotionaler Stärke und Konzentration. Und schau dir auch den Milchquarz an. Dieser Stein kann dir ebenfalls behilflich sein.

die doch eigentlich ihre ganze liebevolle Energie gerichtet war.

Um das zu verhindern, tun Krebs-Geborene gut daran, ihre schöpferische Energie auch noch auf etwas anderes zu konzentrieren als nur auf andere Menschen und die Sicherheit, die sie ihnen schenken wollen. Denn sie sind randvoll mit Schöpfungskraft und können superkreativ sein. Sie können ein Stück Land in einen wundervollen Garten verwandeln, den sie mit ihrer Begabung zu hegen und zu pflegen immer noch bezaubernder werden lassen. Oder sie lenken ihre Schöpfungskraft wie die beeindruckende Krebs-Frau Frida Kahlo in die Kunst.

Und wenn etwas ihrer innen liegenden Energie in den Beruf, zum Beispiel in den Aufbau eines Small Business oder eines Start-ups, fließt, ist das eine absolute Win-win-Situation: Der Krebs profitiert, weil er etwas schaffen und sich ausleben kann, ohne für einzelne Personen mit seiner Fürsorge zu viel zu werden, und das Start-up profitiert von den einzigartigen Talenten der Krebs-Geborenen. Sie sind fantastische Netzwerker, können Menschen zusammenbringen, die Stimmung ins Positive lenken und für ihre Work Family eine behütende Oase der Gemeinschaft entstehen lassen.

Die persönliche Lebensaufgabe der Krebs-Geborenen ist es, in die Rolle der Mutter zu wachsen und das Kindliche in sich zu behalten, ohne sich selbst dabei zu verlieren. Es braucht diesen Dreiklang aus Behüten, Behütet-werden und ganz eigener Identität. Dafür müssen sich die Krebs-Geborenen mit der Rolle der Mutter auf eine natürliche Weise und nicht aus einer ängstlichen oder zu perfektionistischen Perspektive heraus identifizieren. Oft hält die Angst vor dem Versagen, den vermeintlichen Pflichten einer Mutter gerecht zu werden, die kindlichen Krebs-Geborenen davon ab, die Freude und Erfüllung des Mutterseins zu sehen und anzustreben. Und genauso oft ist das Bild der perfekten Mutter das Ideal, dem sich die übertrieben mütterlichen Krebs-Geborenen verschreiben, um sich dann ganz und gar in dieser Rolle aufzulösen.

Es ist eine evolutionäre innere Reise der Krebs-Geborenen vom Kind zur Mutter, ohne in eines der beiden Extreme zu verfallen. Die angestrebte Evolutionsstufe ist die souveräne Mutter, die in der Lage ist, sich selbstbewusst um das Kind zu kümmern, dabei aber auch ein Selbstbewusstsein hat und die Fähigkeit, auch selbst umsorgt zu werden.

LIEBE

Das Mutter-Thema ist natürlich auch in der Liebe allgegenwärtig. Selbst wenn es für die Krebs-Geborenen in einer neuen Partnerschaft nicht im Scheinwerferlicht stehen mag, ist es im Unterbewusstsein immer vorhanden. Das Wechselspiel aus mütterlich und kindlich oder aber die exzessive Ausprägung einer dieser beiden Rollen wird immer ein wichtiger Aspekt in Beziehungen von Krebs-Geborenen sein.

Oft suchen sie in ihren Partner:innen ihre Mutter und versuchen, sie in diese Rolle zu drängen, genauso oft möchten sie gerne bemuttern und können es dabei übertreiben. In beiden Fällen ist es hilfreich, sich dessen bewusst zu sein und gegenzusteuern und eine:n Partner:in zu finden, deren/dessen Achillesferse es nicht ist, eine dieser Rollen auszufüllen, denn sonst kann beides eine starke Belastung für die Beziehung sein.

Krebs-Geborene sind sehr duldsam und halten viel aus, bei dem andere Zeichen schon längst das Weite gesucht hätten. Das liegt zum einen wahrscheinlich daran, dass sie auch immer die Beweggründe, also die Emotionen hinter den Taten nachempfinden können. Sie verstehen also, warum sie gerade bei ihrer/ihrem Partner:in die zweite Geige spielen, sie/er nicht mehr besonders liebevoll ist oder sonst wie unmöglich. Zum anderen ist es ihr Bedürfnis, festzuhalten. Auch wenn Loslassen vielleicht die bessere Alternative wäre, fürchten Krebs-Geborene die vermeintliche Unsicherheit eines solchen Schrittes. Trennungen ängstigen sie mehr als alles andere, kein Wunder also, dass sie auch an Beziehungen festhalten, die schon lange alle Magic verloren haben. Wenn es richtig schlimm wird, können Krebs-Geborene unausstehlich werden, in dem unausgesprochenen und unbewussten Wunsch, der andere möge die Beziehung beenden. Selber tun sie das nur im äußersten Notfall.

Grundsätzlich brauchen Krebs-Geborene in einer Partnerschaft viel Sicherheit, Liebe und Vertrauen, dann werden sie sich öffnen. Sie sind dann voller Feingefühl, Fürsorge und Zärtlichkeit. Sie möchten das Gefühl haben, gebraucht zu werden, sich aber auch auf die/den Partner:in verlassen zu können. Sie brauchen innige Verbundenheit. Die Stimmungsschwankungen der Krebs-Geborenen muss ihr:e Partner:in zu nehmen wissen, aber wenn sie/er ihnen Geduld, Ruhe und Liebe in ihren Entwicklungsphasen entgegenbringt, wird sie/er mit einer emotionalen Reife belohnt, die so bei keinem anderen Zeichen zu finden ist. Krebs-Geborene brauchen zwar ihre Zeit, um zu wachsen, sie werden dabei aber immer besser und gehaltvoller, wie ein guter Rotwein. Sie sind Partner:innen für ein ganzes, immer schöner werdendes Leben.

Je nachdem, wie viel du dich schon mit dir selbst beschäftigt hast, war jetzt entweder viel Neues für dich dabei und du hast dich in der einen oder anderen Beschreibung wiedererkannt, oder aber du hast Themen schon bearbeitet und bist schon viel weiter. Das alles ist ein Angebot an dich, dein Potenzial auszuschöpfen. Mit den folgenden praktischen Tipps und Anregungen fällt es dir sicher leichter.

EIN TIPP FÜR DICH

Wir haben in unserem Geburtshoroskop alle zwölf Sternzeichen-Essenzen. Manchmal ist es gut, mit dem Gegenpol, also mit dem gegenüberliegenden Sternzeichen im Tierkreis, zu arbeiten, um Eigenschaften, die man vielleicht noch nicht an sich kennt oder noch entwickeln kann, zu finden und so Balance zu erlangen. Um hier noch tiefer einzutauchen, kannst du dir auch das Sternzeichen-Kapitel zu deinem Gegenpol durchlesen.

Dein Naturell ist feinfühlig, sensibel, überbordend und nährend. Du willst es gerne vielen recht und schön machen und vergisst dabei manchmal dich selbst. Aber auch, oder eher: insbesondere du solltest es in deinem Leben schön haben und bräuchtest dafür die Kraft des Steinbocks, deines Gegenpols im Tierkreis. Diese Kraft wird dir helfen, gesunde Selbstkontrolle und Selbstachtung zu erlangen, für dich selbst zu sorgen, nicht nur, indem du dich zu Hause isolierst und dich von der Welt abkapselst. Du kannst deine Launenhaftigkeit in Balance bringen, und die Steinbock-Essenz hilft dir, die Vergangenheit leichter loszulassen.

DEIN RITUAL

Mach es dir schön! Du liebst dein Zuhause und hältst es gerne sauber und einladend. Nimm dir bewusst Zeit dafür und genieße es, deine vier Wände zu pflegen. Kaufe dir schöne Blumen, und wenn du sie selbst pflückst, bedanke dich bei der Natur für das schöne Geschenk. Am besten, du gibst der Natur etwas zurück – es kann Wasser sein. Schaffe deinen »magischen« Ort in deinem Zuhause, wie zum Beispiel einen kleinen Altar mit Fotos deiner Ahnen und von Familienmitgliedern (können auch Verstorbene sein), deinen (verstorbenen) Haustieren, schönen Blumen, Kerzen, Geldmünzen und Scheinen, Steinen und Kristallen, Räucherwerk und allem, was du dort gerne platzieren möchtest. Pflege diesen magischen Ort mindestens einmal die Woche, mach ihn frisch und setze dich mit einem leckeren Tee dorthin zum Meditieren und Fühlen. Falls du aus verschiedenen Gründen deinen Altar nicht einrichten kannst, schaffe dir einen wohligen Ort. Zum Beispiel eine gemütliche Leseecke, in der du dich einkuscheln und mit Tee und einer wohlriechenden Duftkerze ein neues Buch beginnen kannst. Genieße die heilende Qualität, diesen persönlichen Raum selbst zu schaffen.

RS. 25
MARVEL
ONLY RS. 15
GOTHAM
ISSUE 24
INDIA
VIII
KRAFT

LÖWE

Ich bin und ich erschaffe

23. JULI – 23. AUGUST

HERRSCHENDER PLANET ~ SONNE

ELEMENT ~ FEUER

MODALITÄT ~ FIX

ESSENZ ~ MUTIG, VERSPIELT, FÜHREND (ANFÜHRER), LUSTIG, WARMHERZIG, BESCHÜTZEND, KREATIV, GROSSZÜGIG, CHARISMATISCH, EGOZENTRISCH, DOMINIEREND, EITEL, STUR, KONTROLLIEREND, PROTZIG

BEHERRSCHTES KÖRPERTEIL ~ HERZ

TAROTKARTE ~ VIII DIE KRAFT

URSPRUNG

Wenn die Sonne in das Zeichen des Löwen wechselt, beginnt die heißeste Zeit des Jahres. Die Sonne strahlt mit ihrer vollsten Kraft und spendet uns Wärme und wunderschönes goldenes Licht, dem wir uns genießerisch entgegenstrecken. Die Felder sind gefüllt mit leckeren, farbenprächtigen, saftigen Früchten der Natur und präsentieren sich mit Stolz der Welt. Es ist keine Überraschung, dass der herrschende Planet des Löwen die Sonne ist. Und so ist auch der Löwe selbst! Strahlend, inspirierend, charismatisch, sehr kraftvoll, enthusiastisch, verspielt, selbstsicher, feurig und wirkungsvoll!

In der Astrologie ist das Symbol für die Sonne ein Kreis mit einem Punkt in der Mitte. Der Kreis symbolisiert die Unendlichkeit – den spirituellen Geist. Der Punkt in der Mitte steht für das fokussierte Bewusstsein – unsere Identität. Beides zusammen ist die Verkörperung des geistig-seelischen Daseins – des Selbst! Und das ist nicht zu verwechseln mit dem Ego. Das Ego hilft den Löwe-Geborenen nur, ihre von der Sonne geschenkten Gaben nach außen zu tragen. Das Ego ist sozusagen die Räuberleiter, um ihren ganz persönlichen, tieferen Sinn der Welt zugänglich zu machen.

Der Löwe ist ein Feuerzeichen, sein Feuer ist fix, das heißt, es lodert heiß und strahlend und es will raus! Es ist der verkörperte Wille. Deswegen haben Löwen auch den Mut, die vertraute Sicherheit und Geborgenheit zu verlassen, um immer noch bessere, strahlendere Varianten der Zukunft zu suchen.

Das ist das genaue Gegenteil der sichernden und bewahrenden Krebs-Energie, aus der wir gerade kommen. Wenn der Krebs für die Mutter und die Schwangerschaft steht, verkörpert der Löwe den Vater und die Geburt des Ichs. War es im Zeichen des Krebses die Beziehung zur Mutter, die den Ton angegeben hat, ist es im Zeichen des Löwen die Beziehung zum Vater, die bei Löwe-Geborenen häufig besonders (im Guten oder Schlechten) ist.

WESEN

Die Löwen-Energie ist heiß, leidenschaftlich und verspielt. Sie will sich ausdrücken und Risiken eingehen, die Welt erobern und beherrschen. Die schönste Art zu herrschen ist, andere zu inspirieren. Genau das ist es, was Löwen tun, wenn sie ihre Aufgabe und ihre Kraft, also ihren Schöpfungskanal gefunden haben. Dann werden sie dort strahlen und andere Menschen begeistern! Mit voller, einzigartiger, kreativer Wucht! Dafür werden sie die Anerkennung bekommen, die sie sich so sehr wünschen und die ihnen auch zusteht. Die solare Power der Löwe-Geborenen ist überlebenswichtig für uns alle, sie treibt das Leben in neuen Bahnen voran.

Löwe-Geborene haben einen großen Idealismus und möchten die Schwachen beschützen. Sie haben die Kraft einer Löwenmutter in sich und können mit ihrer Power Berge versetzen.

Meine geliebte Oma Evgenia hatte auch ihre Sonne im Löwen. Sie selbst lebte mit ihrer eigenen Familie in einer kleinen Wohnung in St. Petersburg und hatte den Traum, allen ihren Verwandten vom Land ein besseres Leben zu ermöglichen. Die eigentliche Unmöglichkeit dieses Vorhabens war ihr egal. Sie hatte zwar selbst wenig, aber sie hatte den unbedingten Glauben daran, dass sie das schon schaffen würde. Und das hat sie auch. Nach und nach brachte sie alle ihre Cousins und Cousinen nach St. Petersburg und half ihnen, eine gute Arbeitsstelle und Platz zum Wohnen zu finden. Sie ist ein gutes Beispiel dafür, welche Kraft und Liebe Löwe-Geborene haben können, ohne dass es sich um sie selbst drehen muss.

Löwen wollen und müssen erschaffen! Sie möchten Unmögliches erreichen! Wenn es heißt, »Das schaffen wir nicht«, werden erst recht ihr Spieltrieb und Kampfgeist geweckt! Sie brauchen dafür nur ein echtes Ziel und einen guten Zweck.

Gerade »junge, unreife« Löwen verwechseln aber gerne ihr Ego mit ihrer von der Sonne geschenkten Aufgabe und halten dann sich selbst für die göttliche Gabe, den Herrscher der Tiere. Der Selbstzweck der Löwe-Geborenen ist aber nicht, einfach nur »da« zu sein und dafür Applaus zu bekommen, sondern die Schöpfung, die Magie des Lebens. Die Sonne scheint ja auch nicht nur um des Scheinens willen, sie schenkt uns Wärme und Licht und ermöglicht so überhaupt erst unser aller Leben.

Wenn Löwen sich damit zufriedengeben, dass sie sowieso der König des Dschungels sind, à la »Lassen Sie mich durch – ich bin

Löwe«, kippt ihr Selbstverständnis leicht ins Egozentrische.

Die Lebensaufgabe für das Sternzeichen Löwe ist, zu erkennen, dass nicht sie selbst die/der Auserwählte sind, sondern dass sie das Gefäß für die innere Quelle des Lichts sind. Das heißt, nicht sie sind die Krone der Schöpfung, sie sind der Kanal, durch den diese Energie fließt. Und das bringt ein völlig anderes, gesünderes Selbstbild mit sich als das zu Egozentrik neigende Bild der unreifen Löwen.

Löwe-Geborene müssen einen Zweck finden, ein Ziel. Sie müssen etwas schöpfen, sonst geraten sie in Dysbalance, so wie eine Sonne, die nur noch alles verbrennt. Das erfordert den Abnabelungsprozess vom Sternzeichen Krebs, der für die Familie steht. Es ist ein raus aus der Vergangenheit, rein in die Gegenwart. Der Prozess, der bei vielen Löwe-Geborenen absolut unterbewusst abläuft, ist es, eine Antwort auf die Fragen zu finden: »Was ist besonders an mir, und was bin ich?«

Die Entdeckung des eigenen Ichs der Löwe-Geborenen ist der Weg. Nicht das Ziel. Sie möchten gehört und gesehen werden,

TAROTKARTE FÜR DICH: VIII DIE KRAFT

Zähme den Löwen in dir! Der Löwe ist – Überraschung – animalisch und neigt unter anderem zu wütenden Kräften, die mit uns durchgehen können. In dieser Karte VIII geht es darum, uns selbst zu begegnen und uns mit dem Tier in uns auseinanderzusetzen und mit ihm zurechtzukommen.

Die Frau auf dem Bild steht für unser bewusstes Selbst, der Löwe für unser unterbewusstes, animalisches Selbst. Die absolute Selbsterkenntnis, die filterlose Selbstbetrachtung in der Selfie Cam zeigt uns unsere Ängste und Blockaden. Es geht um das innere Kind und um das innere Schattenkind, das auch angesehen und integriert werden möchte. Wir werden an die Kraft des Magiers in uns erinnert und können unsere Weisheit und innere Harmonie anknipsen und so im Gleichgewicht das Leben erschaffen und unendlich (die liegende Acht über dem Kopf der Göttin) lang lenken.

weil sie sich selbst im Spiegel der anderen entdecken und sich darüber entwickeln. Deswegen sind für sie der Applaus, die Bewunderung und Beachtung ihres Publikums die Gradmesser für sich selbst, und Kritik gegenüber sind sie sehr empfindlich.

Nur indem sie ihr Selbst entdecken, finden sie auch ihre Qualitäten, und damit finden sie erst ihre Aufgabe. Und nur wenn sie ihren Zweck finden, erlangen sie auch eine gesunde Selbstbestätigung und suchen sie nicht immer verzweifelter und egozentrischer im Außen. Denn wenn alles, was sie ihr Leben lang bieten, sie selbst sind, ist alles, wofür sie Applaus bekommen können – oder eben auch nicht –, auch sie selbst. Das führt zu einer fast schon narzisstischen Sucht nach Bewunderung, Applaus und Bestätigung ihrer Person. Sie brauchen die Aufmerksamkeit und Liebe anderer Menschen dann wie kein anderes Zeichen. Sie müssen bewundert werden und so durch das Außen die Bestätigung ihres eigenen Selbstwertes bekommen.

Wenn Löwe-Geborene aber ihre Schöpfungskraft auf etwas anderes lenken und sich kreativ ausdrücken, also etwas kreieren, sei es zum Beispiel ein Song, ein Gedicht, ein Film oder ein Webinar, finden sie sich selbst in ihrer Schöpfung und nicht nur durch den Blick von außen. Sie werden nach wie vor geniale Entertainer sein, die das Leben aufregender machen. Und sie werden es nach wie vor genießen, ein Publikum zu haben und Applaus zu bekommen, aber es wird dann eine viel spannendere Bühnenshow, und es ist nicht mehr so existenziell für diese Sonnenkinder, ob es nun gerade Applaus gibt oder nicht. Denn ihr eigenes Selbst steht nicht mehr auf dem Prüfstand. Wenn sie an sich und an das, was sie erschaffen, glauben, dann sind Andersdenkende keine Gefahr für ihren Selbstwert.

Das klingt jetzt alles recht einfach, das Problem ist nur, dass Löwe-Geborene ja erst mal erkennen müssen, dass sie einen Kanal für ihre schöpferische Kraft brauchen. Sie sind häufig schon als Person so charismatisch und beeindruckend, dass sie relativ lange – angetrieben durch den Kraftstoff Aufmerksamkeit – durchkommen, ohne überhaupt zu spüren, wo ihre speziellen Qualitäten liegen. Das Finden ihres ureigenen Auftrags ist deswegen manchmal ungleich komplizierter. Sie müssen sich ja um sich selbst drehen, um sich zu erforschen. Und sie brauchen die Aufmerksamkeit und das Feedback von außen, um weiterzukommen auf ihrer Reise.

Sie dürfen es damit aber eben auch nicht übertreiben und in der Selbstbetrachtung stecken bleiben, sondern müssen diese als das nehmen, was sie ist: der Weg, um ihrer inneren Quelle nach außen zu helfen. Wie der Gebirgsbach, der im Inneren des Berges seinen Ursprung hat und dessen heilendes Wasser erst den Weg nach unten ins Tal finden muss, um seine nährenden Aufgaben zu erfüllen.

Das zu erkennen ist gar nicht so einfach, denn der Herrscherplanet der Löwe-Geborenen, die Sonne, sagt: »Ich bin der Ursprung, ich bin die Mitte, ich bin das Zentrum – schau mich an!«, und das tragen Löwen nun einmal in sich. Ihr Schwerpunkt und Mittelpunkt liegen deswegen naturgemäß bei sich selbst. Sie sind auf eine natürliche Art und Weise ichbezogen. Hier eine Balance zu finden ist eine langwierige Aufgabe. Aber wenn die Löwen verstehen und verinnerlichen, dass sich die Welt nicht nur um sie dreht, auch wenn sie es so empfinden, sind sie schon ein ganzes Stück weiter.

Was diesen ganzen Prozess des Sich-selbst-Kennenlernens für Löwen außerdem noch um einiges schwieriger als für viele andere Sternzeichen macht, ist, dass bei ihnen nicht schon durch ihren Herrscherplaneten vorgezeichnet ist, welcher Weg ihnen liegt. Sie können ihre Begabung im Kreativen, im Organisieren, im Dolmetschen oder auch in der Hasenzucht haben. Die Möglichkeiten sind unbegrenzt.

Manchen Löwen fällt es auch schwer, den ersten Schritt zu tun, obwohl sie die Richtung kennen. Denn oft erwarten sie von sich selbst direkt den ganz großen, perfekten Wurf. Aber das ist ja fast nie möglich. Jeder muss mit kleinen Schritten anfangen und lernen, geduldig mit sich selbst zu sein.

Wenn das auch dein Problem ist, lass dich von Jennifer Lopez inspirieren. Jenny from the Block, Sonne im Löwen durch und durch, hatte ja auch nicht sofort ihren ersten Auftritt in der Halbzeit-Show vom Superbowl. Sie hat als Background-Tänzerin klein angefangen. Und jetzt ist sie JLo! Sie ist das inspirierende Beispiel einer Löwin, die mit Fleiß, Geduld und Zuversicht ihr Ziel erreicht hat. Es lohnt sich also, sich auf den Weg zu machen und nicht vor deinem eigenen Perfektionismus zu kapitulieren. Alle Löwen, die in ihrer Kraft sind und ihr Potenzial voll ausschöpfen, sind ein Gewinn für uns alle und machen die Welt strahlender, glitzernder und wärmer.

Freundschaften und Beziehungen sind den Löwe-Geborenen sehr wichtig. Für ihre Liebsten werden sie sich hingebungsvoll aufopfern. Sie sind Fans der großen dramatischen Gesten, sind großzügig und großherzig. Sie sind eigentlich von Grund auf anständig. Gleichzeitig fällt es ihnen manchmal schwer zu erkennen, was in anderen vorgeht und was sie brauchen, weil sie dann nur von sich selbst ausgehen. Sie können sich nicht so gut in andere einfühlen wie die Wasserzeichen, und mitunter passiert es ihnen, dass sie sehr unsensibel mit den Gefühlen anderer umgehen. Nicht mit Absicht, um jemandem wehzutun. Eher weil sie es nicht merken, weil sie mit sich selbst beschäftigt sind. Hier ist es wichtig zu respektieren, dass Menschen verschieden sind und es auch sein dürfen. Löwen sollten nicht erwarten, dass alle nur nach ihrer Pfeife tanzen.

Sie sollten ihren Nächsten außerdem deren Entfaltungsspielraum lassen und auch mal Anerkennung ihnen gegenüber ausdrücken. Spätestens wenn die/der gute Freund:in wirklich verärgert wirkt, ist es an der Zeit, mal kurz in der wohlwollenden Selbstbetrachtung innezuhalten und sich zur Abwechslung mal kritisch zu hinterfragen. ;)

In sich ruhende Löwe-Geborene sind strahlende, magische Geschöpfe, die die Menschen um sie herum mit Inspiration, Charisma und ihrer hinreißenden Verve verzaubern. Sie sind freigebige Ratgeber und Beschützer. Aber wenn sie aus der Balance geraten, haben sie ein paar wirklich schwierige Seiten an sich. Löwen, die ihren Kanal nicht gefunden haben und nichts erschaffen, werden zu neidischen Grumpy Cats. Dann werden sie sich bei jeder Gelegenheit in den Mittelpunkt spielen, niemanden neben sich dulden und auch auf andere Weise versuchen, die ihnen ihrer Meinung nach zustehende Hauptrolle zu spielen. Wenn der selbst wahrgenommene Wert der Löwe-Geborenen ins Wanken gerät, weil sie kein eigenes Betätigungsfeld finden, bleiben ihnen nur die Bestätigung von außen, die irgendwann nicht mehr reicht, und ihre eigene oberflächliche Überzeugung, dass sie die Tollsten sind. Unterbewusst lauert aber die Angst in ihnen, nur durchschnittlich zu sein. Und damit die Panik davor, von jemand anderem überholt zu werden.

Dann kann der Beschützerinstinkt um-

DEINE HEILSTEINE

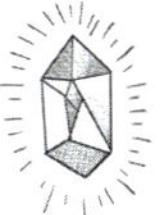

Bevor du deinen Stein benutzt, ist es gut, ihn unter fließendem Wasser zu reinigen, ihn unter das Licht des Vollmondes zu legen oder ihn in der Sonne aufzutanken. Wenn du ihn das erste Mal benutzt, empfehle ich dir, ihn mit deiner persönlichen Intention aufzuladen. Sag ihm bitte deine Absicht und was du mit ihm erreichen möchtest und/oder welche Kraft er dir geben soll. Du kannst ihn auch einfach in die Hand nehmen und ihn mit dem gewünschten Gefühl, Gedanken, Wort aufladen. Bitte handle zum Wohle aller und nur aus Liebe.

Dein Hauptstein ist passend zu deinem Zeichen der Sonnenstein. Denn als Löwe brauchst du die Anerkennung und den Applaus deines Publikums, um dich selbst zu spüren und dein Selbstwertgefühl zu entwickeln. Der seltene Sonnenstein hat einen positiven Einfluss auf deine Selbstwahrnehmung. Er hilft dir dabei, all deine Talente und Stärken, die vielen tollen Eigenschaften, die dir auf deinen Weg mitgegeben wurden, endlich zu erkennen. Der Sonnenstein hat zudem eine ausgleichende, besänftigende Wirkung, was mentale Stabilität fördert. Negative Emotionen werden gelöst, es verbreitet sich Zuversicht. Auch den Onyx, der dem Löwen zu mehr Flexibilität und Offenheit verhilft, sowie den Eisenpyrit kann ich dir empfehlen.

schlagen ins Negative. In diesem Fall wollen die Löwen nicht nur gebraucht werden, sondern möchten, dass ihr gegenüber von ihnen abhängig ist. Sie könnten dann versuchen, ihre Mitmenschen kleinzuhalten, damit sie nicht ihre volle Größe entwickeln und plötzlich mit ihnen auf gleicher Höhe oder darüber stehen. So kann es zum Beispiel sein, dass diese Sonnenkinder zwar bereitwillig geben, aber niemals etwas annehmen, sodass immer ein Ungleichgewicht herrscht, in dem sie die Oberhand behalten, oder sie könnten auf die Idee kommen, sich mit fremden Federn zu schmücken. Löwe-Geborene schaffen es, dabei so charismatisch und großmütig zu wirken, dass es ihrem Gegenüber sehr schwerfällt, den Finger in die Wunde zu legen, ohne sich dabei schäbig oder lächerlich zu fühlen.

Für Löwen in diesem Zustand können ihre Mitmenschen tatsächlich nur Statisten in der großen Löwen-Show sein, bei der sie Regisseur:in, Produzent:in und Hauptdarsteller:in in einem sind. Sie glauben dann, die Menschen um sie herum müssten ihnen nach Belieben gehorchen und ihnen alles, wonach sie begehren – wie Zeit, Mühe und Kreativität – zur freien Verfügung stellen.

Es gibt aber auch hier Hoffnung. Der Zug ist nie abgefahren. Löwe-Geborene, die sich so verrannt haben, können trotz allem in ihrem eigenen Kosmos ihre Begabung finden. Die negativen Auswirkungen lassen sich umkehren, sodass sie in ihre eigene wundervolle, lebensnotwendige Kraft zurückfinden. Vorausgesetzt, sie schaffen den ersten Schritt, ihre Zerrissenheit zu reflektieren und den Rat ihrer Lieben anzunehmen.

Letzteres kann allerdings wirklich zum Problem werden, denn Löwen können sehr starrköpfig sein. Weil sie oft nur ihr eigenes Ideal im Kopf haben, schauen sie nicht nach links und rechts und setzen sich damit selbst Scheuklappen auf. Ihr Selbstbild des Ratgebers verträgt sich nicht mit dem des Ratsuchenden. Außerdem sind sie leider auch recht häufig nicht so interessiert an der Meinung anderer und damit mitunter beratungsresistent. Wobei es auch hier Mittel und Wege gibt, du musst ja auch nicht jedem dahergelaufenen selbst ernannten Experten zuhören. Aber die dir nahen Menschen sind dir ja meist nicht grundlos nah. Sie werden sicher schon verstanden haben, dass es zielführender ist, mit dir auf eine positive, bestärkende Weise zu kommunizieren. Du könntest zum Beispiel versuchen, dich darauf zu trainieren, zwischen Lob und Bestätigung auch die leisen Zwischentöne wahrzunehmen, ohne sie als persönliche Kritik auszulegen. Wenn du so viel Vertrauen hast, davon auszugehen, dass dein Gegenüber es in diesem Fall gut mit dir meint, dir vertraut und an dich glaubt, und du so seinen Rat annehmen kannst, kann dich das über dich hinauswachsen lassen und auf den Weg deines Full Potentials schicken.

Löwe-Geborene haben meist eine sehr hohe und unrealistische Moralvorstellung, der niemand – auch nicht sie selbst – gerecht werden kann. Das ist ihnen aber häufig nicht so richtig klar. Sie sehen sich selbst als Ideal und gehen erst mal davon aus, dass sie ausschließlich gut sind. Im Gegensatz dazu gibt es dann nur noch das ausschließlich Böse. Zwischentöne kennen sie nicht.

Deswegen verletzen sie kleine menschliche Schwächen aufs Tiefste, sie machen aus der unachtsamen Mücke einen bösartigen Elefanten. Bei sich selbst nehmen sie Züge wie Missgunst oder Unehrlichkeit gar nicht wahr, weil sie – bei aller Selbstbeschau – nicht über sich selbst reflektieren. Bei anderen aber sind sogar kleinste Unebenheiten auf der moralischen Schokoschicht der Sachertorte eine Katastrophe.

Sie messen mit zweierlei Maß und erwarten göttliche Perfektion von anderen, während sie bei sich selbst ihre ganz irdischen Fehler übersehen. Wenn sie es schaffen, hier von ihrem hohen Ross zu steigen und anzuerkennen, dass auch sie keine Engel sind, verbessern sich die Beziehungen zu ihren Lieben schlagartig. Dazu braucht es nur eine Prise Selbstironie, um die eigenen Schwächen nicht mehr in den blinden Fleck ihres Bewusstseins abzuschieben.

Da Löwe-Geborene unbewusst so oft von ihrer eigenen höhergestellten Königlichkeit durchdrungen sind, mögen sie es auch nicht, sich mit den kleinen Dingen des Alltags zu beschäftigen. Sie mögen groß(artig)e Dinge! Sie sind schließlich der Lion-King. Sie kaufen kein Klopapier, weil das mal wieder alle ist. Es gibt natürlich auch viele absolut lebenstüchtige Löwen, aber wo sie diese Kleinigkeiten delegieren können, werden sie es wenigstens versuchen. ;)

Die meisten Löwe-Geborenen, die ich kenne, haben ein Faible für guten Stil, möchten gut aussehen und auch als solches gesehen und erkannt werden. Sie haben oft einen ausgefallenen Geschmack und schätzen Qualität. Auch hier inspirieren sie nicht selten ihr Umfeld, weil sie innerlich und äußerlich leuchten.

Meistens lieben sie es, den roten Teppich ausgerollt zu bekommen und von der Crowd mit freudestrahlenden Gesichtern empfangen zu werden. Natürlich gibt es wie bei allen Sternzeichen aber auch Löwe-Geborene, die nicht auf den ersten Blick als Löwe erkennbar sind. Sie sind leiser, introvertierter und vielleicht sogar sehr schüchtern. Trotzdem tragen sie die Löwen-Eigenschaften in sich und werden Wege finden, sich ihre Bühne zu erobern.

Die Power der Löwen ist grenzenlos. Die größten Hindernisse, die sie überwinden müssen, sind oft in ihnen selbst zu finden. Wenn sie sich mit ihrer Kraft verbinden und ihr schöpferisches Potenzial ausleben, steht ihnen allermeistens nichts mehr im Weg.

Es tut dir gut, lieber Löwe, wenn du es im Laufe deiner Lebensentwicklung schaffst zu verstehen, dass du und nur du für dein eigenes Glück sorgen kannst! Dann kommen die Liebe und Anerkennung deines Umfeldes von ganz alleine.

LIEBE

Die Liebe spielt bei den Löwen eine große Rolle, sie ist nie Nebensache, sie ist immer groß, gerne dramatisch und hat mindestens das Potenzial zur RomCom. Als das Sternzeichen, das das Herz regiert, treffen sie gerne wie Amor ins Schwarze.

Sie lieben die Liebe, und sie lieben es, verliebt zu sein. Sie sind warmherzig, aufmerksam, überraschend, voller Romantik, beschenken ihren Schatz und überschütten ihn mit Liebe. Sie müssen nur aufpassen, dass nicht die Liebe selbst die Hauptrolle übernimmt und der/dem Partner:in eher eine Nebenrolle zukommt. Denn dann könnte die Beziehung entweder schnell vorbei sein oder alles wird sich den Vorstellungen der Löwe-Geborenen anpassen. Deswegen neigen sie manchmal auch dazu, sich Partner:innen zu suchen, bei denen sie alles bestimmen können. Das kann mit der/dem richtigen Partner:in natürlich gut gehen, aber in den allermeisten Fällen wünschen sich die Löwen selbst irgendwann einen stärkeren oder gleich starken Gegenpart.

Um diesen Schwierigkeiten zu entgehen, solltest du auch deine weibliche Seite zum Zuge kommen lassen. Wie du vielleicht weißt, hat nach den hermetischen Gesetzen alles eine weibliche und eine männliche Seite. Hiermit sind natürlich die Archetypen des Männlichen und Weiblichen gemeint. Das männliche Prinzip steht hier für das Gebende, das Aktive und Rationale. Das weibliche Prinzip bezeichnet das Empfangende, Passive, Intuitive. Alle Menschen tragen beide Prinzipien in sich. Bei Löwen sind aber oft vor allem die männlichen Qualitäten stärker ausgeprägt. Eine Weiterentwicklung der weiblichen Qualität schenkt den Löwen viel mehr Tiefe, weckt ihre Löwenmutterinstinkte und bereichert sie vor allem in Beziehungen.

Löwe-Geborene sind sehr loyal und erwarten diese Loyalität auch in Partnerschaften und Freundschaften. Konkurrenz mögen sie in der Partnerschaft noch weniger als auf der Bühne. Sie verschreiben sich ihrer Liebe mit Haut und Haar, und da ist es nur natürlich, dass sie das Gleiche auch gespiegelt kriegen möchten.

Sie werden ihre:n Partner:innen immer beschützen und würden für sie/ihn im Großen fast alles tun. Wir denken an eine dramatische Szene in einem Actionfilm, bei der die Löwin sich selbst in Lebensgefahr bringt, um ihr Love Interest zu retten. Im Kleinen kann es ein wenig anstrengend sein mit ihnen, wenn sie die in ihren Augen unwichtigen Alltagshürden unter ihrer Würde ansehen und nie den Müll rausbringen, Sellerie nachkaufen oder eine Haftpflichtversicherung abschließen. Vor allem, weil wir so selten in Actionfilmen leben.

Auch ist ihre Neigung, mit zweierlei Maß zu messen, eine Herausforderung und wird früher oder später in den meisten Partnerschaften der Löwe-Geborenen zum Thema werden. Zum Beispiel kann es sein, dass immer einige Real-Life-Follower um sie kreisen und sie das umgekehrt aber gar nicht witzig finden. Oder sie möchten immer der hellste

Stern sein, in dessen Umlaufbahn sich alles abspielt. Wenn du um deine verschiedenen Maßstäbe weißt und hier vielleicht proaktiv an dir arbeiten kannst, wirst du dir in deiner Beziehung wahrscheinlich viel Stress und Kummer ersparen.

Findest du den Partner, den du an deiner Seite – und nicht darunter – akzeptieren und lieben kannst, ist das Leben mit dir voller Farbe, Aufregung und Romantik. Du bist nicht ängstlich vor der Liebe und zeigst sie gerne. Du bist temperamentvoll, großherzig und freigiebig. Du strebst nach der wahren, ideellen Liebe, die es leider meist nur in Büchern gibt, aber mit keinem Sternzeichen kommt man ihr so nah wie mit dir.

Je nachdem, wie viel du dich schon mit dir selbst beschäftigt hast, war jetzt entweder viel Neues für dich dabei und du hast dich in der einen oder anderen Beschreibung wiedererkannt, oder aber du hast Themen schon bearbeitet und bist schon viel weiter. Das alles ist ein Angebot an dich, dein Potenzial auszuschöpfen. Mit den folgenden praktischen Tipps und Anregungen fällt es dir sicher leichter.

EIN TIPP FÜR DICH

Wir haben in unserem Geburtshoroskop alle zwölf Sternzeichen-Essenzen. Manchmal ist es gut, mit dem Gegenpol, also mit dem gegenüberliegenden Sternzeichen im Tierkreis, zu arbeiten, um Eigenschaften, die man vielleicht noch nicht an sich kennt oder noch entwickeln kann, zu finden und so Balance zu erlangen. Um hier noch tiefer einzutauchen, kannst du dir auch das Sternzeichen-Kapitel zu deinem Gegenpol durchlesen.

Wenn du dich zu sehr um dich selbst drehst, weil du unsicher bist, oder verstehen möchtest, wie du dich verbessern kannst, kann es sein, dass du die Balance aus dem Blick verlierst und nicht weiterkommst. Deine unbändige Strahlkraft ist wichtig, charismatisch und einzigartig, aber es kann sein, dass du zu geblendet bist von deinem eigenen Leuchten oder dem Verlangen zu leuchten, um zu sehen, wie sehr die anderen dich bereichern und weiterbringen können. Dein Gegenpol, das Sternbild Wassermann, steht für das Kollektive und unser Miteinander. Wenn du dich auf deine Wassermann-Qualitäten besinnen kannst und mit Empathie und Aufmerksamkeit einen Perspektivwechsel schaffst, wird dir diese Objektivität in deinen zwischenmenschlichen Beziehungen und bei der Heilung deines gesunden Selbstbewusstseins ein Wunder schenken.

DEIN RITUAL

Setze dich mit Stift und Papier oder Journal an deinen Lieblingsort. Das kann draußen sein oder deine Lieblingsecke bei dir zu Hause. Lege dein Telefon weit weg und konzentriere dich nur auf den Moment.

- Schließe deine Augen und spüre in dein Herz hinein. Atme den Sauerstoff bewusst in deine Herzregion und denke an etwas oder jemanden, den du aus tiefstem Herzen liebst.
- Wenn du einen liebevollen, meditativen Zustand erreicht hast, schreibst du zehn Dinge – Menschen, Situationen, Bäume, Elemente (Wasser, Erde, Luft, Feuer) oder anderes – auf, für die du dankbar bist. Am besten wäre es, wenn du bei deinem Dank möglichst genau deinen Zustand beschreibst. Mein Beispiel: »Ich empfinde unendliche Dankbarkeit, dass du dieses Buch hier liest, es dich inspiriert, tiefer in dich hineinzuschauen, und ich dir damit einen Moment der Selbsterkenntnis schenken darf.« Das empfinde ich gerade und bedanke mich bei dir, liebe:r Leser:in.
- Hast du alles aufgeschrieben, liest du dir noch einmal jeden Punkt einzeln durch und bedankst dich noch einmal mit einem einfachen »Danke«.

Der Zustand der Dankbarkeit wird dich auf eine andere Frequenz voller Liebe, Glück und Frieden bringen. Du kannst diese Übung auch jeden Morgen machen. Ich persönlich finde sie äußerst stark und liebe sie.

VIRGO

JUNGFRAU

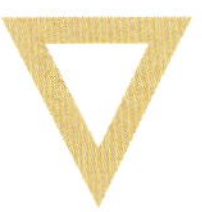

Ich analysiere und verbessere

24. AUGUST – 23. SEPTEMBER

HERRSCHENDER PLANET ~ MERKUR

ELEMENT ~ ERDE

MODALITÄT ~ VERÄNDERLICH

ESSENZ ~ ALTRUISTISCH, LOGISCH, VERANTWORTUNGSBEWUSST, ORGANISIERT, FLEISSIG, BESCHEIDEN, ZWANGHAFT, KRITISCH, PERFEKTIONISTISCH, ÜBERTRIEBEN, DETAILVERSESSEN

BEHERRSCHTES KÖRPERTEIL ~ VERDAUUNGSORGANE (DÜNNDARM, DICKDARM), NERVENSYSTEM, BAUCH

TAROTKARTE ~ IX DER EREMIT

URSPRUNG

It's Virgo season! Die Ernte wird eingefahren. Und damit ziehen wir Bilanz. Nach der Schwangerschaft (Krebs) und der Geburt des Individuums (Löwe) ist es nun Zeit, sich genau anzuschauen, was man denn da eigentlich kreiert und erschaffen hat.

Wir ernten nun unseren Weizen und müssen analysieren: Haben wir alles richtig gemacht, ist das die beste Ernte, die wir hätten einfahren können? Welche Anpassungen müssen noch gemacht werden? Müssen wir das Düngemittel wechseln?

Die Jungfrauen-Energie steht für eine Inventur des Lebens und unseres Selbst. Sind wir gut? Wo können wir uns verbessern?

Die Jungfrauen Power ist gerufen und sofort an Ort und Stelle.

Sie ist die Herrscherin über Ursache und Wirkung, sie interveniert und ist dabei so genau wie ein Chirurg.

Wie beim Zeichen Zwillinge ist der Herrscherplanet der Jungfrau der Merkur, der für die linke Gehirnhälfte, also das Lineare, Rationale, Analysierende, Kategorisierende, steht. Hier zählen Fakten. Außerdem steht er für Kommunikation und Tatendrang. Lasst uns die Spreu vom Weizen trennen, am besten direkt!

Die ins Extrem verzerrte Jungfrau-Energie ist streng und freudlos. Jungfrauen brauchen Spaß und ihre Umwelt – die Natur und die anderen Menschen – als Ausgleich, auch wenn sie selbst der Meinung sind, sie kämen auch furchtbar gut allein zurecht.

Die Jungfrau ist wie der Stier und der Steinbock ein Erdzeichen. Sie steht fest mit beiden Beinen verwurzelt auf dem Boden der Tatsachen. Sie ist belastbar, anpassungsfähig, praktisch und fleißig. Als physisches, in ihrem Körper verankertes Zeichen nutzt sie ihre gut ausgeprägten fünf weltlichen Sinne, um zu beobachten, zu analysieren, anzupassen und zu verbessern.

WESEN

Die Jungfrau-Energie ist der Dreh- und Angelpunkt unseres Bewusstseins. Wir wechseln vom Selbst (Löwe-Energie) in das Außen, in die Gesellschaft. Was auch immer wir bis hierhin kreiert haben – sei es ein Produkt, eine Idee, unser Selbst –, werden wir bald im nächsten Sternzeichen (Waage) präsentieren. Wir wollen, dass es das Beste ist! Wir hoffen, dass wir Käufer:innen, Kolleginnen und Kollegen oder Partner:innen damit anziehen und überzeugen.

Es geht nicht mehr nur um uns selbst, wir werden uns des Publikums bewusst. Die Jungfrauen-Energie macht Marktforschung und Inventur, verbessert Einkauf, Verkauf und Logistik und prüft die Finanzen.

Ist das, was wir im Zeichen des Löwen erschaffen haben, fertig? Ist es schon perfekt? Jungfrau-Geborene wollen den schönsten und besten Blumenstrauß auf den Tisch bringen, vorher werden sie sich nicht zufriedengeben.

Die Jungfrauen-Energie steht für eine Art Ernüchterung. Sie holt den Löwen auf den Boden der Tatsachen zurück und lässt seine Löwen-Seifenblase platzen. Ich bin nicht der Nabel der Welt, sondern ein Teil dieser Welt. OK, wow.

Dabei gesteht sie dem Löwen durchaus zu, dass wir ohne seine Sonnen-Löwen-Kraft, seine Kreativität und Selbstbezogenheit nie da wären, wo wir nun mit unseren Gaben sind. Damit wir aber weiter voranschreiten können, wird jetzt ausgesiebt und optimiert.

Auf eine Phase der Ich-Bezogenheit folgt eine Phase der nüchternen Bescheidenheit. Es ist wie eine innerliche Reinigung! Eine Entschlackung, um sich von allen »Toxinen« zu befreien und selbst befreit zu werden! Es ist kein Zufall, dass das Sternzeichen Jungfrau die Verdauungsorgane repräsentiert.

Das Gehirn der Jungfrau-Geborenen steht niemals still. Pausenlos sammelt es Eindrücke. Was sagt unser Gegenüber? Wie sagt es das? Was rieche ich? Was schmecke ich? Wie fühlt sich das an? Und all diese pausenlos gesammelten Eindrücke verarbeitet das Jungfrauen-Gehirn ohne Unterlass. Es analysiert, setzt in Beziehung und kategorisiert. Jungfrau-Geborene werden alles direkt einordnen und kennzeichnen, sodass sie es, wenn es benötigt wird, parat haben.

Auch wenn ihr Gehirn keine Pause macht, das Element Erde als solches ist langsam. Von außen betrachtet mögen Jungfrau-Geborene ein eher ruhiges Tempo haben, wenn sie zum Beispiel in einer Unterhaltung einen Moment brauchen, um eine Antwort zu formulieren. Der innerliche Prozess ist aber ganz und gar nicht langsam. Jungfrau-Geborene werten alles sofort aus und werden grundsätzlich eher keine vorschnelle, sondern eine sehr bedachte Antwort geben.

Die meisten Jungfrau-Geborenen können deswegen auch gut alleine sein und brauchen diese Me-Time, um zu verarbeiten und bei sich selber anzukommen. Oft sind sie auch der Meinung, dass sie insgesamt wunderbar alleine klarkommen und niemanden wirklich brauchen. Und wenn es um Alltäglichkeiten geht, stimmt das sogar meist. Viele Jungfrauen empfinden es als sehr befriedigend, überaus praktisch und organisiert zu sein.

Trotzdem neigen Jungfrau-Geborene oft zum Overthinking. Sie machen sich Sorgen um alles und sind ungeduldig mit sich selbst. Das verdanken sie dem Planeten Merkur, der auf schnelle und umtriebige Art die Gedankenwelt beeinflusst. Für alle Jungfrau-Geborenen, auch die ausbalanciertesten, ist Therapie eines der Instrumente, zu denen sie gerne greifen, um sich weiter – in professionellem Rahmen – zu analysieren. Allerdings sind sie dann häufig unzufrieden mit sich. Sie sind ihrer Meinung nach nicht schnell genug in ihren Erkenntnissen und der Umsetzung. Anstatt einfach stolz zu sein, dass sie überhaupt ihre Themen angehen, fühlen sie sich wie der langsamste Trottel der Welt. Jungfrau-Geborene erwarten Perfektion, vor allem von sich selbst. Sie wollen aus allem das Allerbeste, das Perfekte rausholen. Sie sind detailversessen.

Ungleich den Löwe-Geborenen gibt es für sie nicht nur schwarz und weiß. Sie erfassen Abstufungen und haben meist eine extraordinäre Beobachtungsgabe. Sie haben oft einen guten Geschmack, sind verständnisvoll und haben feine Antennen. Sie versuchen, sich selbst und ihre Umwelt in Einklang zu bringen. Sie fügen zusammen, was andere als vollkommen gegensätzlich empfinden, weil sie den Missing Link wahrnehmen können.

Das zeigt sich zum Beispiel in ihrer sehr guten Menschenkenntnis. Jungfrau-Geborene fallen in den meisten Fällen nicht auf Äußerlichkeiten und Blender herein. Sie sind in der Lage, den Kern eines Menschen zu sehen und sein Verhalten zu analysieren. Sie nehmen Kleinigkeiten wahr, die anderen entgehen und die vermeintlich nicht in das Bild passen, das jemand von sich zeigen möchte. So zeichnen sie innerlich das wahre Abbild und liegen damit erstaunlich oft richtig.

Jungfrau-Geborene sind häufig nicht besonders ehrgeizig, wenn es um ihre eigene Person geht. Für ihre Ziele ja, aber nicht für sich selbst. Sie lehnen den Stolz des Löwen ab, der sich all seine Heldentaten am liebsten ans Revers pinnen will. Jungfrau-Geborene sind bescheidener. Sie stellen den Nutzen für die Gemeinschaft über ihren persönlichen Erfolg. Das heißt aber nicht, dass sie keine Anerkennung brauchen. Sie brauchen diese sogar sehr. Aber es muss nicht der Applaus der Massen sein. Sie möchten gerne, dass ihre gute Arbeit anerkannt wird, von den Menschen, die ihnen wichtig sind, und denen, die involviert sind. Jungfrau-Geborene sind durchaus auch stolz, aber eben mehr auf ihre Intelligenz und Fähigkeiten denn auf ihr Wesen als solches.

Bei aller Selbstlosigkeit sind Jungfrau-Geborene knallhart in ihrem Urteil. Alles wird auf seinen Nutzen geprüft. Sie mögen gutes Essen, aber nicht wie der Stier aus Genuss, sondern, weil sie gesund bleiben wollen. Sie machen gerne Sport, aber keine spaßbetonten, eventuell sogar halsbrecherischen Sportarten wie der Widder, sondern häufig solche, die über die reine Bewegung hinaus einen Nutzen haben, wie Yoga, Pilates oder Tai-Chi. Auch ihre eigenen Talente oder Eigenheiten werden einer sorgfältigen Kosten-Nutzen-Analyse unterzogen: Was einen für sein Umfeld, seine Liebsten, seine (gewählte) Familie, seine Freundinnen und Freunde, Kolleginnen und Kollegen nicht begehrenswerter macht oder für ein langes, gesundes, glückliches Leben als wichtig erachtet wird, muss gehen. Das ist natürlich alles in höchstem Maße vernünftig, aber auch sehr, sehr spaßbefreit und vor allem in seiner Gänze unerreichbar.

Die meisten Jungfrau-Geborenen haben einen selbstlosen Service-Gedanken in sich,

TAROTKARTE FÜR DICH: IX DER EREMIT

Die Tarotkarte Nummer IX hilft uns mit dem Stab und dem Stern, den Blick nach innen zu wagen und nicht komplett in sich versunken kleben zu bleiben. Wir haben durch den leuchtenden Stern vor uns eine gute innere Führung, von der wir wissen, dass sie uns treu begleiten und schützen wird. Wir schaffen es, zu lernen, uns von negativen Ängsten, dem Drang, im Außen perfekt zu sein und keine Fehler machen zu dürfen, fremden Gedanken und Urteilen über uns abzuschirmen und unsere eigene innere, ruhige, nicht sorgenvolle Stimme zu entdecken. Der Eremit führt uns wie ein gutes Role Model zur Erkenntnis und Bewusstseinserhöhung, in der wir erkennen, dass wir uns von unseren Ängsten, Sorgen, Prägungen, Mustern und Konditionierungen durch andere befreien können! Es ist eine sehr spirituelle Karte, bei der wir die Chance haben, unsere eigene Erfahrung weiter als Heiler:in zu leben, und gleichzeitig zu erkennen, nicht nur helfend und selbstlos für Andere da zu sein.

der über ein »sänk ju for trävelling wis deutsche bahn« hinausgeht. Sie dienen ihren Mitmenschen mit ihren gesammelten Fähigkeiten, Erfahrungen und ihrem schnellen Kopf. Sie lieben es, ihr auf Herz und Nieren geprüftes Wissen zu teilen und damit andere zu heilen. Sie haben eine starke Heilenergie in sich, die aber vor allem auf irdischem Wissen beruht. Sie sind selten spirituell. Mitunter suchen sie sich sogar spirituelle Guidance, die ihnen wunderbar hilft, aber dennoch werden sie Spiritualität meistens weiterhin hinterfragen.

Sie heilen im Physischen, zum Beispiel mit Ernährung, Schulmedizin und Yoga, oder auf logische Art und Weise, mit einer klaren Fallanalyse und praktischem Rat.

Dieser selbstlose Helfer-Aspekt ihrer Persönlichkeit, gepaart mit dem Sicherheitsbedürfnis, das alle Erdzeichen mit sich bringen, sorgt häufig dafür, dass Jungfrau-Geborene ihr Potenzial nicht für sich selbst ausschöpfen. Sie stecken dann im Beruf in einer Situation fest, in der sie sich zwar unverzichtbar machen, aber keine Position bekleiden, die ihrem Können angemessen wäre. Dabei könnten sie hier wirklich brillieren. Meist arbeiten sie gerne, geben sich immer Mühe und übernehmen Verantwortung. Sie bringen Intelligenz und strategische Schläue mit an den Tisch. Nur ihrer Vorstellungskraft und Kreativität, die durchaus vorhanden sind – denn auch das Analysieren, Katalogisieren und Zusammenführen braucht Kreativität –, lassen sie wenig Raum oder sie negieren, dass sie sie überhaupt haben. Oft betrachten sie sich selbst als quadratisch, praktisch, gut, aber auch nicht mehr.

Dabei sind Jungfrau-Geborene häufig echte Allrounder. Sie haben eine Menge Talente und sind das Gegenteil von inselbegabt. Wenn sie etwas können wollen oder müssen, dann bringen sie es sich einfach bei. Die Competition ist dabei nicht wichtig, sie lernen es, weil es in diesem Moment nötig oder praktisch ist. Wobei sie natürlich schon einkalkulieren, dass jedes weitere Talent in ihrem Repertoire sie noch wertvoller und attraktiver macht und wieder ein Schritt in Richtung Optimierung ist. Jungfrau-Geborene sind stolz auf das, was sie können, und vieles geht ihnen auch leicht von der Hand. Sie haben als Erdzeichen eine Begabung für handwerkliche Dinge und sind meist mit einer schnellen Auffassungsgabe und Klugheit beschenkt. Ohne die letzten beiden würde das ständige Einordnen und Katalogisieren ja auch gar nicht funktionieren.

Um hier den Überblick zu behalten, neigen Jungfrau-Geborene zu Ritualen und Routinen, denn wenn sie zu bestimmten Tageszeiten bestimmte festgelegte Abfolgen durchführen, müssen sie nicht mehr darüber nachdenken und auf Kosten-Nutzen prüfen, sie können sich also entspannen, und gerade die zu Nervosität neigenden Jungfrauen werden ruhiger. Das kennt man auch von Kindern, die nach einer festen Zubettgeh-Routine besser einschlafen.

Wie ist das bei dir? Wachst du auf, meditierst, trinkst dein Wasser mit Zitrone, Selleriesaft oder einen Smoothie, machst ein bisschen Yoga, und dann los zu deinem Job? Oder wachst du auf, Kaffee, News checken, erste Mails beantworten, duschen, pünktlich los? Was ist deine Routine? Oder welche Routine würdest du gerne schaffen, wirst aber durch äußere Umstände (Kind, Hund, Partner:in ;)) davon abgehalten?

Jungfrauen-Köpfe sind immer angeschaltet. Im übertragenen Sinne ist die Jungfrau-Energie ein ständiger Verdauungsprozess im Physischen und Psychischen. Die nötigen Nährstoffe werden aufgenommen und in Energie umgewandelt, der unbrauchbare Rest muss gehen. Sie sind pausenlos damit beschäftigt, zu planen und zu perfektionieren. Als ständige Ingenieurinnen wollen sie immer etwas reparieren und verbessern. Das kann das Zuhause sein, wenn die Jungfrau immer neue Einrichtungsideen hat und den Istzustand ständig über Bord wirft, oder aber auch die Freundin, die jetzt wirklich dringend mal verstehen muss, dass der Typ nicht der Richtige für sie ist. Nicht selten nimmt sie sich dabei zu viel vor und ist dann heillos überfordert mit der Umsetzung, oder aber stößt die Freundin vor den Kopf, die gar keine Ingenieurin gerufen hat.

In einer Krise wird man aber keine bessere Ratgeberin finden als eine Jungfrau-Geborene. Astrologisch wird die Krise von der Jungfrau regiert. Und zwar, weil sie sie so gut meistern kann. Ihre Fähigkeit, zu priorisieren und so der Reihe nach alle Aspekte zu lösen, und ihre analytische Intelligenz, die hilft, die Wurzel des Problems zu benennen, sind der Weg heraus. Jungfrau-Geborene sind Meister:innen darin, Gold zu sieben und nur das Gute im Leben zu behalten.

In Freundschaften sind sie großzügig und genießen es, gebraucht zu werden. Aber nicht wie bei Löwe-Geborenen aus Geltungsbewusstsein oder um eine Abhängigkeit herzustellen, sondern aus Hilfsbereitschaft. Sie sind da, wenn man jemanden zum Reden braucht, und werden Probleme liebend gerne bis ins letzte Detail analysieren. Sie sind konstruktiv, genau und loyal. Auf sie kann man sich verlassen.

Wie beim Zeichen Zwillinge wird die Jungfrau von Merkur beherrscht, auch sie hat also einen starken Wissensdrang. Wo allerdings der Zwilling das Wissen für sich selbst sammelt, um gut dazustehen, geht es den Jungfrau-Geborenen meist um den Nutzen des Wissens für die Gemeinschaft. Jungfrau-Geborene sind sehr wissbegierig und lernen gerne dazu, allerdings können sie sich im unendlichen Reich des Wissens verlieren. Dann huschen sie im Internet von einer Wikipedia-Seite zur nächsten, saugen alles auf wie ein Schwamm und lesen alle Sachbücher, von denen sie denken, dass sie sie brauchen, um perfekt zu sein. Auch hier geht es um Perfektion. Ein Thema muss umfassend und in allen Details erkundet sein. Dabei müssen Jungfrau-Geborene aufpassen, dass ihre Neugier sie nicht irgendwann morgens um fünf hochschrecken lässt, weil sie sich alles über die Population der fliegenden Eichhörnchen auf Hokkaidō samt Bericht über 125 Millionen Jahre alte Fossilien durchlesen und plötzlich merken, wie spät es ist. Dann haben sie keine Ahnung mehr, wie sie eigentlich von den neuen Bottega Boots (vor acht Stunden) nach Hokkaidō kamen und wie sie den gleich beginnenden Tag meistern sollen. Oder aber sie lesen so viele Sachbücher, dass sie den Moment verpassen, anzufangen und zu machen!

Ein wichtiges Learning für die Jungfrauen ist also, Maß zu halten. »Was???«, wirst du sagen, »alles, was du hier aufgezählt hast, sind doch brillante, absolut nützliche und vor allem wichtige Eigenschaften. Und wenn ich es nicht mache, wer dann? Etwa die unpraktischen Fische?«

Und genau da liegt die Krux, liebe Jungfrau-Geborene. Wenn du mit deinen Gaben übertreibst, kippt alles ins Negative. Bei Jungfrauen, die nicht in Balance und unsicher sind, nimmt die Angst überhand, Fehler zu machen oder etwas nicht gewusst zu haben, und die Konsequenzen, die sie sich ausmalen, sind verheerend. Sie versuchen dann, das ganze Leben zu ordnen, vorauszuplanen und so ihrer Meinung nach sicher zu machen und alles Unvorhersehbare, das – in ihren Augen gefährliche – Chaos, auszuschließen.

Dann wird aus ihrer Gabe, zu analysieren und einzuordnen, ein Kontrollzwang. Dieser ergießt sich über sie selbst, mit fast schon masochistischen Anwandlungen: »Ich bin nicht gut genug, denn ich bin nicht perfekt. Ich schäme mich und ich bestrafe mich und sabotiere mich unterbewusst selbst!«

Dieser Zwang überträgt sich aber auch auf ihre Nächsten:

»Keiner kann das besser als ich!« Das wird im ersten Moment vielleicht auch stimmen, weil noch nie ein:e Meister:in vom Himmel gefallen ist. Aber wenn sie ihren Nächsten gar nie die Möglichkeit geben, sich auszuprobieren und zu beweisen, können diese es auch nicht lernen. Diese Ängste äußern sich außerdem in extremer Kritiksucht, jeder kleine Fehler eines anderen kommt auf den Untersuchungstisch und wird seziert. Auf die Dauer torpedieren sie so das Selbstbewusstsein der Menschen um sie herum und machen sie klein und schwach. Oder die Jungfrau-Geborenen verlieren ihre Lieben, wenn diese sich das auf Dauer nicht bieten lassen möchten. Sie selbst werden in jedem Fall immer noch weiter darin bestärkt, dass sie das einzige Bollwerk zwischen Sicherheit und dem Chaos des Lebens sind.

Aus dieser Dysbalance und Unsicherheit heraus werden Jungfrau-Geborene genauso hart zu ihren Mitmenschen, wie sie es auch zu sich selbst sind. Wer sich selbst keine Schwächen und keine Freiheiten, die überhaupt erst zu Fehlern führen könnten, zugesteht, kann diese bei anderen auch nicht tolerieren. Kleine moralische Verfehlungen können Jungfrau-Geborene, die in diesem Zustand sind, Menschen abschreiben und langjährige Freundschaften beenden lassen. Sie reagieren so extrem, weil sie aus der Angst heraus handeln, dass sie selber diese Verfehlung begehen könnten. Sie bestrafen sich also eigentlich selbst. Denn unter der perfekten Fassade finden sich bei Jungfrau-Geborenen wie bei allen Menschen tief versteckte Gefühle und Empfindungen, die die angstgetriebenen Jungfrauen krampfhaft versuchen zu unterdrücken. Nicht perfekt zu sein jagt diesen Jungfrauen die Heidenangst ein, eine kleine Verfehlung würde der Anarchie Tür und Tor öffnen.

Eigene Schwächen können sie dann überhaupt nicht zeigen, nicht sich selbst und vor allem nicht vor anderen. Sie werden verzweifelt versuchen, sie gänzlich zu unterbinden oder zu verstecken. Was sie nie wirklich nah an ihr Umfeld herankommen lässt. Oder sie versuchen, ihre Freundinnen und Freunde zu »reparieren«. Sie können sich richtiggehend in ihrer »Pimp my Pal«-Strategie verrennen und wollen dann zu viele Menschen auf einmal verbessern, und das auch noch völlig ungefragt. Ihr kluger Rat verkommt dann zur Besserwisserei. »Ich hab's dir ja gesagt« wird eine ihrer liebsten Floskeln, wenn jemand was riskiert hat und gescheitert ist. Sie wollen sich damit wieder hauptsächlich selbst beruhigen und gut zureden, dass ihnen so ein Fehler nie passieren wird.

Man darf bei allen anstrengenden und schwierigen Seiten eines nicht vergessen: Jungfrau-Geborene denken ohne Unterlass. Eindrücke und Gedanken werden sortiert und abgelegt. Das ist pausenloser Stress, der nicht sichtbar unter der Oberfläche abläuft. Wenn dann aber eine Dysbalance hinzukommt und das Overthinking einsetzt, kann dieses viele Denken den Kopf regelrecht verstopfen. Die einen Jungfrau-Geborenen würden gerne weiter in Ordner sortieren, schaffen das aber aufgrund der Fülle der Informationen nicht mehr. Ihr Gehirn ist dann wie einer dieser Handy-Bildschirme mit 18 Seiten, auf denen du den Hintergrund nicht mehr erkennst, weil alles voll mit Apps ist, von denen keiner weiß, warum sie da sind und wofür man sie braucht. Die anderen legen dann immer hektischer in Ordnern ab. Der Handy-Bildschirm ist vordergründig ordentlich, aber ihre Kategorien werden dabei immer weniger diffizil, sie werden vorschnell und selbstgefällig in ihrem Urteil.

Manchmal passiert es auch einfach, dass die Jungfrau-Geborenen insgesamt zu überfordert von ihren Verantwortungsbereichen, Ideen und Optimierungsimpulsen sind und dann einfach in Streik treten. Das kommt für ihr Umfeld meist überraschend, denn bis zu ihrem Meltdown war alles nach außen hin in bester Ordnung. Aber irgendwann ist auch der Jungfrau alles zu viel! Sie hat sich zu viel aufgeladen, zu viel Arbeit, zu viele optimierungsbedürftige Dinge und zu viele Menschen, die sie alle therapieren, heilen und halten wollte. Sie hat sich selbst, überzeugt von ihrer unerschöpflichen Kraft, zu viel auf den Teller gepackt. Jetzt wird sie von einer Welle überrollt und weiß nicht mehr, wo oben und unten ist. Sie zergeht in Selbstzweifeln, isst Junkfood (obwohl gerade sie ja ganz genau weiß, dass das ihrem Körper nicht guttut) und ist erst mal für niemanden mehr zu greifen.

Wenn ich also sage, dass Jungfrau-Geborene Maß halten müssen, dann nur mit den besten Intentionen. Die Jungfrau-Energie ist so wertvoll und eine schier unerschöpfliche Kraft. Aber es kann sogar dir alles zu viel werden. An jede Jungfrau, die das hier hören muss: »Du kannst nicht jeden retten und du bist nicht perfekt, zum Glück!«

Jungfrauen, die sich verrannt haben, hilft tatsächlich schon die Erkenntnis, dass sie gar nicht so perfekt sind und dass die Welt deswegen nicht zusammenbricht. Nur ist es diese Erkenntnis, die Jungfrau-Geborene am allerliebsten vermeiden würden.

Es hört sich vielleicht seltsam an, aber eine wirklich wirksame Therapie für zu eingefahrene Jungfrauen ist der Schock, wenn sie einen kolossalen Fehler begehen, der sie daran erinnert, dass sie eben nicht perfekt sind. Weder moralisch noch in ihren Fähigkeiten. Das wird sie paradoxerweise dazu bringen, milder mit sich selbst zu sein und im Gegenzug auch milder mit den anderen Menschen um sie herum. Ich habe das bei einer guten Freundin erlebt, die von ihren moralischen

DEINE HEILSTEINE

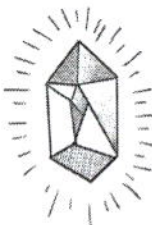

Bevor du deinen Stein benutzt, ist es gut, ihn unter fließendem Wasser zu reinigen, ihn unter das Licht des Vollmondes zu legen oder ihn in der Sonne aufzutanken. Wenn du ihn das erste Mal benutzt, empfehle ich dir, ihn mit deiner persönlichen Intention aufzuladen. Sag ihm bitte deine Absicht und was du mit ihm erreichen möchtest und/oder welche Kraft er dir geben soll. Du kannst ihn auch einfach in die Hand nehmen und ihn mit dem gewünschten Gefühl, Gedanken, Wort aufladen. Bitte handle zum Wohle aller und nur aus Liebe.

Der Hauptstein der Jungfrau ist der Peridot. Die transformierende Kraft des Peridots, negative Gefühle zu positiven zu verwandeln, und sein Einfluss auf die Gesundheit – die Jungfrau legt großen Wert auf die Erhaltung von Körper und Geist – unterstützen dein Zeichen optimal. Die transformative Kraft: Der Peridot beruhigt Gefühle wie Schuld und Wut, er hilft dir, mit Trauer umzugehen. Damit stärkt er deine innere Balance. Auf deinen Körper wirkt der Stein zudem entgiftend, vor allem die Haut kann der Heilstein sehr positiv beeinflussen. Denn der Peridot enthält Nickel, was die Leber und die Galle zur Entgiftung anregt. Gleichzeitig kräftigt er dein Immunsystem. Auch der Amazonit und der Aventurin stärken deine positiven Wesenszüge.

Vorstellungen immer absolut überzeugt war und dann selber eine grandiose Dummheit begangen hat. Sie hat ihren langjährigen Freund betrogen und war währenddessen absolut der Meinung, vollkommen richtig zu handeln, denn wahrscheinlich hat man halt nach so langer Zeit einfach eine Affäre. Selbsttäuschung at it's best. Natürlich kam die Trennung, natürlich hat sie begriffen, dass das ein Scheißmove war. Für sie selbst war es zwar der richtige Schritt, aber ihren Freund hat sie damit trotzdem sehr verletzt, und der hatte das wirklich nicht verdient. Diese Ambivalenz zu erkennen war für sie ein wichtiger Meilenstein. Sie hat verstanden, dass auch Fehler manchmal notwendig sind, und ist deswegen heute deutlich entspannter und judged nicht mehr so vorschnell über andere.

Ein anderer, weniger einschneidender Weg zu mehr Gelassenheit ist ein wunderschöner: Spaß und Vergnügen – einfach mal die Jungfrau rauslassen! Du neigst manchmal dazu, dich abzukapseln, weil du niemanden außer dir selbst brauchst. Denn du bist ja perfekt, und die anderen werden dich in deinem Flow und in deinem Wachstum nur stören. Aber eine Jungfrau, die immer nur in ihrem stillen Kämmerlein hockt und die ganze Welt und sich selbst seziert und beurteilt, verliert den Anschluss an die Realität. Du musst aufpassen, dass du dadurch nicht alle Chancen im Leben verpasst.

Um mit der menschlichen Ambivalenz und dem liebenswerten Chaos, das unsere Existenz ausmacht, dauerhaft Berührungspunkte zu haben, solltest du dich unbedingt mehr auf Menschen einlassen und an »Events« im Freundeskreis, Kunsthappenings und so weiter teilnehmen. Es muss ja nicht gleich Burning Man sein. Kino und Drinks tun's für den Anfang auch. Je öfter du etwas machst, das dir Spaß macht, aber in keinster Weise einem praktischen Ziel nützt, desto öfter lässt du deine Kreativität und dein inneres Kind raus zum Spielen. Das Leben bekommt mehr Facetten, die Einseitigkeit wird aufgebrochen, und die Perfektion wird weniger existenziell. Eine tolle Übung für Fortgeschrittene: Pläne machen und sie dann spontan genüsslich über den Haufen zu werfen. :)

Wenn Jungfrau-Geborene mehr Spaß in ihr Leben integrieren, dann wird auch der zwanghafte Wunsch, alles und jeden verbessern zu wollen, langsam verschwinden, und es kommt die Fähigkeit, das dort zu tun, wo es gebraucht und gewünscht ist. Dann schaffen Jungfrauen es, bevor sie jemandem mit einem Rat unter die Arme greifen wollen, innezuhalten und sich zu fragen, ob die Situation wirklich etwas ist, für das sie Verantwortung übernehmen sollten. Und ob der Mensch dafür bereit ist, von ihnen gerettet zu werden. Denn nicht jeder ist bereit für Verbesserung, manche Menschen brauchen ihre leidvolle Opfersituation oder wollen sie wenigstens so lange durchspielen, bis sie da selbst rauskommen. Das mag schwierig mit anzusehen sein, vor allem, wenn dir der Mensch am Herzen liegt. Aber du solltest im Kopf behalten, dass es Menschen geben wird, die deine Gabe, ihnen den Rückenwind zu geben, um sich zu ihrer besten Version zu entwickeln, sehr zu schätzen wissen werden. Und es lohnt sich, darauf zu warten und die Ressourcen nicht sinnlos zu vergeuden. In der Zwischenzeit kann es helfen, dreimal schnell »not my monkeys, not my circus« zu sagen. ;)

Der Jungfrau gegenüber steht im Tierkreis das Sternzeichen Fische. Sie sind der totale Gegensatz. Ich könnte mir vorstellen, dass dir dieses leicht unstete Fische-Zeichen, sich träumerisch in grenzenlose Zustände beamt und einfach mal chillt, nicht sonderlich behagt. Die Fische-Qualitäten sind für dich analytischen Crack vielleicht gar nicht als Qualität erkennbar. Eventuell schaust du sogar mit etwas Arroganz auf die in deinen Augen nicht lebensfähigen Fische. Aber für dich geht es genau darum, diesen Teil in dir zu finden und zu integrieren! Denn ohne die Fische-Energie spürst du das Wunder des Lebens nicht, weil du eine Facette komplett ablehnst: Sie stehen für Magie und Chaos und repräsentieren das Leben in seiner wilden ursprünglichen Form.

In die Fische-Energie zu gehen, heißt Hingabe, sich erlauben, frei zu sein, etwas zu tun oder gar nichts vorzuhaben, die Dinge anzunehmen, wie sie sind, ohne Optimierungsdrang. Einfach mit dem Flow zu gehen und anzuerkennen, dass alles perfekt ist, wie es ist. Nämlich perfekt unperfekt. Mit der Fische-Energie kannst du dich in den Zustand von Unschuld und Staunen begeben, dich auf Wunder einlassen und nicht alles zerdenken – ja, du bist schlau, nahezu genial, aber das ist nicht alles in unserem Universum, und auch du brauchst mal eine Pause. Mach deine Erfahrungen, sei mutig und trau dich, dich auf Risiken einzulassen, denn da nichts wirklich perfekt ist, brauchst du auch keine Angst davor zu haben, etwas anzufangen, was du nicht perfekt beherrschst. Du wirst lernen, dass nicht alles das Beste sein muss, sondern dass das Bestmögliche reicht. Und das wird dir innere Ruhe und Ausgeglichenheit schenken.

LIEBE

Jungfrau-Geborene brauchen Zeit, um zu vertrauen, aber wenn sie es dann tun, sind sie wie alle Erdzeichen sehr sinnlich und empfindsam. Sie haben ein Gefühl für ihre:n Partner:in und ihre/seine Bedürfnisse. Sie gehen eine tiefe Verbindung ein, auch wenn sie so gut wie nie in eine Abhängigkeit fallen. Jungfrauen sind meist selbstbewusst und meinungsstark, sie können alleine sein und sind sich im Zweifel selbst genug. Sie können für sich selber sorgen, und sie wissen das auch.

Du bist ein anspruchsvolles Zeichen, das man nicht mit äußeren Zwängen halten kann. Ob es eine gemeinsame Wohnung ist oder eine gemeinsame Firma, eine Trennung fällt dir emotional nicht leichter als anderen, aber du weißt, dass du den praktischen Aspekt stemmen kannst, und das gibt dir Sicherheit.

Deswegen sind es die inneren Qualitäten und die Qualität der Verbindung, die stimmen müssen. Da Jungfrau-Geborene selten auf gutes Aussehen allein oder auf Blender hereinfallen, kann man sich relativ sicher sein, dass sie ihre:n Partner:in vor der Verbindung genau gecheckt haben. Wenn sie also eine Beziehung eingehen, meinen sie es meist ernst.

Jungfrauen brauchen eine:n Partner:in auf Augenhöhe, mit der/dem sie sich austauschen können, gerne auch über Berufliches, da ihnen ihr Beruf meist sehr wichtig ist.

Sie können verschlossen sein und brauchen manchmal Zeit allein. Es tut ihnen aber sehr gut, eine:n Partner:in zu haben, die/der sie aus ihrem Trott herausholt und dazu bringt, mal über die Stränge zu schlagen.

Sie wissen meist sehr viel und sind schlau, das kann eine Herausforderung sein, wenn die Jungfrau-Geborenen auf dem Kriegspfad sind und alles und jeden kurz und klein analysieren. Dann muss die/der Partner:in ein dickes Fell, Intellekt und eine sprachliche Begabung mitbringen, um sich behaupten zu können.

Wenn die Kratzbürste am Start ist, hilft es, wenn die/der Partner:in eine empfindsame Seite hat und hinter den Krallen die seelische Not erkennen kann. Denn diese lässt sich sehr viel schneller mit Verständnis denn mit Konfrontation lindern.

Oft wählen Jungfrauen Partner:innen, die mitbringen, was sie bei sich unterbewusst vermissen, jemanden, der Spontaneität und Freiheit in ihr Leben bringt. Das kann gut gehen, weil die beiden sich ergänzen, es kann aber auch die Hölle werden. Wenn entweder die/der Partner:in sich auf der praktischen Begabung der Jungfrau ausruht und sie alles machen lässt, bis sie nicht mehr kann. Dann wird sie plötzlich die Reißleine ziehen. Oder aber, wenn die Jungfrau mit ihren schier endlosen To-do-Listen auf gleiche Verteilung der Aufgaben pocht und dann fast verzweifelt, weil die/der Partner:in die Aufgaben nicht gut genug oder nicht schnell genug erledigt. Hier die richtige Balance zu finden, ist gar nicht so einfach. Denn natürlich sollen die Jungfrau-Geborenen nicht den ganzen Mental Load auf sich nehmen. Aber sie werden die praktischen Herausforderungen des Lebens meist besser meistern als ihre Partner. Das zu akzeptieren spart Kraft und Frust. Entweder sie übernehmen mehr oder sie lassen ihre Partner:innen die Dinge auf ihre eigene Weise erledigen.

Wo Jungfrauen wiederum Hilfe brauchen, und sie müssen lernen, das nicht zu gering zu schätzen, ist Savoir-vivre, Laissez-faire, Dolce far niente und Dolce Vita – einfach mal das Leben genießen. Wenn die Jungfrau jemanden findet, der sie die Leichtigkeit des Seins fühlen lassen kann und dem sie umgekehrt helfen kann, seine praktischen Wurzeln zu schlagen, und das in beiderseitiger Balance, ist das ein Perfect Match.

Je nachdem, wie viel du dich schon mit dir selbst beschäftigt hast, war jetzt entweder viel Neues für dich dabei und du hast dich in der einen oder anderen Beschreibung wiedererkannt, oder aber du hast Themen schon bearbeitet und bist schon viel weiter. Das alles ist ein Angebot an dich, dein Potenzial auszuschöpfen. Mit den folgenden praktischen Tipps und Anregungen fällt es dir sicher leichter.

EIN TIPP FÜR DICH

Wir haben in unserem Geburtshoroskop alle zwölf Sternzeichen-Essenzen. Manchmal ist es gut, mit dem Gegenpol, also mit dem gegenüberliegenden Sternzeichen im Tierkreis, zu arbeiten, um Eigenschaften, die man vielleicht noch nicht an sich kennt oder noch entwickeln kann, zu finden und so Balance zu erlangen. Um hier noch tiefer einzutauchen, kannst du dir auch das Sternzeichen-Kapitel zu deinem Gegenpol durchlesen.

Ich habe vorher ja schon darauf hingewiesen, wie wichtig es gerade für dich ist, deinen Gegenpol im Tierkreis, die Fische-Essenz, in dir zu finden und zu integrieren. Lies dir deswegen auch das Sternzeichen Fische durch und schau, auf was du reagierst. Denn vieles, was dich zurzeit in die Schranken weist, kannst du mit der Fische-Energie ablegen. Sie kann dir helfen, andere und dich selbst nicht zu verurteilen, deine Ängste an eine höhere Macht zu übergeben, an einen guten Ausgang zu glauben und übertriebenes Analysieren sein zu lassen. Mit der Fische-Essenz musst du die Wichtigkeit der Details nicht mehr übertreiben, und du hältst deine allzu große Angst, Fehler zu machen, in Schach.

Entdecke deinen inneren Fisch und lass los. Gib die Kontrolle an das Universum ab. Schließlich hat es schon die perfekte Natur erschaffen. Es hat also ein bisschen was drauf. Dann musst du auch nicht weiter innige Beziehungen und Spaß hinauszögern.

DEIN RITUAL

Ehre deinen Körper! Dein Körper weiß, was gut und schlecht für dich ist. Hör auf, dich selbst zu geißeln, unzufrieden zu sein und ständig in der Zukunft mit deinem Traumkörper zu leben, während du im Real Life enttäuscht darüber bist, dass du dein dir selbst auferlegtes straffes Programm nicht schaffst. Für deinen Körper und Geist wäre es gesundheitlich himmlisch, wenn du hin und wieder auf eine softe Art fasten würdest. Die Jungfrau regiert die Verdauungsorgane und sollte diese in Balance halten, um sich was Gutes zu tun und sich zu reinigen. Du musst auch nicht in die Vollen gehen und kannst einmal die Woche einen Tag ohne Zucker, Gluten, Fleisch und Milch machen. Das wird dein System entlasten und dir neue schöpferische Kraft verleihen. Wenn du dich damit gut fühlst und dein Körper, dein Geist und deine Verdauung gut darauf reagieren, dann kannst du einen Schritt weiter gehen und einen flüssigen Fastentag in der Woche machen, am besten mit selbst gekochter, klarer Gemüsebrühe. Aber wirklich nur, wenn es für dich und deinen Körper nicht zu viel Stress bedeutet.

Wenn du diesen besagten Tag der Woche deiner Gesundheit und Klarheit widmest, wäre es total schön, deinen Geist auch auf deinen Körper zu lenken. Versuche, dich direkt am Morgen hinzusetzen, einen Timer auf drei bis zehn Minuten zu stellen, deine Augen zu schließen, in dich hineinzuspüren und dich auf deine Atmung zu konzentrieren.

- Stelle dir grünes, strahlendes Licht vor und wie es deinen Körper von innen ausleuchtet.
- Hülle dich dann mit deiner Vorstellungskraft komplett auch von außen in grünes Licht und weite es so weit aus, wie du es möchtest und brauchst.
- Am Ende der Meditation bedankst du dich bei deinem Körper, deinem Verdauungstrakt, deinen einzelnen Organen für die tägliche Leistung und dafür, dass sie dich dein Leben leben lassen.

XIV
SIGKEIT
MERCURY
APOLLO
SATURN
JUPITER
MOUNT of VENUS
PALMISTRY
4
5

WAAGE

Ich balanciere und bringe in Beziehung

24. SEPTEMBER – 23. OKTOBER

HERRSCHENDER PLANET ~ VENUS

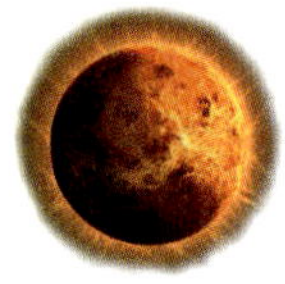

ELEMENT ~ LUFT

MODALITÄT ~ KARDINAL

ESSENZ ~ CHARMANT, HARMONISCH, DIPLOMATISCH, GELASSEN, GEPFLEGT, UNENTSCHLOSSEN, OBERFLÄCHLICH, NAIV, PASSIV-AGGRESSIV

BEHERRSCHTES KÖRPERTEIL ~ NIERENSYSTEM, HAUT, UNTERER RÜCKEN, PO

TAROTKARTE ~ XIV MÄSSIGKEIT

URSPRUNG

Unser siebtes Sternzeichen im Zodiak (Tierkreis) ist die Waage. Nachdem wir in der Jungfrau-Energie schon alles fit gemacht haben für den Blick von außen, ist es nun an der Zeit, uns und unsere Ernte zu präsentieren. Mit der Waage-Season ist der Moment gekommen, in Beziehung zu anderen zu gehen.

Das große Thema der Waage sind Partnerschaften und Beziehungen, und da ihr Herrscherplanet die Venus ist, ist es ihr Wunsch, diese liebevoll in Frieden, Gleichgewicht und Gerechtigkeit zu führen. Sie möchte Harmonie und Schönheit verbreiten.

Unter dem Einfluss der Venus ist die Waage-Essenz vollgetankt mit Liebe, Schönheit, Selbstlosigkeit, Ästhetik, Bedürfnis nach Beziehungen, Style, sozialen Werten, Sehnsüchten, Wünschen. Kein Wunder, dass du es liebst, frisch gestylt in deinem fancy Lieblingsrestaurant, umgeben von deinen Freundinnen und Freunden und Liebsten, zu sitzen. Dabei besprecht ihr gerade den Schnitt der neuen Jacquemus-Hose und tauscht euch über das Für und Wider der Frauenquote aus. Dein einzigartiges Wesen bietet dabei allen Meinungen eine Bühne und beschert so der Runde einen wunderschönen Abend.

Um das zu schaffen, hast du die einzigartige Gabe, anderer Menschen Perspektiven und Gefühle zu sehen, zu verstehen und anzunehmen.

Die Waage treibt den Perfektionismus, der in Jungfrau begonnen wurde, noch weiter und bringt den Vergleich mit. Sie setzt alles in Beziehung, dabei geht es immer auch um das

Gegenüber. Das kann zum Problem werden, wenn die Waage so sehr auf alle anderen schaut, dass sie sich selbst dabei vergisst. Oder dass sie nicht mehr sieht und wertschätzt, was oder wen sie in ihrem Leben schon hat.

Als Luftzeichen, wie auch Zwillinge und Wassermann, neigt die Waage zu kopflastigem Denken. Sie bringt eine gewisse Sachlichkeit und Nüchternheit mit, um alles aus einer übergeordneten objektiven Perspektive – quasi aus dem Luftraum heraus – sehen zu können.

WESEN

Der unbedingte Wille von Waage-Geborenen ist es, Beziehungen zu schaffen und eine schöne, liebevolle Kommunikation zu initiieren. Sie suchen immer nach Fairness, Gerechtigkeit, Gleichgewicht, Balance und Harmonie. Sie sind dabei friedfertig und streben harmonische Verbindungen an. Waagen sind auf der Suche nach Beziehungsformen, in denen ein Zustand der Zufriedenheit und Ausgeglichenheit für beide Seiten herstellbar ist. Ihre Herangehensweise ist dabei mitunter recht theoretisch und wissenschaftlich. Sie erdenken Ideale für unser aller Miteinander, versuchen, die Welt ihnen anzupassen und sie so ein Stück schöner und liebevoller für uns alle zu machen.

Die Gabe von Waage-Menschen ist es, mit ihren Kommunikationskünsten aus dem Nichts Möglichkeiten und Wege zu schaffen, Dinge und Menschen zusammenzuführen.

Sie sind meist diejenigen, die eine Beziehung beginnen, denn sie sind das erste Zeichen in unserem Tierkreis, das überhaupt in Beziehung zu jemand anderem treten kann.

Auch wenn sie selbst eventuell das Gefühl haben, dass der andere definitiv den ersten Schritt gemacht hat, kommt zumindest das erste Signal oft von ihnen, auch unterbewusst.

Denn Waagen brauchen Partnerschaften, nur in Bezug auf andere lernen sie sich kennen und können daran wachsen. Durch die Reaktion ihres Gegenübers auf ihre Aktionen oder Aussagen verstehen sie ihre eigene Wirkung, ihr eigenes Wesen. Sie spiegeln sich also im anderen und erkennen sich so im besten Fall selbst.

Waagen sind oft intellektuell, und ihnen ist Gerechtigkeit sehr wichtig. Sie lieben es, zu kommunizieren und so Verbindungen zu schaffen. Sie bleiben dabei aber meist leicht und gehen nicht unbedingt direkt eine tiefe Bindung ein. Sie sind eben ein luftiges Zeichen. Das bedeutet aber nicht, dass die Waage nicht ernst genommen werden sollte, denn sie kämpft sehr laut und sehr ernst für (soziale) Gerechtigkeit und Objektivität. Das MeToo-Movement startete nicht ohne Grund im Oktober 2017, also in der Waage-Season.

Waage-Geborene haben meist klare Ziele und können auch etwas bewegen, aber um wirklich etwas zu beginnen und zu erreichen, brauchen sie Mitstreiter:innen, mit denen sie sich austauschen können und auf die sie sich beziehen können. Ihr Antrieb ist immer auch die Suche nach Wahrheit und Schönheit.

Dazu nutzen sie ihren Charme und ihre Einfühlsamkeit. Sie sind nicht mit der Brechstange in den Gefilden der menschlichen Beziehungen zugange, sondern schaffen es mit ihrer Freundlichkeit, ihrem bezaubernden Wesen und ihrem Verständnis für alle Meinungen, die Dinge so zu klären, dass sich jeder gehört fühlt. Am Ende kommen alle Beteiligten häufig überein, dass man es am besten so macht, wie die Waage sagt. Ihr ureigenster Wunsch dabei ist aber nicht das Manipulieren um des Rechthabens willen. Sie will einfach, dass es allen gut geht und jede Perspektive gehört und gesehen wird. Die Waage hat den objektiven Überblick.

Waage-Menschen sind die geborenen Diplomaten und bringen ein großes Verhandlungsgeschick mit. Sie schaffen es ohne Streit und harte Worte an ihr Ziel. Sie beherrschen die menschliche Kommunikation wie kein zweites Zeichen, denn sie haben einfach verstanden, dass man viel mehr schaffen kann, wenn man mit anderen zusammenarbeitet statt gegen sie. Und sie sind auch nicht nur zum Schein diplomatisch. Sie wollen die Meinung der anderen wirklich hören, weil sie immer alle Seiten kennen möchten. Es ist ihnen wichtig, dass alle Beteiligten mitgenommen werden und sich wertgeschätzt fühlen.

Das Bedürfnis, immer auch der anderen Seite Gehör zu verschaffen, bringt einige Waagen allerdings dazu, in einer Diskussion extra eine konträre Meinung einzunehmen, einfach um das Gleichgewicht zu erhalten. Das muss deswegen nicht ihre eigene Meinung sein, aber ihnen ist es wichtig, sie abzubilden. Sie nehmen es dafür in Kauf, die Dinge anzustacheln, und betrachten es häufig auch als ihre Pflicht, allen Seiten eine Stimme zu geben, damit eine gerechte Entscheidung gefällt werden kann. Wer das nicht weiß, kann davon sehr überrascht werden, wenn die Freundin plötzlich gegen das Tempolimit argumentiert, wo man doch weiß, dass sie eigentlich dafür ist. Aber spätestens, wenn die Diskussion sich dann in Richtung ihrer Argumentation verschiebt, wird sie den Kurs meist wieder aufgeben und entgegengesetzt argumentieren. Diese Waagen nenne ich gerne »the devil's advocate«. ;)

Die Waage selbst hat alle Ambivalenzen in sich und ist immer dabei, diese in sich auszubalancieren und in Harmonie zu bringen. So wie sie das in sich selbst gut können, haben sie auch die Gabe, das im Außen zu tun. Sie können Widersprüche vereinen, die sonst unvereinbar wären. Sie schaffen das, weil sie die Fähigkeit haben, sich in andere Menschen einzufühlen und in ihren Schuhen zu laufen, ihre Herzen zu spüren. Waage-Menschen können fremde Gedankengänge und Empfindungen nachvollziehen und so mehrere verschiedene Perspektiven erkennen und erfühlen.

Sie sind sehr feinfühlig, oft schon fast Empathen. Und da wir die Waage alle in unserem Sternbild haben, haben auch wir alle diese Qualität irgendwo versteckt.

Harmonie ist der Waage-Geborenen wichtigste und teuerste Währung. Sie wollen unbedingt von allen gemocht werden und ertragen es ganz schlecht, wenn jemand sie nicht so gernhat. Das bringt sie häufig dazu, ihre eigenen Wünsche und Gefühle zu unterdrücken, um bloß nicht anzuecken. Waagen wiederum mögen fast jeden, auf jeden Fall ist es ihnen sehr wichtig, dass jeder die gleiche Chance erhält und es fair zugeht.

Obwohl Waage-Geborene sich theoretisch so viel mit Liebe und Beziehungen beschäftigen, sind ihre eigenen Gefühle oft noch in den Kinderschuhen. Sie sind einfach mehr Kopf als Herz, wenn es um sie selbst geht. In ihren Liebesbeziehungen wünschen sie sich das perfekte Bild eines Disney-Movies mit allen Ritualen, dem perfekten Antrag, der perfekten Hochzeit, den perfekten Worten und Taten. Die Perfektion und das erzeugte Bild sind ihnen wichtig, dann haben sie das Gefühl, das alles genau so ist, wie es sein sollte.

Da Waage-Geborene die schöne Oberfläche anzieht, haben sie im übertragenen Sinne ein Faible für Windowshopping. Sie sind nicht oberflächlich, aber die glatt polierte, glänzende Oberfläche ist ihnen wichtig. Sie haben häufig ein feines Gespür für Design und überlegene Schönheit und schenken der Welt damit Ästhetik und Stilgefühl.

TAROTKARTE FÜR DICH: XIV MÄSSIGKEIT

In der Tarotkarte Nummer XIV finden wir unseren inneren und äußeren Frieden. Wir sehen einen Engel, der mit einem Bein im Wasser und dem anderen auf der Erde steht und uns zeigt, dass er empathisch und geerdet ist. Wir können in zwei Welten Fuß fassen und geraten nicht aus der Balance und bleiben trotzdem mit der Aufmerksamkeit bei uns. Auf der Brust des Engels prangt das Zeichen des Sein-Tun-Haben-Prinzips und möchte uns sagen: »Sei die Person, die du in Wahrheit bist, ohne die Konditionierungen, Prägungen und vor allem Meinungen und Wahrheiten der anderen. Tu das, was du tun musst, dann erzielst du die Wirkung dessen, was du haben möchtest, und erreichst paradiesische Zustände.« Es ist jetzt an der Zeit, dich selbst ins Zentrum zu stellen und nicht auf eine egoistische, sondern eine liebevolle Art, alles in Einklang und Balance zu bringen.

Und sie werden immer alles dafür tun, die schöne Seite der Dinge hervorzuholen. Nicht umsonst ist mein liebster Fotograf Waage. (You know who you are, Felix. ;))

Sie haben großen Gefallen daran, den Menschen Schönheit zu bringen, zum Beispiel durch Musik, Kunst, Design, Fashion, Architektur und Interior Design, und bereichern unsere Welt dadurch ungemein. Wenn eine Jungfrau etwas praktisch einrichten kann, wird eine Waage immer noch ein wenig extra Energie investieren und einen wunderschönen Sparkle obendrauf platzieren. Zum Beispiel in einer Künstler-Garderobe, die meist mit Tisch, Stuhl und Schrank ausgestattet ist, wird eine Waage noch Blumen, personalisierte Donuts und eine handgeschriebene Willkommensnachricht platzieren. Es geht ihnen dabei nicht um Lob, sondern einfach darum, die Welt ein kleines bisschen schöner zu machen und den anderen ein Lächeln aufs Gesicht zu zaubern.

Aber wenn sie in sich selbst nicht verwurzelt sind, kann es sein, dass sie sich auf der Oberfläche verlieren, weil sie nichts haben, das sie erdet. Dann hören sie nicht auf ihr Herz, ihre Venus, auf ihr Inneres. Sie werden oberflächlich und posen nonstop für Social Media und machen aus ihrem echten Leben ein bloßes Magazincover. Sie wollen dann einfach nur perfekt sein, dafür bewundert werden, und niemand soll einen Anlass haben, schlecht über sie zu reden. Den Hang, nur auf der Oberfläche zu surfen, teilen Waagen übrigens mit ihrem fellow Luftzeichen, den Zwillingen. Aber bei den Waagen ist die Oberfläche ausnehmend schön, sozusagen perfekt. ;)

Waage-Geborene lieben Perfektion, weil sie im ständigen Vergleich mit ihrer Umgebung stehen. Nur wenn sie etwas in Beziehung zu etwas anderem setzen, können sie es erkennen.

Waagen vergleichen und verbinden alles. Sie vergleichen ihre:n Partner:in und ihre Beziehung kontinuierlich mit anderen Menschen und deren Beziehungen und sind durchaus empfänglich für vermeintliche Verbesserungen. Aka »Ich bin hier zwar gerade mit meinem Boyfriend, aber hey, der Typ da am Kaffeestand ist ja ein ganz heißer Feger. Und wenn ich die beiden vergleiche, hat der Kaffee-Mann vielleicht ja Qualitäten, die mein Chai-Latte-Freund nicht hat.« Und das gilt natürlich nicht nur für zwischenmenschliche Beziehungen. Sie vergleichen sich selbst, Kleider, Häuser, Mischbatterien oder Möbel. Diese ständigen Vergleiche führen dazu, dass Waagen oft Schwierigkeiten haben, sich zu entscheiden. Weil es immer eine Wahl gibt.

Aufgrund ihres Perfektionismus neigen sie auch sehr zum Prokrastinieren, sie wollen für alles die absolut besten Bedingungen und den genau richtigen Moment finden. Sie schieben die Dinge auf, weil sie in ihren Augen noch nicht perfekt sind, was sie aber nie sein werden, und laufen so Gefahr, die schönsten Chancen zu verpassen. Oder sie flüchten in andere Erlebnisse und Beziehungen, um sich von sich selbst und von negativen Erfahrungen abzulenken. Eskapismus in seiner Reinform.

Waagen denken häufig im Gespräch. Indem sie mit einem anderen Menschen etwas erörtern, werden sie sich über ihre eigene Entscheidung bewusst. Oft sieht es dabei so aus, als könnten Waagen sich überhaupt nicht alleine entscheiden. Dabei können sie das, wenn die Entscheidung nur sie selbst betrifft und gerade auch niemand da ist, mit dem sie sie besprechen könnten. Wenn es aber um etwas geht, das mehrere Leute betrifft, sei es das Restaurant fürs Dinner oder der Kinofilm, den alle zusammen sehen wollen, werden sie eher das machen, was die anderen wollen. Das heißt nicht, dass sie keine Wünsche haben, aber ihr größter Antrieb ist die Harmonie. Sie entscheiden sich also nicht für einen Film oder, ob es Sushi oder Pizza wird, sie entscheiden sich für das Glück der anderen. Denn das macht sie glücklich.

Waagen sind meist sehr objektiv und haben ein gutes Gefühl für die Bedürfnisse des Gegenübers. Sie brauchen Harmonie und vermeiden, so lange es geht, jede Konfrontation, Streit oder Gewalt.

Für ebenso friedliebende Geschöpfe ist das ein großer Segen, weil Waagen gewaltfreie Kommunikation beherrschen und gut intervenieren und mediieren können. Sie sind fantastische Vermittler:innen. Es passiert auch häufig, dass Waage-Kinder ihre Eltern unbewusst ausbalancieren und halten. Oft vermitteln sie zwischen beiden Parteien. Das kann für ein Kind eine große Belastung sein, wenn die Eltern streiten oder sich trennen. Von einem Waage-Kind in dieser Situation zu erwarten, dass es Partei ergreift, ist deswegen wirklich besonders brutal. Waagen sehen immer beide Seiten, sie können gar nicht anders.

Waagen können die perfekten Beziehungspartner:innen in allen Arten von Beziehungen sein. Sie wissen, was eine gute Tochter ausmacht oder einen guten Sohn, Ehemann, eine Ehefrau, Mutter, Vater, Freundin und so weiter. Und das erstreckt sich auch auf andere Felder wie zum Beispiel Berufe. Sie wissen, was von ihnen erwartet wird, wenn sie Künstler:innen, Ärzt:innen oder Berufssoldatinnen oder -soldaten sind. Das wissen sie, weil sie sich selbst durch die Augen der anderen sehen können. Sie können quasi ihren eigenen Körper verlassen und verschiedene Perspektiven einnehmen.

Dieser Bezug auf andere, die Rücksichtnahme und das Friedfertige sind wunderschöne Geschenke, die die Waage in eine Beziehung mitbringt. Die Gefahr dabei ist nur, dass sie sich zu sehr auf andere bezieht und dann nicht auf eigenen Beinen stehen kann, weil sie sich ohne die Bestätigung und Meinung der anderen keine eigene Meinung mehr bilden kann.

Durch die Gabe, in anderer Menschen Schuhe laufen zu können, kann es also passieren, dass Waagen nicht mehr wissen, wie sich eigentlich ihre eigenen Schuhe anfühlen. Dann haben sie keine Ahnung, was sie wollen, wer sie sind, und was sie für eine Aufgabe haben. Ihr Harmoniebedürfnis lässt sie ständig daran denken, was denn alle um sie herum brauchen, und dabei vergessen sie sich selbst. Sie müssen Erde finden und Wurzeln schlagen. Das geschieht, wenn sie herausfinden, wer sie sind. Wenn sie ihren Kern haben, können sie diesen als starke Wurzel aufbauen.

Die Schwierigkeit dabei ist, dass Waagen sich nur über Beziehungen zu anderen finden können und es dann aber nicht übertreiben dürfen. Die Waage muss hier ihre Balance herstellen. Die Waagschalen des Wertes ihrer eigenen Wünsche und denen ihres Gegenübers müssen ausgeglichen sein.

Waagen sind einfach idealistisch. Sie wollen nicht, dass es überhaupt etwas Unschönes oder Negatives gibt, deswegen werden sie immer wieder überrascht, wenn ihr Gegenüber sich unfair verhält oder ihr Idealismus anderswie einen blauen Fleck abbekommt.

Obwohl sich die Waage der Wahrheit verpflichtet fühlt, versucht sie manchmal unbewusst, ihr auszuweichen. Sie vermeidet schwierige Gespräche und hält eine falsche Harmonie am Leben, in der sie auch anderen Menschen nicht die Wahrheit sagt, um einer Konfrontation aus dem Weg zu gehen. Sie versteckt sich dann lieber in den warmen Armen einer Beziehung und verlässt sich ganz darauf, dass ihr:e Partner:in sie beschützt.

Sie möchte ihre eigenen negativen Emotionen nicht fühlen, nicht wütend werden oder streiten und verdrängt diese Gefühle häufig. Was aber für ihr Innerstes Gift ist. Diese angestauten, verdrängten Gefühle werden früher oder später an die Oberfläche kommen. Man kann nicht alle negativen Emotionen in den hintersten Winkel seiner Seele sperren und davon ausgehen, dass sie sich da brav bis in alle Ewigkeit stapeln. Es ist eher so, dass jedes Mal, wenn wir ein natürlich aufkommendes Gefühl, Bedürfnis oder einen Wunsch nicht rauslassen und unterdrücken, sie sich tröpfchenweise zu einem toxischen Ball sammeln und so zur Quelle einer inneren Wut und Verzerrung, einer Art Druck werden.

Dieser Druck wird sich im unpassendsten Moment entladen und dann viel mehr Schaden anrichten – und wir sprechen hier von Einschlägen wie dem Verlust der liebsten Menschen –, als wenn die friedfertige Waage vorher vielleicht mal gesagt hätte, dass sie scharfes Essen wirklich nicht gut verträgt und es deswegen tatsächlich ein Problem ist, wenn ihr Boyfriend immer nur Spaghetti all'arrabiata kocht, wenn er dran ist.

Oder dieser Druck sucht sich andere Kanäle und verursacht psychische oder psychosomatische Krankheiten, weil die Seele sich nicht mehr anders zu helfen weiß. Oft kapseln sich Waagen dann auch völlig von ihrer Umgebung ab. Es ist halt nicht immer alles Peace, Love and Harmony, und wenn dich jemand betrügen, berauben oder hintergehen will, dann solltest du nicht immer alles einfach an dir vorbeiziehen lassen, als ob es dich nicht berührt oder in deiner Gefühlswelt verletzt, um nur ja den Frieden zu wahren, sondern lernen, für dich einzustehen.

Die große Aufgabe der Waage-Geborenen ist es, zu verstehen, was sie selber brauchen, und das dann auch zu äußern. Was ist es, was du wirklich willst? Trau dich, deine Meinung zu sagen, auch wenn das vielleicht im ersten Moment jemanden verletzt oder es mühsam ist, die anderen zu überzeugen. Es ist okay, deiner Freundin zu sagen, dass du keinen Heavy-Metal-Detox-Smoothie magst, auch wenn sie dann enttäuscht ist, weil ihr jetzt nicht mehr zusammen die Anthony-William-Reinigungskur machen könnt (die ich persönlich übrigens als Aszendent Jungfrau echt toll finde :)).

Aber lehn auch nicht blind alles ab, denn gerade, wenn man zu einem Extrem neigt, kann man im Versuch, das auszugleichen, in andere Extreme kippen. Waagen würden also von der selbstlosen Aufopferung in den Narzissmus rutschen und nur noch sich selbst sehen, sich nicht mehr kümmern und nicht mehr hören, was die anderen sagen, brauchen oder wollen. Sie müssen sich selbst und ihr nahes Umfeld ausbalancieren und ins Gleichgewicht bringen. Wenn ihnen das ge-

DEINE HEILSTEINE

Bevor du deinen Stein benutzt, ist es gut, ihn unter fließendem Wasser zu reinigen, ihn unter das Licht des Vollmondes zu legen oder ihn in der Sonne aufzutanken. Wenn du ihn das erste Mal benutzt, empfehle ich dir, ihn mit deiner persönlichen Intention aufzuladen. Sag ihm bitte deine Absicht und was du mit ihm erreichen möchtest und/oder welche Kraft er dir geben soll. Du kannst ihn auch einfach in die Hand nehmen und ihn mit dem gewünschten Gefühl, Gedanken, Wort aufladen. Bitte handle zum Wohle aller und nur aus Liebe.

Der Hauptstein der Waage ist der wunderschöne, blaue Lapislazuli. Als Waage mit einem starken Bedürfnis nach Harmonie kannst du es nicht immer allen recht machen. Manchmal musst du dich für eine Seite entscheiden, und das kann dir schwerfallen. Der Lapislazuli steht für Aufrichtigkeit und unterstützt deinen Verstand und deine Intuition. Der Heilstein wirkt sich zudem positiv auf dein Selbstvertrauen aus, was dich ebenfalls darin unterstützen kann, dich von den Wünschen deiner Mitmenschen zu lösen, auf dich selbst zu hören und Kritik anzunehmen. Der Lapislazuli wirkt zudem Ängsten und negativen Emotionen entgegen. Zusätzlich zu diesem Heilstein haben auch der Amethyst und der Turmalin eine vorteilhafte Wirkung auf die Waage.

lingt, sind sie nicht zu egoistisch und nicht zu selbstlos, also genau 50/50. :)

Dazu musst du für dich selbst Regeln und Grenzen setzen, um besser mit deiner Umwelt umgehen zu können. Und wenn jemand diese Grenzen überschreitet, musst du ihm klarmachen, dass das nicht geht. Sonst wird es immer wieder passieren, dass Menschen deine Grenzen überschreiten und du viel zu spät merkst, wie schlecht es dir damit geht. Wenn du dann nicht aufpasst, wirst du schnell in einer Spirale landen, in der du immer noch mehr gibst in der Hoffnung, dass dein Gegenüber dann endlich glücklich ist, und dich dabei selbst immer weiter verlieren. Du musst lernen, mit deiner Energie zu haushalten, sonst hast weder du etwas von deiner wundervollen bereichernden Kraft noch die Menschen um dich herum, die dein magisches Strahlen wert sind. Denn das sind sie nicht alle. Du kannst nicht jeden lieben, nur weil er da ist! Du musst dir dein Gegenüber etwas genauer anschauen. Leider meinen es nicht alle Menschen immer gut mit einem. Glaub mir, ich spreche da aus Erfahrung. :)

Freundschaften sind Waagen wie alle Beziehungen sehr wichtig. Sie brauchen den Austausch und den Spiegel ihrer Freundinnen und Freunde. Sie brauchen ein liebevolles Miteinander, eine gegenseitige Anerkennung. Sie lieben es einfach, in Gesellschaft zu sein, und gehen ganz natürlich auf die Bedürfnisse ihrer Freundinnen und Freunde ein. Sie sind nicht so gern allein, da sie sich einfach sehr gerne um jemand anderen drehen. Waagen machen bezaubernde Komplimente, sie möchten das Schöne betonen und sehen am liebsten nur die positiven Seiten. Für ihre Freundinnen und Freunde sind sie eine Quelle der positiven, aufbauenden Energie. Wenn es allerdings darum geht, unbegründet Partei für eine Freundin zu ergreifen, einfach weil manche Menschen finden, dass sich das in Freundschaften so gehört, werden die Waagen sie überraschen. Für die Waage ist die Wahrheit ein hohes Gut, und es ist ihr einfach wichtig, die Dinge objektiv zu betrachten und nicht vorschnell eine Meinung zu haben. Sie möchte gerecht sein. Deswegen setzt sie bei allen die gleichen Maßstäbe an.

Manchmal sind Waagen so in der Luft verortet, dass sie keine Verbindung zu ihrem Körper haben. Sie betrachten ihn dann wegen irgendwelcher Makel als ein nicht perfektes Ding statt als die einzigartige Wundermaschine, die er ist. In diesem Fall werden sie viel Bestätigung von außen brauchen, um ihr Unwohlsein ihrem eigenen Körper gegenüber auszugleichen. Im schlimmsten Fall sind sie mit sich so unsicher, dass sie nur noch durch Bestätigung von außen funktionieren. Sie nutzen ihre Gaben dann exzessiv, um Bewunderung von anderen einzusammeln. Dann kippen ihre Talente, Beziehungen aufzubauen, ins Manipulative. Sie gehen keine echten Bindungen ein, suggerieren das ihrem Gegenüber aber. Sie werden dann immer neue Beziehungen brauchen, um sich immer wieder bestätigen zu lassen, dass sie schön und liebenswert sind. Die vorherige Beziehung werden sie nur so lange laufen lassen, bis die/der Partner:in die Beziehung auf die nächste Stufe heben möchte. Sie haben einfach panische Angst davor, tiefer zu tauchen und ihr wahres Selbst zu zeigen – weil sie es ja gar nicht kennen. Dann werden sie sich entziehen und einen verwirrten, verliebten Menschen zurücklassen, dem sie vorher mit einer Intensität, die auch die geerdetsten Zeichen schwach werden lässt, vermittelt hatten, dass sie doch füreinander geschaffen worden sind. Meist ist sie sich dieses Spiels aber nicht bewusst. Es hat keinen bösen Kern. Es ist ein hilfloser unterbewusster Versuch, in einer Beziehung etwas zu finden, das sie sich zwar in Kommunikation mit einer/einem Partner:in erarbeiten, aber letztlich nur selbst geben kann. Die Erkenntnis, dass sie selbst aus sich heraus liebenswert ist und nicht nur, wenn jemand anderes sie liebt.

Diesen Bewunderungs-Manipulations-Tanz muss sie vor sich selbst verheimlichen, denn dieses verletzende Spiel verträgt sich überhaupt nicht mit ihren eigenen Werten.

Und das ist gleichzeitig das Ticket raus aus diesem Verhalten. Wenn sie durch einen kurzen Moment der Klarheit wahrnimmt, wie selbstsüchtig und egozentrisch sie gerade handelt, ist es ihre Chance, sich zu hinterfragen, ihre Aktion mit ihren Werten abzugleichen und mitzufühlen, was sie dem anderen antut. Vielleicht schafft sie es dann, sich der Frage nach ihrem echten Wesen zu widmen und nicht wegzurennen. Das wäre der Weg in eine echte Beziehung, und eigentlich ist es ja genau das, was sich die Waage am sehnlichsten wünscht.

LIEBE

Wenn Waagen in einer gesunden tiefen Beziehung sind, blühen sie auf, alle ihre wundervollen Eigenschaften entfalten sich, sie sind um Harmonie bemüht, kommunizieren, lesen die Wünsche des Partners von den Augen ab und versuchen, sich und die/den Partner:in auszubalancieren.

Sie machen Komplimente und zeigen ihrem Schatz nicht nur in der Anfangszeit, was er ihnen bedeutet. Sie sind bereit, Zeit und Kraft in die Beziehung zu investieren, und werden immer nach einer einvernehmlichen Lösung suchen. Im Zweifelsfall werden sie eher nachgeben, als zu streiten.

Fliegende Fetzen gibt es bei ihnen nur, wenn man sie wirklich, wirklich lange reizt.

In dieser Harmonie-Bubble könnten die Waage und ihr liebster Mensch einfach dem Sonnenuntergang entgegengleiten, forever and ever happy. Wäre das Thema Beziehungen bei der Waage nur nicht mit so vielen Aspekten besetzt, die die Liebe verkomplizieren. Denn die Waage vergleicht ihre:n Partner:in. Mit anderen und mit ihrem eigenen Idealbild. Dem kann niemand standhalten, zumindest nicht, wenn die erste Verliebtheit abgeklungen ist. Um hier bei der Stange zu bleiben und sich nicht kopfüber einfach in die nächste Beziehung zu stürzen, muss die Waage lernen, ihren Kopf ein Stück weit auszuschalten und ihr Herz zu Wort kommen zu lassen. Wenn sie auf ihr liebendes Herz hört, wird sie, wie wir alle, die kleinen imperfekten Marotten ihrer/ihres Liebsten zwar unfassbar nervtötend, aber eben auch liebenswert oder wenigstens nicht absolut unerträglich finden. Wenn sie nicht liebt, wird ihr Herz ihr das mitteilen, und sie wird nicht aus logischen Gründen an einer/einem Partner:in festhalten und sich die ganze Zeit fragen, was da eigentlich nicht stimmt.

Ein anderer Aspekt ist, dass Waagen Beziehungen und den anderen so sehr brauchen, um sich selbst zu erkennen. Deswegen überladen sie sie manchmal. Sie werden zu anhänglich und geben sich ein Stück weit auf, um ihrer/ihrem Partner:in zu gefallen. Das ist auf Dauer kein gesunder Zustand. Auch wenn die/der Partner:in diese Selbstaufgabe eventuell zu schätzen weiß, weil er selber gerne die Hauptrolle spielt, wird die Waage früher oder später an ihren verschluckten Emotionen ersticken oder so infernalisch explodieren, dass die Verbindung danach Sperrzone ist.

Außerdem sind Waagen manchmal fast schon obsessed mit der Ausgeglichenheit einer Beziehung. Nur ist eine absolut gerechte Teilung einfach nicht möglich. Man kann nicht immer alles in genau zwei gleich große Hälften teilen.

In ihrem Perfektionswahn und Idealismus wird die Waage eine schöne Beziehung beenden, weil sie sie als nicht ausgeglichen empfindet. Sie sucht dann lieber in einer neuen Beziehung den perfekten Instagram-Post, anstatt zu verstehen, dass Momentaufnahmen nie exakt sind. Sie vergisst den Faktor Zeit. Menschliche Beziehungen fluktuieren. Mal braucht der eine mehr Unterstützung und Verständnis und mal der andere, mal hat der eine mehr Liebe im Herzen und mal der andere. Das zu erkennen, auszuhalten und mitzugehen und nicht auf unbedingte Gleichheit in jeder Lebenslage zu pochen ist ein wichtiges Learning für alle Waagen. Und sie können sich darauf verlassen, ihr inneres Barometer wird immer mitmessen, und wenn sich ein Ungleichgewicht für eine zu lange Zeit einschleicht, werden sie es bemerken. Trust me.

Wenn Waagen sich dieser Fallen bewusst werden und an sich arbeiten – und dazu sind meist einige Beziehungs-Anläufe nötig ;) –, können sie sich zu den liebevollen, großherzigen, fast schon perfekten Liebespartnerinnen entwickeln, als die sie geschaffen wurden. Und wenn sie dann jemanden finden, der bei aller Intelligenz und Theorie versteht, dass die Waage sich im Grunde ihres Herzens einfach nur nach Harmonie und einem liebevollen Miteinander sehnt, werden sie ihn mit einer – auch nach Jahren noch – romantischen, liebenswerten, einfühlsamen und stilvollen Liebe beschenken, die das Leben jeden Tag ein bisschen schöner macht.

Je nachdem, wie viel du dich schon mit dir selbst beschäftigt hast, war jetzt entweder viel Neues für dich dabei und du hast dich in der einen oder anderen Beschreibung wiedererkannt, oder aber du hast Themen schon bearbeitet und bist schon viel weiter. Das alles ist ein Angebot an dich, dein Potenzial auszuschöpfen. Mit den folgenden praktischen Tipps und Anregungen Tipps fällt es dir sicher leichter.

EIN TIPP FÜR DICH

Wir haben in unserem Geburtshoroskop alle zwölf Sternzeichen-Essenzen. Manchmal ist es gut, mit dem Gegenpol, also mit dem gegenüberliegenden Sternzeichen im Tierkreis, zu arbeiten, um Eigenschaften, die man vielleicht noch nicht an sich kennt oder noch entwickeln kann, zu finden und so Balance zu erlangen. Um hier noch tiefer einzutauchen, kannst du dir auch das Sternzeichen-Kapitel zu deinem Gegenpol durchlesen.

Als Waage-Geborene:r holst du dir deinen inneren Frieden, indem du alle und alles um dich herum ausgleichst und es gerne allen recht machen möchtest. Dadurch stellst du dich hinten an und hast Schwierigkeiten, dich selbst zu finden. Dein Gegenpol ist das Sternzeichen Widder. Mit seiner Essenz motiviert er dich in gesundem Maße, dein Selbstbewusstsein, deine Unabhängigkeit und ein Vertrauen in deine eigenen Impulse zu finden. Du lernst, dir selbst zu vertrauen und ausgeglichener zu werden. Es ist okay, wenn dich jemand doof findet, weil du für dich selbst (im gesunden Maße) eingestanden bist. Du wirst deswegen deine Gaben, andere Menschen zu erfreuen, nicht verlieren, aber du wirst sie gesünder und zielgerichteter einsetzen können.

DEIN RITUAL

Nimm dir einen Tag oder ein paar Stunden, einmal in der Woche, einmal im Monat – so wie es für dich realistisch ist –, an denen du machst, worauf nur du Lust hast, und das am besten alleine. Starte deinen Tag, egal wie du dich gerade fühlst, direkt in Dankbarkeit und bedanke dich aktiv einen Moment lang für dein Leben, deine Gesundheit (auch, wenn du zurzeit krank sein solltest), deine Kreativität, deinen wachen Geist, deinen Körper, bei deinen einzelnen Organen, deinem Herzen, deinen Körperteilen, deinen Liebsten, für deine Freundschaften, deinen Job, deinen Geist und so weiter. Heute oder die nächsten Stunden machst du nur das, worauf du Lust hast (natürlich zum Wohle aller). Geh shoppen, verwöhn dich selbst, kümmere dich nur um deine Wünsche und lade so deine Batterien wieder auf. Du wirst merken, wie gut dir das tut. Und wenn dein Ritual Shopping ist, versuche, dich in der Zwischenzeit zu beschränken. You know what I'm talking about. ;)

TOD

SKORPION

Ich transformiere und ich heile

24. OKTOBER – 22. NOVEMBER

HERRSCHENDER PLANET ~ PLUTO

ELEMENT ~ WASSER

MODALITÄT ~ FIX

ESSENZ ~ LEIDENSCHAFTLICH, MOTIVIERT, EINFÜHLSAM, EMOTIONAL, AUFOPFERND, ENTSCHLOSSEN, GETRIEBEN, RACHSÜCHTIG, PARANOID, DESTRUKTIV, BESITZERGREIFEND, EIFERSÜCHTIG, ANHÄNGLICH

BEHERRSCHTES KÖRPERTEIL ~ GENE, TEILE DES GEHIRNS, GESCHLECHTS-ORGANE (HODEN & EIERSTÖCKE), BLUTKREISLAUF, TEILE DES DARMS

TAROTKARTE ~ XIII TOD

URSPRUNG

Nachdem die Welt im Zeichen der Waage schöner, leichter und harmonischer wurde, geht es jetzt mit unserem achten Sternzeichen im Tierkreis, dem Skorpion, ans Eingemachte.

Die Jahreszeit des Skorpions ist der späte Herbst. Die Natur macht sich bereit für den Winter. Sie zieht sich ins Innere, in ihre Wurzeln zurück. Jetzt kommt eine Zeit der inneren Heilung, der Transformation und des Kräftesammelns, damit es wieder Frühling werden kann.

Und auch wir Menschen folgen diesem Zyklus und brauchen diese Zeit der Reflexion, der Akzeptanz, des Loslassens und der daraus resultierenden Heilung. Nicht umsonst feiern wir im Skorpion Halloween, Allerheiligen, das mexikanische Totenfest (Día de los Muertos) und Samhain, das keltische Ahnenfest, die alle einen ähnlichen Ursprung haben. Die Skorpion-Season ist von jeher eine Zeit, in der wir starken Kontakt zu unseren Ahnen und Vorfahren haben, uns mit ihnen verbinden können und so unsere Wurzeln fühlen.

Pluto ist der Herrscherplanet des Skorpions. (Dem Pluto wurde von den Astronomen sein Status als Planet zwar aberkannt, aber wir Astrologen halten noch zu ihm.) Er schenkt ihm die Kraft, in die Tiefe zu gehen, tiefe Verbindungen zu schaffen und (sehr) alte Wunden zu heilen.

Pluto steht außerdem für die Evolution, die auf die Selbstheilung folgt. Seine Phase des Zyklus ermöglicht es, durch Transformation zu wachsen, für den nächsten evolutionären Schritt der Expansion, die dann unter dem Planeten Jupiter im Zeichen Schütze folgt. Die Essenz des Skorpions ist wie die Schlange, die sich häutet, wenn ihr ihre alte Haut zu klein geworden ist.

Im Zeichen des Skorpions entwickeln wir uns weiter, indem wir heilen und mit anderen verschmelzen. Wir gehen raus aus der Selbstbetrachtung oder der Selbstfindung durch andere und vereinigen uns mit ihnen, um zu wachsen und den Gegebenheiten unserer Umwelt gerecht zu werden.

Der Pluto steht auch für negative Emotionen wie Verrat und Untreue. Das heißt nicht, dass Skorpione diese Eigenschaften selber mitbringen, aber sie wissen darum. Skorpione sind sich immer bewusst, dass es alle Grauschattierungen auf der Welt gibt. Sie sind alles, aber nicht naiv.

Der Skorpion ist ein fixes Wasserzeichen. Er ist ein stiller tiefer See, unter dessen Oberfläche von außen unsichtbar das ganze Leben Platz findet, mit all seinen schönen und schwierigen Seiten mit Leben und Tod. Der Skorpion als Zeichen ist deep, und seine Aufgabe im Zodiak ist existenziell.

WESEN

Liebe Skorpione, ich weiß, dass sich eure Horoskope oft einseitig und recht negativ lesen. Euer Zeichen ist zu komplex, als dass man es in wenigen Worten zusammenfassen könnte. Und eure Superkraft und Lebensaufgabe sind so herausfordernd – dabei aber so wichtig und, wenn ihr sie richtig einsetzt und meistert, so wundervoll –, dass sie mit einigen Nebenwirkungen bestückt sind. Man darf nie vergessen, welche Bürde auf euch lastet, wenn man euch betrachtet. Wie sagte schon Spider-Man? »Aus großer Kraft folgt große Verantwortung.« Und genau wie Spider-Mans Geschichte ist auch eure Reise Stoff für einen Hollywood-Blockbuster! Wenn euch also jemand dramatisch nennt, muss euch das nicht kratzen, denn eure ganze Existenz ist dramatisch. Mit allen Höhen und Tiefen dem echten Leben nachempfunden.

Skorpione sind wahrscheinlich das Sternzeichen, das am engsten mit unserer Biologie, also unseren animalischen Urinstinkten verbunden ist. Skorpion-Geborene sehen das Leben in seiner Gänze. Sie überblicken es, sie haben Geburt, Leben und Tod in sich und sind sich dessen immer gewahr.

Sie sehen die guten, aber vor allem auch die schlechten Seiten. Sie können die Grautöne eines jeden Menschen wahrnehmen und wissen also, dass kein Mensch – sosehr er sich auch bemüht – einfach nur gut ist. Deswegen sind sie niemals naiv, sondern neigen eher zum Misstrauen. Und manchmal haben sie deswegen Trust Issues und vermuten schnell einen Verrat, Betrug oder etwas anderes Schlechtes.

Sie sind das genaue Gegenteil von leichtgläubig, das kann sehr nützlich sein, vor allem, weil sie oft sehr gute Antennen haben. Es kann aber auch dazu führen, dass sie die wahrlich schönen Momente im Leben nicht genießen können. Weil sie sich allzu bewusst sind, wie schnell sie enden können.

Dadurch, dass ihnen erst mal nichts Menschliches fremd ist, haben sie die angeborene Fähigkeit, sich wunderbar in die Gefühle und Bedürfnisse anderer Menschen hineinzuversetzen. Sie sind mitfühlend und oft sympathisch. Sie können das Potenzial, die Qualität, das perfekte Timing, Projekte und Geschäfte für andere gut erkennen und fördern. Bei dir selbst bist du da oft nicht so treffsicher und traust dich häufig nicht, in dein volles Potenzial zu gehen. Du neigst dazu, bei dir vor allem die Nachteile anstatt die Vorteile zu sehen. Dabei entspricht das oft gar nicht der Realität.

Meistens haben die Skorpion-Menschen eine Gabe für Psychologie. Ihre Energie steht für Psychoanalyse und Therapie. Sie können unter die Oberfläche schauen und in die Mysterien von Leben und Tod abtauchen. Sie sehen hinter die intellektuelle Fassade. Sie können heilen, weil sie die inneren Abgründe selber kennen.

In Beziehungen und Freundschaften sind Skorpion-Geborene superloyal, sie bringen Stabilität und Zuverlässigkeit mit und strahlen dadurch Sicherheit für ihr Umfeld aus. Sie sind zielstrebig, und in Krisensituationen sind sie da und helfen, sie zu meistern. Ihr Beschützerinstinkt, ihre Ehrlichkeit und ihr Misstrauen sind vor allem für die naiven Zeichen eine echte Bereicherung.

Beziehungen gleich welcher Art – Freundschaften, Arbeitsbeziehungen, Liebesbeziehungen – sind dir sehr wichtig. Manchmal neigst du allerdings dazu, dich ein bisschen aufzugeben, weil du dich selbst nicht genügend siehst. Dann siehst du nur die Qualitäten des anderen, die du auch gerne hättest, ohne wahrzunehmen, was du selbst in die Verbindung mitbringst. Du bist dann nur damit beschäftigt, jemand anderen aufzubauen, zu beraten und zu bestärken, in der Hoffnung, dass dieser dann deinen Wert erkennt. Du fixierst dich auf diese Bindungen, aus Angst, etwas zu verlieren. Das bringt dich manchmal dazu, für dich nicht optimale Dinge und Beziehungen festzuhalten. Wenn das bei dir der Fall ist, ist es höchste Zeit, mal auf ein Date mit dir selbst zu gehen und dich auf dich zu besinnen.

Skorpion-Geborene erkennen, dass der Power und persönlichen Einwirkung einer einzelnen Seele oder Person auf die Welt Grenzen gesetzt sind. Als einzelner Mensch kommen wir ab einem bestimmten Punkt nicht mehr weiter. Die Aufgabe der Skorpione ist es, diese Grenzen zu überwinden, um die Expansion unserer Selbst im Schützen vorzubereiten. Das gelingt dem Skorpion durch Verschmelzung und Vereinigung mit anderen. Er schafft eine Transformation, einen Wechsel und eine Veränderung und führt uns dazu, uns zu verbinden und uns zusammen neu zu erschaffen. Das kann etwas vermeintlich Einfaches sein, wie Bankkonten zusammenzulegen, oder eben so etwas Großes, wie ein Kind zu zeugen. Wir kommen zusammen! Denn zusammen schaffen wir mehr als allein.

Nur durch Partnerschaften können wir expandieren und uns fortpflanzen. Der Skorpion trägt die Kraft in sich, eine Verschmelzung herbeizuführen. Man kann sich das bildlich vorstellen wie die Zellen zweier Menschen, die auch verschmelzen müssen, um ein neues Individuum zu erschaffen. Diese Transformation ist Skorpion-Energie. Die Fortpflanzung ist ein tiefes biologisches Bedürfnis, unser Urtrieb, und dafür steht der Skorpion mit seinem Namen. Er trägt also im Grunde die Verantwortung für unsere gesamte Existenz als Spezies.

Die Skorpion-Energie ist Vereinigung, Zusammenschluss und Allianz, im existenziellen Sinne, aber auch im verbessernden Sinne, um zum Beispiel mehr Power, mehr Macht und Einfluss zu gewinnen. Die Verschmelzung, die ein Skorpion anstrebt, hat immer auch etwas Veredelndes an sich. Genauso, wie unser Immunsystem sich über die Pheromone die/den Partner:in aussucht, die/der es am besten ergänzt – ohne dass wir bewusst etwas davon mitbekommen –, funktioniert die Partnerwahl des Skorpions im Sinne der Veredelung und dem ganz biologischen Grundsatz des »Survival of the Fittest«. Du hast etwas, was ich nicht habe und hilfreich finde, deswegen fühle ich mich zu dir hingezogen! Ich will von deinem Charisma, deinem Fame, deiner Intelligenz, deinen Locken, deiner Kraft profitieren – wir finden das attraktiv, was uns fehlt. Für seine Allianz sucht der Skorpion sich im Außen, was er nicht hat, um sich zu optimieren. Kann er nicht fliegen, sucht er sich jemanden, der fliegen kann, und nutzt die Flügel des anderen mit. So entwickelt er sich. Wenn er an die Grenzen seiner selbst stößt, sucht er sich Lösungen im Außen. Das klingt egoistisch, ist aber eigentlich einfach biologisch logisch und praktisch gedacht. Und Skorpion-Geborene bringen umgekehrt auch ihre Qualitäten in eine Verschmelzung mit ein.

Bei all dieser Logik könnte man nun denken, dass du, lieber Skorpion, eher sachlich vorgehst, aber das Gegenteil ist der Fall. Diese Entscheidungsprozesse laufen unterbewusst ab. Du bist sehr emotional, zu tiefen Verbindungen fähig und brauchst diese auch. Stille Wasser sind tief. Und Skorpione sind in etwa so tief und nah am Kern wie der Marianengraben.

Das ist ein weiterer Aspekt der Scorpio-Superpower, der aber auch eine Bürde mitbringt. Wie kein anderes Zeichen ist der Skorpion fähig, in seine Emotionen abzutauchen und tiefe Verbindungen einzugehen. Er kann alte Wunden und Familien-Traumata auflösen und heilen. Skorpione können zur Wurzel ihres Selbst reisen, in ihre Ängste und Themen, um sich weiterzuentwickeln. Sie drücken den Fahrstuhlknopf nach ganz unten. Sie können ein beschädigtes Fundament, an das sich sonst niemand rantrauen würde, reparieren, damit das Haus stabil stehen kann.

Dabei können sie durchaus unbequem sein, denn sie bringen mitunter Themen auf den Tisch, die allen Anwesenden Unbehagen verursachen, weil sie so persönlich und deep sind.

Skorpion-Geborene haben einen Drang,

Tabus zu brechen und Geheimnisse auf den Tisch zu bringen. Aber nur so können diese auch aufgelöst und geheilt werden. Es ist wichtig, dass jemand diese Aufgabe übernimmt. Skorpione tun das, denn es ist in ihrer von Pluto geschenkten Energie verankert. Manchmal hat für sie so ein Gespräch aber leider einfach mit der Macht zu tun, das Gegenüber in Verlegenheit zu bringen. Das kann sie natürlich anecken lassen, vor allem, wenn sie völlig ungefragt und vor anderen einer Stieftante dritten Grades reindrücken müssen, dass ihr Erich letztes Mal ja mit der Mathilde abgezogen ist, und ob sie denn wisse, was da passiert ist. Im Grunde genommen ist diese Energie aber dazu da, den Heilungsprozess anzustoßen, denn Skorpione haben die Gabe, den Finger genau in die Wunde zu legen. Also setze deine Macht weise ein.

Es gibt aber auch die ganz pure und liebevolle Heilung der Skorpione. Wie zum Beispiel bei meiner Patentochter Paula: Nach ihrer Geburt hat man die Liebe sehen können, die ihre reine Präsenz in ihre Familie gebracht hat. Die tiefen echten Verbindungen, die sie auf ganz natürliche Weise mit ihren Großeltern eingegangen ist – obwohl meine Freundin zu dieser Zeit mit ihren Eltern nicht so eng war –, haben alle Beziehungen innerhalb der Familie verbessert und viel echter und schöner werden lassen. Das ist die heilende Skorpion-Energie in Reinform, sie ist ihr Götter-Geschenk, aber der Jakobsweg kann eben mitunter steinig sein.

Die Gabe der Skorpione zu tiefen Bindungen ist auch gleichzeitig das, was sie am verwundbarsten macht. Denn durch eine Verbindung zwischen dem individuellen Selbstbewusstsein und anderen Kräften, auf die wir keinen Einfluss haben, setzen wir uns der Einwirkung von außen aus und verändern uns, auch wenn wir nicht vorhersehen können, wie. Der Einfluss kann eine andere Person sein, aber auch Mutter Natur, Wetter und Unwetter, Tod und weltliche Dinge wie Versicherungen oder unsere Arbeit. Diese Kräfte außerhalb unserer Kontrolle wirken auf uns ein und verändern uns, so hat diese Transformation immer auch das Element der Ohnmacht in sich.

Um dieses Ohnmachtsgefühl in Schach halten zu können, halten Skorpion-Geborene zum einen mit ihrem Selbstbild dagegen: »Ich bin Skorpion, ich bin tief, ich habe Kraft, ich bin intensiv, ich bringe Transformation und Veränderung mit.« Zum anderen streben sie in einer Beziehung häufig nach der mächtigeren Position, da sie die Machtlosigkeit so doll fürchten, die eine tiefe Verbindung mit sich bringt. Um nicht verletzt zu werden, wollen sie die andere Person oft kontrollieren und festhalten. Einfach mal als Prophylaxe.

Wenn sie diese Angst und damit den Machtanspruch gar nicht leveln können, kommen sie in die Verzerrung. Sie werden dann übermäßig misstrauisch und haben einen waschechten Kontrollzwang, der über eine charmante Eifersucht hinausgeht. Skorpione neigen sowieso dazu, besitzergreifend und eifersüchtig zu sein, das ist ein Teil der

TAROTKARTE FÜR DICH: XIII TOD

Hab keine Angst, ich weiß, diese Karte löst bei so manchem keine schönen Assoziationen aus, aber ich bin für dich da, um sie dir in ihrer Kraft und Essenz verständlich zu machen.

Die Tarotkarte »Der Tod« hat keinen guten Ruf, ist aber in unserem Kreislauf essenziell, nicht nur im Sinne des Gedankens, dass wir alle diese Erde mal verlassen werden.

Es geht darum, eine für uns notwendige Transformation zu vollziehen und dieser Verwandlung den ihr gebührenden Platz zu geben. Der Prozess dabei kann durchaus mit Ängsten, Stress und Schmerzen verbunden sein, aber nur, solange du es selbst so empfindest.

Um sich von festgefahrenen Situationen, Kreisläufen, Mustern und Prägungen zu befreien, kommt der Tod als Karte XIII auf dem weißen Pferd geritten, mit wehender Fahne der Unsterblichkeit und des Lebens. Damit zeigt uns die Karte, dass das Neue, der Neubeginn, der Anfang schon ready in den Startlöchern steht. Du musst das Alte nur noch loslassen.

Den Prozess an sich möchte ich hier mal ganz lapidar, aber anschaulich verständlich machen: Wenn wir unsere Nahrung verwertet haben, müssen die Schadstoffe, Toxine und verdauten Reste ja irgendwie raus. Sie sollen und können ja auf keinen Fall weiter in unserem Körper bleiben. Mit der Ausscheidung haben wir quasi die Transformation vollbracht und sind erleichtert, glücklich und ready für neue Power. So in etwa ist der Gedanke bei dieser Karte. Die Gunst des Momentes nutzen, loslassen und nicht mehr festhalten an alten, dir nicht guttuenden Dingen, Umständen, Situationen und vielleicht sogar Menschen. Mit dieser Kraft begibst du dich in eine Transformation, die dein Leben verändert. Wir müssen lernen, die Zyklen und Lebenszeiten der Natur zu akzeptieren und mit ihnen aufmerksam mitzugehen.

tiefen Verbindungen, die sie anstreben, aber wenn sie in der ängstlichen Verzerrung sind, kann ihr Besitzanspruch unerträglich werden. Das erstreckt sich dann nicht nur auf andere Menschen, sondern auch auf Geld, Einfluss, Macht und Geltung.

Die Krux dabei ist aber nun mal, dass wir alle demjenigen, von dem wir etwas wollen, eine gewisse Macht über uns geben. Wenn wir beispielsweise bei einer Bank um einen Kredit bitten, hat sie eine Macht über uns. Sie kann Schufa-Auskünfte und Verdienstnachweise verlangen. Und wir müssen bescheiden, demütig und geduldig sein und ertragen, dass wir hier abhängig sind. Der Bankberater wiederum, der gerade über unseren Kredit entscheidet, ist aber vielleicht ganz furchtbar verliebt, hat seinem Love Interest seine Liebe gestanden und wartet nun zitternd auf ein Signal. Er hat sein Innerstes in die Hände von jemand anderem gegeben und muss nun auch warten, ob er erhört wird. Wir stehen alle in Wechselwirkung aus Macht und Ohnmacht. Und es fällt keinem Sternzeichen so schwer, das zu akzeptieren, wie den Skorpion-Geborenen. Diese Kräfte auszubalancieren, also den eigenen Machtanspruch und die Ohnmacht anderen gegenüber, wenn wir etwas von ihnen wollen, ist eine wichtiges Learning für die Skorpione.

Wenn Skorpion-Geborene ihre Gabe nutzen, in ihre eigenen Gefühle und Emotionen herabzusteigen, setzen sie sich einer starken Intensität aus. Das Element Wasser steht für Emotionen. Je tiefer du ins Wasser tauchst, desto mehr Druck spürst du. Und das Gleiche geschieht auch mit den Emotionen und der Psyche. Diese Intensität ist für die Skorpione wichtig, um ihre Transformation zu schaffen. Nur leider ist es nicht so einfach, das zu erkennen.

So lange Skorpione noch nicht um ihre Kräfte wissen, können bei ihnen durch die Heftigkeit, mit der sie fühlen, Unsicherheit und negative Emotionen entstehen. Dann tappen sie oft in ihre ganz eigene Falle und verleugnen ihre Gaben. Diese Skorpion-Geborenen gehen in die Verdrängung ihrer eigenen Kraft und Aufgabe und lassen ihren schädlichen Emotionen freien Lauf. Sie werden zynisch, pessimistisch, neidisch, rachsüchtig und sehen in allem nur das Schlechte. In diesem Zustand vertrauen sie niemandem, vermuten hinter allem einen Betrug und sind total eifersüchtig. Sie machen sich und ihren Liebsten das Leben zur Hölle, sind unfähig, ihr Glück zu genießen, und werden gierig, misstrauisch und machtbesessen, um sich vor allen Unsicherheiten zu schützen.

Durch diese Flut an negativen Emotionen in ihrem Inneren fühlen sie sich weiter bedroht und überwältigt. Dadurch steigt ihr innerer Druck noch höher. Ihre vermeintliche Hilflosigkeit, mit diesen Gefühlen umzugehen, kann verstörende und dramatische Explosionen nach sich ziehen.

Eben weil sie um die Abgründe der menschlichen Natur wissen, ist es für sie in ihrer Unsicherheit undenkbar, dass etwas auch einfach mal gut sein kann. Sie kennen ja die Schattenseiten, zynisch fragen sie sich dann, warum wir uns so viel Mühe geben, wenn wir eh alle sterben. Skorpione können die Endlichkeit unserer eigenen Existenz nie verleugnen. Sie werden sich dann auch nicht auf die Liebe einlassen, obwohl sie doch ihr höchstes Ziel ist, einfach aus der Angst heraus, dass sie sie verlieren könnten.

Um dieser Falle zu entkommen, brauchst du Selbstdisziplin in deinen Gedanken. Du musst deinen Intentionen, Gefühlen und Energien Platz lassen, sie nicht verdrängen, sondern verarbeiten. Du musst begreifen, dass die Heftigkeit deiner Gefühle da ist, damit du deine Lebensaufgabe, dein Geschenk verstehen und annehmen kannst. Nur aus der Intensität heraus schaffst du die Verschmelzung und Transformation. Aus diesem Druck entsteht die Veränderung zum Positiven. Ein Diamant entsteht ja auch nur mit Druck.

Skorpion-Geborene müssen lernen, Verantwortung zu übernehmen für ihre Erfahrungen. Oft erleben sie immer wieder ähnliche, negative Dinge, die sie eigentlich aus ihrem Leben streichen wollten. Das passiert, weil sie sich ihrer eigenen Gedanken und Intentionen nicht bewusst sind. Diese wieder-

DEINE HEILSTEINE

Bevor du deinen Stein benutzt, ist es gut, ihn unter fließendem Wasser zu reinigen, ihn unter das Licht des Vollmondes zu legen oder ihn in der Sonne aufzutanken. Wenn du ihn das erste Mal benutzt, empfehle ich dir, ihn mit deiner persönlichen Intention aufzuladen. Sag ihm bitte deine Absicht und was du mit ihm erreichen möchtest und/oder welche Kraft er dir geben soll. Du kannst ihn auch einfach in die Hand nehmen und ihn mit dem gewünschten Gefühl, Gedanken, Wort aufladen. Bitte handle zum Wohle aller und nur aus Liebe.

Der Hämatit ist der Hauptstein für den Skorpion. Die dunkle Farbe dieses Heilsteins hat nichts mit seinen Kräften zu tun. Denn der Hämatit verhilft dir zu mehr Gelassenheit und stärkt gleichzeitig deine Leidenschaft, Entschlossenheit und Spontaneität. Er wirkt zudem entspannend und körperlich sehr anregend, hat einen positiven Einfluss auf die Lebensfreude und schenkt dir die Kraft, negative Einflüsse abzuwehren. Wenn du nicht gerne Kompromisse eingehst, kann dir der Stein auch hierbei helfen. Granat und Rosenquarz passen ebenfalls sehr gut zu dir.

holten Kollisionen fügen ihnen Schmerzen zu und machen ihnen Angst.

Manchmal wissen wir eben nicht, was gut für uns ist – aber unsere Seele weiß, dass wir an etwas hängen, was wir loslassen sollten. Skorpione müssen lernen, das wahrzunehmen und zu steuern und sich bewusst dafür zu entscheiden, Beziehungen und Verhaltensmuster zu beenden. Sie müssen lernen zu verabschieden, denn das ist das plutonische Prinzip.

Ihrem Herrscherplaneten Pluto nach müssen sie sich transformieren und ihr Selbstbild immer wieder neu definieren. Das können Skorpione eigentlich so gut wie kein anderes Sternzeichen, doch paradoxerweise haben sie als fixes Wasserzeichen eine fixe emotionale Anlage, die sie davon abhält, loszulassen und sich zu transformieren. Das ist, als ob die Sonne untergeht und du das mit allen Mitteln verhindern möchtest und dich weigerst, den wunderschönen Sonnenuntergang zu genießen. Dabei könnten doch die schönsten Fotos entstehen! Und nein, das ist nicht oberflächlich gemeint.

Dieses Verhalten zu überwinden ist extrem schwer und dauert lange. Skorpione halten oft an allem fest, weil sie Angst vor der Veränderung haben. Sie erwarten keine Verbesserung. Sie wollen in der altbekannten Grundschule bleiben und nicht auf die Oberschule wechseln. Sie versagen sich die Weiterentwicklung, aus der Gewissheit heraus, dass sich die Dinge ausschließlich zum Schlechten verändern werden.

Du musst lernen, dass zu bequeme Situationen eigentlich Gift für dich sind, Veränderung gut sein kann und gerade für dich dazugehört. Wenn du es schaffst, mit einer positiveren Einstellung an Veränderungen heranzugehen, werden diese sich auch positiver auf dich auswirken, denn unsere Gedanken wecken und triggern unsere Gefühle. Und damit unsere Realität und unser Leben.

Diese Reise ist die Evolution der Skorpione. Zu Beginn haben sie oft Angst, ihre intensiven Gefühle und ihre Verletzlichkeit zu zeigen, aber wenn sie verstanden haben, dass sie so tief fühlen können, weil gerade sie das so gut aushalten können, werden sie sich ihrer Superkraft gewahr. Diese Aufgabe, die den Skorpionen zugedacht ist, ist wirklich hart und bringt viele Facetten mit sich. Sie zu erfüllen ist sehr schwer. Aber wenn die Skorpion-Geborenen sie meistern, strahlen sie. Sie können dann transformieren und heilen und haben die Fähigkeit, die Wurzel ihrer Probleme zu packen, das Unkraut rauszureißen und an dieser Stelle einen wunderschönen Apfelbaum zu pflanzen. Wenn sie diese Schwelle übertreten haben, dann haben sie ihr Erbe angenommen, und das ist die Heilung. Dann werden sie ein ganz neues, befreites und erfülltes Leben führen.

LIEBE

Es heißt, Skorpione seien gerne geheimnisvoll, sie sind aber vor allem vorsichtig. Sie wollen sich nicht jedem preisgeben. Gleichzeitig sehnen sie sich nach einer tiefen und liebevollen Beziehung.

Mit ihrer/ihrem auserwählten Partner:in wollen sie am liebsten verschmelzen, eine Beziehung muss bei ihnen intim und nah sein. Nur fällt es ihnen aufgrund ihrer Vertrauensprobleme häufig schwer, sich ganz zu öffnen. Sie haben dann Angst, ihre eigene Verletzlichkeit und Tiefe zu zeigen, aber nur hier verläuft der Weg, um eine enge Verbindung zu schaffen. Man lüftet alle Schleier, ist durchlässig und stellt sich der Beschau, bloß und frei, und vertraut darauf, dass die oder der andere es gut mit einem meint.

Dafür brauchen Skorpione von ihrem Gegenüber bedingungslose Offenheit. Alles, was unter den Teppich gekehrt wurde, sollte hervorgeholt werden, damit der Teppich flach und ohne Beulen auf dem Boden aufliegt. Auf dieser Basis können sie eine sehr intime Beziehung aufbauen.

In einer gesunden Beziehung werden Skorpione wahrhaft leidenschaftlich lieben. Sie werden diese Verbindung sehr wichtig nehmen, loyal und beständig sein. Sie sind zu tiefen Gefühlen fähig, werden gerne gebraucht und werden auf ihre/ihren Partner:in eingehen. Skorpion-Geborene haben die Gabe, die Menschen wirklich zu erkennen. Das kann für die/den Partner:in wundervoll sein. Ein gewisser Besitzanspruch und Eifersucht werden zwar immer Teil dieser Beziehung sein, aber das muss ja nicht unbedingt etwas Schlechtes sein.

Wenn Skorpione allerdings nicht wirklich in ihrer Kraft sind und von Unsicherheit geprägt oder von der Intensität ihrer Gefühle übermannt werden, können ihre Beziehungen auch Ausschläge in das eine oder andere Extrem haben. Skorpion-Geborene, die sich ihrer selbst nicht bewusst sind, können zu einer starken Abhängigkeit oder Bedürftigkeit neigen. Diese Skorpione sind dann der Meinung, ohne ihre:n Partner:in nicht mehr leben zu können. Manchmal ziehen sie dann auch jemanden an, der sie wirklich unterdrückt. Das ist ein kosmischer Weckruf, die eigene Kraft anzuerkennen. Dazu müssen sie mit sich selbst in den Dialog gehen und rekapitulieren, um sich aus dieser unterwürfigen Position zu befreien und wie der Phönix aus der Asche aufzuerstehen.

Wenn das Extrem in die andere Richtung ausschlägt, wird der Machtanspruch der Skorpione zu groß. Dann geht es darum, ihre:n Partner:in zu kontrollieren, zu manipulieren und auszuspionieren. Sie sind gierig und sammeln alles – Menschen, Geld, Macht, Statusobjekte und so weiter –, einfach um zu besitzen, in der Annahme, sie könnten so alle Unsicherheiten von sich fernhalten.

Oder aber sie lassen sich erst gar nicht auf enge Bindungen ein und laufen so vor ihren intensiven Gefühlen davon.

Sie können dann süchtig sein nach dramatischen herausfordernden Situationen und Leidenschaft, werden aber keine echte Bindung eingehen.

All diese negativen Ausprägungen sind die Folge, wenn Skorpion-Geborene ihre Kraft nicht sehen oder Angst vor ihr haben. Ihre Aufgabe ist es zu lernen, für sich selbst zu sorgen und sich selbst zu tragen. Hilfe anzunehmen und damit zu akzeptieren, dass sie nicht immer die Mächtigeren sein müssen. Veränderungen zuzulassen und den natürlichen Lauf der Dinge zu akzeptieren, anstatt sich dagegen zu wehren. Auf diesem Weg wird es sich nicht vermeiden lassen, dass du auch mal Fehler machst und auf die Nase fällst. Das musst du ertragen und vor allem daraus lernen, anstatt dich angstvoll abzukapseln.

Wenn du all das schaffst, bist du schon nah an deinem Full Potential und kannst dann dein Ideal der intimen Vereinigung finden und in Peace, Love and Happiness forever and ever leben.

Je nachdem, wie viel du dich schon mit dir selbst beschäftigt hast, war jetzt entweder viel Neues für dich dabei und du hast dich in der einen oder anderen Beschreibung wiedererkannt, oder aber du hast Themen schon bearbeitet und bist schon viel weiter. Das alles ist ein Angebot an dich, dein Potenzial auszuschöpfen. Mit den folgenden praktischen Tipps und Anregungen fällt es dir sicher leichter.

EIN TIPP FÜR DICH

Wir haben in unserem Geburtshoroskop alle zwölf Sternzeichen-Essenzen. Manchmal ist es gut, mit dem Gegenpol, also mit dem gegenüberliegenden Sternzeichen im Tierkreis, zu arbeiten, um Eigenschaften, die man vielleicht noch nicht an sich kennt oder noch entwickeln kann, zu finden und so Balance zu erlangen. Um hier noch tiefer einzutauchen, kannst du dir auch das Sternzeichen-Kapitel zu deinem Gegenpol durchlesen.

Du bist in dieses Leben gekommen und in spannungsvolle Situationen hineingeboren worden. Das pusht dich, aber das ist natürlich auch eine Herausforderung. Lass dir davon keine Angst machen. Finde die Erdung, die Entspannung, den Spaß am Leben über die Stier-Essenz in dir. Sie ist dein Gegenpol und bringt dich raus aus deinen Gedanken, wenn du das Gefühl hast, in einem Hamsterrad festzustecken. Sie hilft dir, mehr zu dir selber und in dein gesundes Selbstbewusstsein zu kommen und weniger in der Abhängigkeit zu anderen zu sein. Du bist ein intuitives Zeichen und handelst aus deinem Bauch heraus. Es ist wichtig, manchmal zu überprüfen, was deine Motivation eigentlich antreibt. Ist es Freude? Oder eher Angst? Werde dir deiner Motive bewusst. Dabei hilft dir der Stier in dir.

DEIN RITUAL

Für dich, lieber Skorpion, ist das Heilungsritual relativ einfach: Ein wohltuendes, heißes Bad mit schönen Details. Blütenblätter, entspannende Klänge oder Musik, Kerzen, Räucherstäbchen oder Duftöle wie Lavendel oder Rosenholz. Am besten, du machst noch eine Prise Badesalz oder richtiges Salz ins Wasser, denn Salz erdet und reinigt. Es hemmt sogar das Wachstum von schädlichen Bakterien in Salzgurkengläsern. Nicht, dass du ein eingelegtes Gemüse bist, aber die Wirkung des Salzes wird dir sehr guttun. Dieses Baderitual hilft dir, dich zu reinigen und mentale Anhaftungen und schlechte Gedanken besser loszulassen.

Während du also in deinem Traum aus Salzbad marinierst, stellst du dir vor, wie helles, goldenes Licht dich und deine Badewanne umgibt und dir Kraft und Liebe gibt. Du gibst alle negativen Gedanken und Gefühle ab und bittest das Wasser, diese zu transformieren. Klingt für dich jetzt vielleicht ein bisschen zu spiri, aber probier es doch einfach aus und schau, wie es dir am nächsten Tag geht. Wenn du keine Möglichkeit zu baden hast, dann kannst du gerne eine reinigende Dusche nehmen und dich mit Salz abreiben.
Mach diese Reinigung zu deinem Ritual, auf das du dich freust und wofür du schon Tage vorher die Zutaten zusammenstellst. Viel Spaß beim Loslassen.

9876
DIE SONNE

SCHÜTZE

Ich suche und sehe

23. NOVEMBER – 21. DEZEMBER

HERRSCHENDER PLANET ~ JUPITER

ELEMENT ~ FEUER

MODALITÄT ~ VERÄNDERLICH

ESSENZ ~ EHRGEIZIG, GLÜCKLICH, MORALISCH, OPTIMISTISCH, ENTHUSIASTISCH, AUFGESCHLOSSEN, VIELSEITIG, RASTLOS, UNVERANTWORTLICH, GEFRÄSSIG, FAUL, BLIND, TAKTLOS

BEHERRSCHTES KÖRPERTEIL ~ LEBER

TAROTKARTE ~ XIX DIE SONNE

URSPRUNG

Nach der tiefen, heilenden, aber eben auch fordernden Scorpio-Season ist die Zeit der Expansion – die Zeit des Schützen – gekommen. Im Skorpion haben wir die Transformation durchlebt, wir sind raus aus dem Ich, rein ins Wir gegangen. Wir haben uns unseren tiefsten Ängsten gestellt und unser Fundament repariert. Deswegen kann der Schütze nun auf diesem soliden Fundament bauen und auf seine Intuition vertrauen. Wie Phönix aus der Asche sind wir wiedergeboren. Nun ist die Zeit zu expandieren.

Jupiter ist der Herrscherplanet der Schützen. Er ist wie unser Cheerleader am Spielfeldrand. Er ist der größte Planet unseres Sonnensystems, er will immer mehr und verstärkt alles!!!!! (Ein Ausrufungszeichen ist für den Jupiter nicht genug. ;))

Richtig kanalisiert schenkt er Fülle, Wohlstand, Reichtum und Liebe. Er kann aber auch die negativen Seiten verstärken, denn dem Jupiter liegen Details nicht wirklich. Er unterscheidet nicht zwischen nützlich oder nicht, er ist einfach das Prinzip der Expansion.

Das Zeichen des Schützen zeigt einen Zentauren, also ein magisches Wesen, halb Mensch, halb Pferd; das ist ein Sinnbild für den Wunsch der Schützen, ihr Bewusstsein und ihre Intuition zu verbinden.

Das Element der Schützen ist Feuer. Es schenkt ihnen Wärme, Inspiration, Visionen und Führungsqualitäten. Sie sind intelligente Pioniere wie ihre fellow Feuerzeichen, die Widder und Löwen, allerdings weniger ichbezogen. Sie streben eher eine Verbesserung des Allgemeinwohls an.

Die Qualität des Schütze-Feuers ist veränderlich. Sie formen, wandeln und ändern sich andauernd durch ihre Umwelt, sie adaptieren schnell, lernen, forschen und wachsen. Sie sind immer in Bewegung, wollen raus und haben großen Hunger auf Neues.

Schützen stehen für akademische Bildung, ihnen geht es weniger um klassische, logische Zusammenhänge, sondern um Forschung, Philosophie, (Natur-)Wissenschaften und Glaubenssysteme.

WESEN

Schützen schreiten von Jupiter beflügelt optimistisch in die Zukunft. Sie haben den größten Planeten unseres Sonnensystems als Glücksbringer an ihrer Seite. Und sie haben meist auch Glück, weil sie daran glauben, dass es die Magie um uns herum gibt und Glück passieren kann. Unbewusst setzen sie positive Intentionen und sind nicht wirklich überrascht, wenn diese dann eintreffen.

Mit dieser positiven Energie und der Magie, die sie umgibt, können sie andere beflügeln und mitreißen. Sie sind oft Powerbanks, die einen ganzen Freundeskreis magisch aufladen können. Einen Schützen zu seinen Freundinnen und Freunden zu zählen ist fast immer ein inspirierendes und bereicherndes Geschenk.

Schützen haben eine starke Intuition und ein sehr intuitives Denken. Sie wissen, was sie wissen, ohne dass sie sagen können, woher. Ihr Denken ist weder linear noch logisch. Von außen betrachtet, wirkt es vielleicht so, als wenn ihnen das alles zufliegt. Aber sie sind einfach sehr schnell und gut darin, aus all ihren Erfahrungen und Studien das Wissenswerte intuitiv zu extrahieren. Es ist wie eine Art Knowledge-Download aus höheren Sphären. Schützen können eigentlich in allen Berufen brillieren, vorausgesetzt, sie finden ein Gebiet, das sie wirklich interessiert und das immer abwechslungsreich und neu bleibt und sie im besten Fall auf spannenden Reisen immer neuen Menschen begegnen lässt.

Der ureigene Schütze-Forschergeist à la Indiana Jones bringt sie dazu, immer Neues entdecken zu wollen, fremde Länder, Kulturen und andere Glaubenssysteme. Auf ihren Reisen und Entdeckungsfahrten in andere, weit entfernte Gebiete, Kulturen und Welten sammeln sie alle Eindrücke in ihrem Inneren. Es gibt natürlich auch introvertierte Schützen, die neugierig sind und neue Impulse brauchen, sie gehen aber eher mittels Büchern, Filmen oder des Theaters auf Reisen.

Aus dem vermeintlichen Chaos ihrer vielfältigen Erfahrungen und Eindrücke möchten die Schützen eine neue Weltordnung, eine frische Sortierung, eine neue Prioritätenliste und vor allem eine gerechtere, intuitivere Welt kreieren – mit Glaubensmustern, die sie für richtig halten. Und richtig ist, was der Schütze sagt. Schütze-Geborene haben meist einen sehr großen Willen, recht zu haben. Sie sind einfach der Meinung, dass sie mit all ihrer Erfahrung kaum die falschen Schlüsse ziehen können. Und sie liegen tatsächlich oft richtig, wenn auch nicht immer. Kleiner Reminder. :)

Schützen halten mit ihrer Wahrheit meist nicht hinterm Berg. Sie sprudelt einfach ungefiltert aus ihnen heraus. Aber nicht jeder ist offen für die Wahrheit oder gar Verbesserungsvorschläge. Diese Art der Expansion der Schützen kann ihre Gesprächspartner:innen einfach überraschen und sie sich eventuell etwas unbedarft fühlen lassen. Vielleicht mochten sie ihre geistigen Vogelkäfige, die der Schütze da mit ein paar Worten zerschlägt. Dann können sie mit der neuen Freiheit nicht sofort umgehen und gehen erst mal auf Abwehr. So ecken die Schützen gerne mal an.

Aber für die Wahrheit einzustehen, für sie zu kämpfen und sie aufzudecken gehört zu den höchsten Idealen der Schützen. Dafür müssen halt andere Ideale weichen – Feinfühligkeit haben sie nicht gerade als Ass im Ärmel, dafür aber die Rechthaberei! Oder, lieber Schütze? :)

Der Schütze-Essenz geht es um die Wahrheit und vor allem die Suche danach. Ob sie den Himalaja besteigen, die Nazca-Linien in der Atacama-Wüste oder das Dorf Huacachina in Peru besuchen, Wikipedia auswendig lernen oder auf dem Kopf der Sphinx in Ägypten sitzen wollen, Schütze-Geborene streben immer nach dem Zweck, dem Ziel, dem heiligen Gral, dem Sinn des Lebens. Sie wollen die natürlichen Gesetze und Naturwissenschaften verstehen und entdecken, die Natur kennenlernen und daraus neue Glaubenssysteme und Lebensmodelle finden und kreieren, die uns einen Sinn schenken.

Wo Zwillinge den Wald vor lauter Bäumen nicht sehen, da sie – logisch veranlagt, wie sie sind – eher versuchen, die einzelnen Bäume zu zählen, sehen Schützen den ganzen Wald, das große Ganze. Dafür mag ihnen der einzelne Baum entgehen. Schützen fliegen hoch, überblicken die Baumwipfel und alle Bergspitzen, sie wollen hinaus in die weite Welt. Sie wollen raus aus den sicheren heimischen Gefilden und ihren kleinen Sichtweisen, rein in fremde Länder, fremde Gegenden, fremde Kulturen, fremde Religionen, ob in der Realität oder über Bücher. Sie wollen ihre Scheuklappen loswerden und das neu Entdeckte und Eroberte adaptieren und durch ihre Erfahrungen ihr Bewusstsein expandieren. Sie wollen immer und ständig ihren Geist erweitern. Am liebsten auch im Schlaf.

Mit ihrem Weitblick können sie Ziele ins Auge fassen, die andere gar nicht wahrnehmen können. Egal, ob es ein neues Land, Forschungsobjekt oder eine Religion ist. Sie sind die geborenen Visionäre. Schützen haben die Gabe, sich wunderbar zu fokussieren und zu konzentrieren. Sie können ihr Ziel anvisieren und sich nicht von Ablenkungen oder Hindernissen aus dem Konzept bringen lassen. Wenn sie dann ihren Pfeil abschießen, werden sie treffen. Wenn sie sich aber langweilen oder kein klares Ziel haben, sind sie extrem leicht ablenkbar und können sich total verzetteln.

Das Zeichen des Schützen steht auch für das Übersinnliche und den Glauben daran. Sie wollen den Sinn des Lebens finden. Die Fragen, warum sie existieren und was ihre

Aufgabe auf der Welt ist, treiben sie an. Für sie ist Glaube wichtig, das muss nicht unbedingt ein religiöser Glaube sein. Sie können auch an die Natur glauben oder an die höhere Magie um uns herum. Oder sie haben ein ganz eigenes Glaubenssystem. Irgendwo findet sich meist ein Glaube, der sie erfüllt – bei dem einen Schützen mehr, bei dem anderen weniger. Denn der Glaube wird von der Energie des Feuers beflügelt. Er wird geboren aus dem Enthusiasmus und der Strahlkraft des Ur-Optimismus, dass alles einen tieferen Sinn hat und Fügungen kein Zufall sind.

Deswegen wollen Schützen glauben. Sie hoffen, dass es noch etwas nach dem Leben gibt und dass nicht alles, was wir tun, am Ende bedeutungslos und leer ist. Sie wünschen sich, dass unsere Existenz einen Sinn hat, und glauben fest daran, dass sie ihn finden können. Glaube und Hoffnung sind sehr wichtige und potente Elemente ihrer Psyche und geben ihnen die Kraft und Motivation, immer weiterzumachen. Aus diesem Grund sind sie auch immer wieder für neue Glaubenssysteme, Religionen, Gurus und Coachings zu begeistern. Sie möchten dabei

TAROTKARTE FÜR DICH: XIX DIE SONNE

Die 19. Tarotkarte »Die Sonne« zeigt uns ein strahlendes Kind, das glücklich und gut gesonnt in die Welt blickt. Dieses Kind ist erleuchtet, hat sehr viel Wissen gesammelt und kennt alle Geheimnisse der Welt. Um in diesen Glückszustand zu kommen, ist es durch verschiedene, unter anderem auch dunkle Prozesse gegangen und ist geheilt, bereit für ein glückliches, Freude bringendes Leben. Dieses Happy End wird erreicht durch die Arbeit am inneren Kind. Entdecke also dein inneres Kind! Das ist die große Message dieser Karte! So findest du dein wahres Ich! In dir selber! Alles ist vereint, man hat sich selbst ergründet, alle seine Facetten angesehen und erkannt. Wenn du es geschafft hast, bei dir anzukommen, leuchtet dir die Sonne nun den Weg in eine strahlende Zukunft und ein superoptimales Leben! Alles geht in Erfüllung, und Wunder werden wahr.

sein, wenn das neue System auf die Welt kommt, das ihrer Meinung nach hilfreich für alle Menschen sein wird.

Schützen denken groß, sie denken in Weite, Größe und Expansion, sie erlauben sich, auch festgesetzte Normen zu brechen oder wenigstens zu dehnen. Ein »Das haben wir schon immer so gemacht.« lassen sie selten gelten. Jupiter made me do it.

Sie sind immer an vorderster Front dabei und haben ein gutes Näschen für Trends. Kein cooles Restaurant, kein neuer Club und kein neues, hippes Reiseziel können ihnen entgehen. Es sind einfach ihre angeborene Neugier und Unternehmungslust, die sie immer wieder raustreiben.

Sie sind ein sehr enthusiastisches Zeichen und können mit großem Talent und Begeisterung andere animieren und das Beste aus ihnen und auch aus sich herauskitzeln. Sie sind echte Motivationsgenies.

Allerdings langweilen sie sich auch leicht und sind eher weniger für die Fleißarbeiten zu haben. Sie bringen Dinge ungern zu Ende. Wie bei allen Feuerzeichen ist es eher der Anfang, der sie fasziniert. Aber auch die schönste und vielversprechendste Vision muss umgesetzt werden, um Wirklichkeit zu sein. Dazu muss man arbeiten und sich auch den Details widmen. Wenn Schütze-Geborene hier ihren angeborenen – und in Maßen charmanten – Größenwahn nicht im Zaum haben und erwarten, dass immer alle anderen die Arbeit erledigen, kann das ihre Talente enorm ausbremsen.

Ein anderes Problem der Schützen ist, dass sie sich selten zufriedengeben. Dann verlieren sie ihren Fokus und können in einen richtiggehenden Wahn geraten, immer neu, immer mehr, ständig neue Impulse. Dann wissen sie nicht, wann Stopp ist, und können ihr Glück nicht spüren, nicht festhalten und nicht genießen, weil sie weiter auf der Suche nach etwas noch Besserem sind. Sie schaffen es dann auch gar nicht mehr, ihre Superkraft anzuwenden und ihre Erlebnisse und Eindrücke zu verarbeiten, zu adaptieren und zu neuen Visionen zusammenzufassen. Das bringt ein diffuses Gefühl hervor, nicht gut genug zu sein. Diese Jupiter-Kinder wollen alles können und alles sein. Sie möchten sich alles Wissen aneignen und es in Erinnerung behalten. Wenn das nicht funktioniert, weil sie sich einfach überfordern, werden sie in eine waschechte Krise rutschen, die sie meist mit noch mehr Erlebnissen verdrängen wollen. Manchmal versprechen sie dann anderen auch viel zu viel, was sie sowieso nicht halten können. Dann enttäuschen sie ihre Freundinnen und Freunde und Liebsten und vor allem auch sich selbst. Schlussendlich fallen sie in eine tiefe Resignation und Frustration, die Gift für die optimistische Seele der Schützen ist.

Eine befreundete Schütze-Powerfrau (Sternzeichen und Aszendent Schütze :)) hatte ein richtiggehendes Travel-Burn-out. Über Monate ist sie fast jedes Wochenende in eine andere Stadt gereist, um was zu erleben. Das waren natürlich viel zu viele Eindrücke, sie kam gar nicht dazu, diese zu verarbeiten. Sie war total fertig, aber wenn die Crew, die sie zwar erst vor einer Woche kennengelernt hatte, in diese eine Beach-Bar auf Ibiza wollte, dann musste sie natürlich auch hin. Denn im Grunde haben Schützen wohl FOMO erfunden.

Erst der Lockdown 2020 hat dieser Phase meiner Freundin ein Ende gesetzt. Und auch wenn sie eigentlich erschöpft war, wusste sie diese Zwangspause überhaupt nicht zu schätzen. Schützen kommen oft nicht so gerne runter. Denn der Jupiter will einfach immer mehr, mehr, mehr, ohne Rücksicht auf alles andere. Er will alles im Überfluss, und das kann eben auch zu viel sein, und zu viel ist nie gut.

Du musst ernsthaft und besonnen planen, um die Früchte deiner Arbeit zu ernten und nicht ständig mit einer Überdosierung zu kämpfen. Bau dir mal ruhig Pufferpausen ein, auch wenn du sie kaum erträgst. Denn wenn du dich überforderst und nicht mehr mit deinen Erfahrungen connected bist, kann es sein, dass du aus deiner inneren Unzufriedenheit heraus noch weiter in die Verzerrung gerätst. Dann willst du nicht nur gerne recht haben und andere überzeugen, dann verurteilst du auch jeden, der nicht deiner Meinung ist.

Denn je mehr Menschen glauben, was der Schütze vorgibt, desto mehr Recht und Macht fühlt er. Mit dieser Bestätigung versuchen Schützen in Dysbalance, die Unsicherheit und das Unzulänglichkeitsgefühl in sich selbst zu stopfen. Sie sind dann ihrer Meinung nach die Einzigen, die die Wahrheit kennen und den Kontakt zu Gott, der Quelle oder der Fülle haben. Sie sind in diesem Zustand besonders selbstgerecht und denken, dass sie moralisch allen anderen überlegen sind. Es gibt nur ihren Weg, und wer ihnen nicht folgt, wird verstoßen. Denn Zweifel an sich ertragen sie dann nicht. Sie erinnern sie an die Selbstzweifel, die sie unter ihrer Starrköpfigkeit vergraben haben. Rechthaben ist dann vermeintlich alles, was ihnen bleibt.

Das kann weit gehen. Durch diese Verzerrung sind schon enge Freundschaften zerbrochen oder Familienkrisen entstanden. Vielleicht mag die Schütze-Geborene die neue Freundin ihrer kleinen Schwester nicht. Und kann nicht akzeptieren, dass diese das neue Girl zu ihrer BFF erklärt und sich weiterhin mit ihr trifft, obwohl die Schütze-Schwester das nicht möchte. Oder der Lieblingskollege bedient die Büro-Kaffeemaschine in den Augen des Schützen falsch, und aus Work Buddies werden wegen einer so unwichtigen Kleinigkeit am Ende erbitterte Konkurrenten.

Das klingt alles vielleicht auf den ersten Blick banal, ist aber auf Dauer zersetzend für alles, was der Schütze sich aufgebaut hatte, bis hin zu seinem liebenswerten Wesen. Schützen können so auch zu fürchterlichen Angebern werden, die alles und jeden immer wissen lassen müssen, dass sie besser sind als sie.

Wir sagen das jetzt hier ganz leise, aber dir ist es schon wichtig, mit der/dem Designer:in der Stunde per Du zu sein, im beliebtesten Restaurant immer einen Tisch zu kriegen und auf jeder exklusiven Gästeliste zu stehen. Ist ja auch nice to have, aber das sollte nicht dein einziger Lebensinhalt sein, und macht nicht wirklich glücklich. Seien wir mal ehrlich, wenn dann keiner mehr da ist, bei dem du angeben kannst, ist es doch auch nicht den Blubber vom Champagner wert.

Im Extremfall neigen Schützen, denen es mehr um die Bestätigung ihrer Wahrheit geht als um alles andere, dazu, die Freundinnen und Freunde schnell zu wechseln. Solange diese sie verehren, wird der im Inneren unsichere Schütze sie hofieren. Wenn sie aber nicht mehr brav folgen, wird er sie schnell austauschen. Das ist kein besonders feiner Zug und lässt sich auch nur begrenzt fortführen.

In jedem Fall werden die selbstgerechten Schützen, die alles besser wissen und können und ihr Umfeld am liebsten zensieren würden, auf Dauer ziemlich einsam dastehen. Und die Heftigkeit, mit der sie wütend werden können, hilft da auch nicht. Vor allem, weil sie oft dazu neigen, weit übers Ziel hinauszuschießen, und danach so tun, als wäre nichts gewesen und sie hätten nicht gerade ihrer BFF die Freundschaft gekündigt, weil sie einen anderen Bubble Tea bestellt hat als den, den sie empfohlen hatten.

Der Jupiter verstärkt deine Intentionen – die guten und die schlechten. Es ist also an dir allein, für deine Balance zu sorgen, auch wenn es sich so anfühlt, als müsstest du immer weiter, bräuchtest immer mehr und hättest immer recht. Deine treffsichere Intuition hat hier ihren blinden Fleck, und du solltest lernen, dich und deine Motive zu hinterfragen.

LIEBE

Die Schützen und die Liebe, das ist ein schönes, aber auch oft etwas kompliziertes Thema. Zuallererst, Schützen LIIIIEBEN es, verliebt zu sein. Das passt ja auch einfach zu ihnen. Immer neue Menschen kennenlernen, der Kick der ersten Verliebtheit, das Spiel, wenn man sich annähert. Alles Schütze-Essenz.

Das Schöne an dir ist, dass du superoptimistisch in Beziehungen gehst. Es kann ja nur gut werden, wenn beide so verliebt sind, oder? Vor allem auch, weil es einfach eine Verschwendung wäre, dein fröhliches, neugieriges, mitreißendes Naturell nicht mit jemandem zu teilen.

Aber pass auf, dass die Verliebtheit dich nicht so flasht, dass du darüber deinen Schatz vergisst. Du neigst ja dazu, nicht besonders einfühlsam zu sein, wenn du auf etwas anderes fokussiert bist. Und wenn dein Fokus nicht dein Love Interest, sondern eher die Pärchen-Fotos für Instagram sind, kann es schnell gehen, dass dein Gegenüber nicht on fire ist. Und dann heißt es bald: »On to the next one.«

Aber wenn du andauernd von Partner:in zu Partner:in hüpfst, kann es sein, dass du etwas vermisst, oder?

Denn die meisten Schützen wünschen sich tief drin einen langfristigen Gefährten. Das Problem ist einfach, dass du dich für eine dauerhafte, erfüllte Beziehung ein Stück weit von deinen idealen Vorstellungen der Liebe verabschieden müsstest. Leider ist es oft das Bild, das in der Verliebtheitsphase aufgebaut wird (oder das du schon seit jeher im Kopf hast), das einer sich gerade festigenden Verbindung das Genick bricht. Ideale lassen sich nicht leben. Kein Mensch kann ihnen entsprechen. Auch du nicht.

Deswegen versuch ruhig einmal, die Schönheit im Imperfekten zu sehen, vielleicht sogar in der Routine, auch wenn das schon der Schützen-Fortgeschrittenenkurs wäre. Wenn du immer gehst, sobald in die Beziehung etwas Realismus eingezogen ist, entspricht das zwar vielleicht vordergründig deinem Wesen, aber du wirst irgendwann merken, dass dich das nicht ausfüllt. Es ist halt nie alles wie im Märchen, und du hast doch einen guten Humor. ;)

Du musst dir ja auch nicht gleich eine Couchpotato aussuchen. Du brauchst auf jeden Fall jemanden, mit dem du deine Abenteuerlust und Begeisterungsfähigkeit teilen kannst. Jemand, der am liebsten zu Hause ist und immer nur Netflix guckt, ist eher suboptimal für dich. Denn entweder du schränkst

DEINE HEILSTEINE

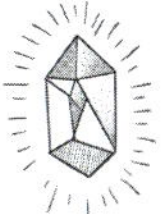

Bevor du deinen Stein benutzt, ist es gut, ihn unter fließendem Wasser zu reinigen, ihn unter das Licht des Vollmondes zu legen oder ihn in der Sonne aufzutanken. Wenn du ihn das erste Mal benutzt, empfehle ich dir, ihn mit deiner persönlichen Intention aufzuladen. Sag ihm bitte deine Absicht und was du mit ihm erreichen möchtest und/oder welche Kraft er dir geben soll. Du kannst ihn auch einfach in die Hand nehmen und ihn mit dem gewünschten Gefühl, Gedanken, Wort aufladen. Bitte handle zum Wohle aller und nur aus Liebe.

Der Hauptstein des Schützen ist der Chalcedon. Der Heilstein verhilft dem rastlosen Schützen zu mehr Zuverlässigkeit, Aufmerksamkeit und Gelassenheit. Denn der Schütze hastet von einem Ziel zum nächsten, und das kann schon mal anstrengend werden. Der Heilstein hat zudem einen positiven Einfluss auf deine Kommunikation und Außenwahrnehmung. Er verhilft dir zu mehr Offenheit und unterstützt dich in deiner Stärke, auf Menschen zuzugehen. Außerdem fördert er dein Durchsetzungsvermögen. Mehr noch, der Chalcedon kann sich positiv auf deinen Schlaf auswirken, er ist dafür bekannt, gegen Albträume zu helfen. Auch klarer Quarz und Aragonite passen zum Schützen.

dich dann ein und wirst unglücklich, oder er/sie lässt dir alle Freiheiten, aber dann ist die Entfremdung vorprogrammiert.

Liebe und Beziehung benötigen Commitment, davor schrecken manche Schützen zurück. Für sie ist diese Festlegung oft gleichbedeutend mit Bremsklötzen, wenn sie doch einfach nur immer neue Impulse und immer mehr davon wollen. Verantwortung zu übernehmen ist einfach nicht so ihr Ding. Die meisten Schützen wissen aber, dass man früher oder später Verantwortung mindestens für sich selbst übernehmen musst. Deswegen kann es sein, dass du dir – gewissermaßen als Shortcut – Partner:innen suchst, die ganz doll gerne Verantwortung übernehmen und diese dann auch für dich und die Beziehung tragen.

Nur bist du ja kein Kind. Auch wenn du dich gerne manchmal so aufführst, möchtest du eigentlich niemanden, der dich bemuttert. Du willst die Dinge so machen, wie du sie für richtig hältst. Und du wirst sie immer anders machen als diese superzuverlässigen Partner:innen. Das schreit geradezu nach Konfliktpotential. Bei so einer Verbindung sind Verletzungen vorprogrammiert. Wenn der optimistische Jupiter dir suggeriert, es wäre eine richtig gute Idee, dir jemanden zu suchen, der vor allem eine auf gegenseitiger Verantwortung und Beständigkeit fußende Beziehung möchte, hinterfrage dich, aus Respekt dem anderen gegenüber, ob es wirklich das ist, was du willst.

Überhaupt ist die Unsicherheit, die du empfindest, wenn du kein Ziel hast, dich selber nicht spürst oder die Verantwortung für dich selbst ablehnst, meist der Grund, warum es dir schwerfällt, eine gute Beziehung zu finden. Du suchst das, was dir fehlt, aber verstehst nicht, dass du in deiner Veranlagung unabhängig bist. Du bist kein Zeichen, das nur über andere funktioniert. Du kannst dir deine Anteile nicht von jemand anderem holen. Du musst deine innere Reife finden und dich um dich selbst kümmern. Keine Angst, du wirst deswegen nicht zu einem in deinen Augen spießigen Erdzeichen. Du wirst nicht langweilig werden, nur weil du dir eingestehst, dass du auch mal Ruhe brauchst. Das wird dir viel mehr helfen, deinen einzigartigen Sparkle heller strahlen zu lassen.

Wenn du mit dir im Reinen bist, kannst du eine wundervolle, magische, immer anregende, lustige, unkonventionelle und von gegenseitiger Liebe geprägte Beziehung führen und einen selbstbewussten Gegenpart finden, der mit dir gemeinsam auf Reisen geht, dir aber auch die Freiheit gibt, die du brauchst.

Je nachdem, wie viel du dich schon mit dir selbst beschäftigt hast, war jetzt entweder viel Neues für dich dabei und du hast dich in der einen oder anderen Beschreibung wiedererkannt, oder aber du hast Themen schon bearbeitet und bist schon viel weiter. Das alles ist ein Angebot an dich, dein Potenzial auszuschöpfen. Mit den folgenden praktischen Tipps und Anregungen fällt es dir sicher leichter.

DEIN RITUAL

Du bist leistungsfähig und sehr produktiv, allerdings kann es passieren, dass du vor lauter Begeisterung verpasst, deine getane Arbeit zu genießen und Bilanz zu ziehen. Womöglich fühlst du dich einfach ausgelaugt und verstehst die Welt nicht mehr. Dann ist alles, was du brauchst, eine Pause! Zuallererst wäre es toll, den Tag nur mit dir und deiner Intuition anzufangen. Das heißt: ohne Handy, Nachrichten, Internet, TV. Komm bei dir an und fühle in dich hinein. Wie geht's dir heute? Hast du gut geschlafen? Was hast du geträumt? Wie geht es deinem Körper? Geh intuitiv auf die innere Stimme in deinem Körper und Geist ein. Was wünscht sie sich? Schreibe es auf. Es wäre für dich sehr gut, deine Wünsche, Träume und Vorhaben in ein Journal zu schreiben und dann abzuwägen, was gerade Priorität hat.

Die Natur tut dir auch sehr gut, mach einen ausgiebigen achtsamen Wald- und Wiesenspaziergang, bei dem du kleine Naturwunder für dich entdecks.

Das wird deine Gedanken und Gefühle wieder in Balance und dich auf den Boden der Tatsachen bringen. Dabei gibt dir die Natur eine liebevolle Umarmung.

EIN TIPP FÜR DICH

Wir haben in unserem Geburtshoroskop alle zwölf Sternzeichen-Essenzen. Manchmal ist es gut, mit dem Gegenpol, also mit dem gegenüberliegenden Sternzeichen im Tierkreis, zu arbeiten, um Eigenschaften, die man vielleicht noch nicht an sich kennt oder noch entwickeln kann, zu finden und so Balance zu erlangen. Um hier noch tiefer einzutauchen, kannst du dir auch das Sternzeichen-Kapitel zu deinem Gegenpol durchlesen.

Liebe Schütze-Geborene, ihr besitzt die fabelhaften Fähigkeiten, euch auf Denkprozesse anderer einzustellen, sie zu verstehen und auf eure einzigartige Schützen-Art Hindernisse zu lösen! Mit eurem philosophischen Wissen, eurer Ethik und Moral kennt ihr die richtigen Antworten für vieles und jeden. Was könntet ihr alles erreichen, würdet ihr nur besser zuhören, was euer Gegenüber sagt. Das euch gegenüberliegende Sternzeichen Zwillinge kann nützliche Impulse geben: Ihr dürft Pausen einlegen und langsamer werden, euch die Zeit nehmen, mit Menschen zu kommunizieren, eine gesunde Neugierde haben, beide Seiten einer Situation sehen und ein bisschen Taktgefühl einladen. Give it a try!

do

STEINBOCK

Ich befehle und regele

22. DEZEMBER – 20. JANUAR

HERRSCHENDER PLANET ~ SATURN

ELEMENT ~ ERDE

MODALITÄT ~ KARDINAL

ESSENZ ~ ZUVERLÄSSIG, GEDULDIG, ZIELSTREBIG, DISZIPLINIERT, ENTSCHLOSSEN, FLEISSIG, VERANTWORTUNGSBEWUSST, HARTNÄCKIG, PESSIMISTISCH, GIERIG, ZYNISCH, STARR, ÄNGSTLICH, GEIZIG, KONTROLLIERT

BEHERRSCHTES KÖRPERTEIL ~ KNOCHEN, SKELETT, ZÄHNE, KNIE

TAROTKARTE ~ I DER MAGIER

URSPRUNG

Um den Beginn des Tierkreiszeichens Steinbock liegt die Wintersonnenwende mit dem kürzesten Tag und der längsten Nacht des Jahres. Nach diesem Tag besiegt die Sonne die Dunkelheit in einem langsamen und stetigen Prozess. Jeden Tag scheint die Sonne ein wenig länger, bis sie schließlich ihren Zenit erreicht. Genauso verhält es sich beim Steinbock. Er will hoch hinaus und die steilsten Gipfel erklimmen. Dieser schwierige, zielstrebige und ambitionierte Prozess ist ein großer Aspekt der Steinbock-Energie.

Wenn wir uns die ursprüngliche Abbildung des Sternzeichens Steinbock anschauen, erkennen wir ein Mischwesen, einen Ziegenbock mit einem Fischschwanz. Dieser Ziegenfisch steht für das Verlangen nach Wachstum aus dem Dunklen, Unbewussten ins Helle, Bewusste. Er ist ein Symbol für den absoluten Realismus der Steinbock-Geborenen. Als Erdzeichen sind sie sehr praktisch und pragmatisch veranlagt. Sie tun, was getan werden muss, um in unserer irdischen Welt die Dinge zum Besseren zu verändern und um ihre Lieben abzusichern. Dabei sind sie aber mit ihrer Sinnlichkeit und Leidenschaft, die sie als Erdzeichen auch in sich tragen, sehr vorsichtig. Sie vertrauen mehr auf ihren schnellen Kopf und ihren Scharfsinn und weniger auf ihre Intuition und ihre Gefühle und verdrängen diese häufig. Hier eine Balance zu finden ist eine ihrer Lebensaufgaben.

Die Natur ist zur Steinbock-Season im Winterschlaf. Weder Blüten noch Früchte erfreuen unser Auge und Herz. Wenn man nicht die schönste lichterlohe Winter-Wonderland-Deko auspackt, kann es recht trostlos aussehen. In dieser mageren Zeit mussten unsere Vorfahren sehr auf die Vorräte achten und ihre Portionen genau rationieren. Wenn dies nicht sorgfältig oder zu voreilig geschah, war die Gefahr groß, dass geliebte Familienmitglieder verhungerten. Der karge Winter kann einfach ganz schön hart sein, und dem konnte man nur mit Disziplin, klaren Regeln und Verzicht trotzen. Halligalli passt hier nicht.

Kein Wunder, dass der herrschende Planet des Steinbocks der Saturn ist. Der weise Richter Saturn symbolisiert den strengen Vater. Er mag es gerne langsam und bestimmt und versteht keinen Spaß. Er repräsentiert die Prozesse, die Reife und Zeit brauchen. Gut Ding will Weile haben. Dafür bekommt man dann ein außergewöhnlich stabiles Ergebnis. Und zwar in allem, was der Saturn anfasst. Er macht aus Wasser Beton! Er regiert das Gesetz und steht für Recht und Ordnung, Strafe und Karma. Außerdem zeigt der Saturn uns, wo unsere stabilen treuen Beziehungen und Bereiche liegen oder wie wir sie erreichen können. Er kann uns aber auch darauf hinweisen, wo wir zu starr in unserem Denken oder Handeln sind.

WESEN

Steinböcke stehen in der Astrologie sinnbildlich für den Vater. Für Disziplin, Wurzeln, Recht und Ordnung, zielgerichtete Strebsamkeit und Strenge.

Ich kann mir vorstellen, dass es für dich, lieber Steinbock, erst einmal etwas einschüchternd sein kann, diese Eigenschaften zu lesen. Denn nicht jeder Steinbock-Geborene ist jederzeit superdiszipliniert und hat hohe Ziele, die er fokussiert verfolgt. Es ist wichtig zu wissen, dass die Steinbock-Qualität sich oft erst mit der Zeit ausbildet. Jeder Mensch braucht einen Findungsprozess, und so ist es vor allem auch bei Menschen, die unter dem Sternzeichen Steinbock geboren wurden.

Steinbock-Geborene haben häufig nicht viel Zeit, Kind oder jung zu sein, weil sie sich früh um sich selbst oder andere kümmern. Das macht es schwerer, die eigenen Ambitionen zu finden. Damit einher geht manchmal auch ein kompliziertes Verhältnis zum Vater, das erst geheilt werden will, bevor sich diese Steinböcke ihren eigenen Wünschen widmen können. Weil sie oft alles in Beziehung zum Vater setzen, also rebellieren oder um Anerkennung kämpfen, wissen sie noch nicht wirklich, wer sie eigentlich selbst sind. Aber erst wenn Steinböcke ihre ureigene Power und Weisheit finden, also im übertragenen Sinne den Vater in sich selbst, und bei sich ankommen, sind sie in ihrer vollen Kraft. Und das ist wirklich keine leichte Aufgabe.

Es kann also gut sein, dass du bei der Steinbock-Essenz erst einmal denkst, dass sie nicht wirklich auf dich zutrifft. Und natürlich sind wir alle ein Ergebnis aus all unseren Planeten und Konstellationen in unseren Geburtshoroskop und aus unseren ganz eigenen inneren und äußeren Prozessen. Worum es aber geht, ist, dass du den Steinbock in dir hast. Vielleicht hast du noch kein Ziel gefunden und bist deswegen ein wenig lost und weißt nicht, wohin mit deiner Energie. Vielleicht wirst du tief in dir drin deinen eigenen Ansprüchen nicht gerecht und bist deswegen gar nicht in deiner Kraft. In diesem Fall sei milde mit dir.

Denn die Steinbock-Ansprüche sind hoch. Das ist nichts, was man mal eben so erfüllt, und du musst auch erst herausfinden, in welchen Bereichen du deine Talente ausleben kannst. Die Steinbock-Essenz ist die Verkörperung des Reifeprozesses in uns. Alle Dinge werden mit der Zeit reif, und um diesen Prozess geht es. Betrachte dich also wie einen guten Parmigiano, der immer nur noch besser wird, je älter er wird. :)

Wenn man sich unseren Tierkreis ansieht, steht der Steinbock am höchsten Punkt, am Gipfel. Er wacht über die anderen Zeichen, und sie blicken zu ihm auf. Er ist die geborene Autorität. Er hat die Bergspitze erklommen, und das können Steinbock-Geborene auch. Wenn sie in ihrer Kraft sind, können sie einen steilen und gefährlichen Berg sicher besteigen. Sie haben dann den Mut, eine schwere Aufgabe anzugehen, vertrauen auf sich selbst und darauf, dass sie sie schaffen können.

Ihr Motor sind meist ihre Ziele, Leistungen, Erfolge, Errungenschaften und Ambitionen. Und die Ziele, die sie sich setzen, sind in der Regel hoch. Steinböcke träumen eher von einer Karriere als oberster Richter am Bundesverfassungsgericht, als die Dinge locker easy auf sich zukommen zu lassen.

So einen Gipfel erreicht man natürlich nicht über Nacht. Wenn Steinböcke sich auf den Weg machen, gehen sie den Pfad der Bergbezwinger. Schritt für Schritt zum Ziel. Ihre Keywords sind Pflichten, Aufgaben, Commitment, Engagement, Beharrlichkeit, Fleiß und Ausdauer. Steinböcke, die sich für etwas entscheiden, verschreiben sich meist diesem Ziel ganz und gar und bleiben dabei. Man muss sich dazu den Steinbock in seiner natürlichen Umgebung in den Bergen vorstellen. Unermüdlich und zäh erklimmt er – einen Huf nach dem anderen – die steilsten Felswände. Die Pfade sind gefährlich und halsbrecherisch. Ein falscher Schritt, und er stürzt in die tödliche Tiefe. Das zu schaffen erfordert sehr viel Kraft, Fokus und Konzentration. Steinböcke lassen sich nicht beirren und gestehen sich keine Schwächen zu. Sie sind die Könige der Berge. Ihr Geweih ist ihre Krone. Aber anders als die der strahlenden Sonnenkönige ist ihre Energie sehr nüchtern, ernst, reflektiert und weise, und auch nicht feurig explosiv, sondern überlegt und eher langsam.

Steinbock-Geborene würden nie schummeln aka die Gondel nehmen. Dafür sind sie viel zu integer, und Abkürzungen sind ihnen auch nicht stabil genug. Nur was sie selbst durchdacht, überprüft und als richtig bewertet haben, ist in ihren Augen tragfähig. Ein Steinbock, der es sich leicht macht, ist eher selten. Sie sind meist streng, auch zu sich selbst. Es kann auch passieren, dass sie dermaßen unzufrieden mit sich selbst sind, dass sie einen Hang zur Selbstzerstörung durch

Gedanken haben. Sie wagen dann keinen einzigen Schritt mehr, verlieren das Vertrauen in sich selbst, sehen ihre Kraft nicht mehr und scheinen sich selbst zu sabotieren. Dieses Verhalten tritt auf als eine Art verzerrter Selbstschutz. »Bevor andere mich zerstören, schlecht über mich reden oder ich selbst versage, setze ich mir meine Ziele gar nicht erst und fange den Weg nicht an.«

Für die Steinbock-Energie bedeutet jeder Fehltritt den Tod durch Absturz, und jede Fehleinschätzung kann dazu führen, dass ihre Lieben verhungern. Deswegen neigen Steinbock-Geborene oft dazu, ihre Emotionen zu unterdrücken. Ihnen ist die Pflichterfüllung dann so wichtig, dass sie sich keine Gefühle zugestehen. Sie dürfen nicht fühlen und in der Folge vielleicht schwach oder nicht fokussiert sein. Sie haben Wichtigeres zu tun. Sie entfremden sich von ihrem Inneren, vor allem von ihrem inneren Kind, und gehen nur in den kontrollierten, pflichtbewussten Erwachsenen, denn sie müssen ja 24/7 funktionieren. Das lässt sich natürlich nur begrenzt aufrechterhalten, aber wenn die Konsequenzen eines Fehlers im Unterbewusstsein so existenziell mit Tod und Verderben verbunden sind wie bei den Steinböcken, versteht man diese Mechanismen und die Ansprüche, die sie an sich und andere haben, vielleicht besser.

Steinböcke haben oft ein Organisationstalent, können Systeme begreifen und die Stellschrauben finden, die die Prozesse runder laufen lassen und die Produktivität erhöhen. Etwas verbessern zu können verschafft ihnen tiefe Befriedigung. Sie sind meist scharfsinnig, willensstark, objektiv und arbeiten hart. Sie haben häufig eine große Fähigkeit zur Diplomatie und ein gutes Urteilsvermögen. Mit diesen Talenten können sie eine Menge erreichen.

Ihnen sind ihre Arbeit, Karriere und vor allem ihr Ruf sehr wichtig. Ihr Platz in der Gemeinschaft zählt für sie und sie möchten mit Respekt und Würde behandelt werden, der Autorität entsprechend, die sie sind oder zu der sie auf dem Weg sind. Denn dieses Ansehen reflektiert, wie die Welt sie sieht und wie stabil, sicher, fest und tragfähig sie selbst sind. Damit fest verbunden ist eine tief sitzende Scham. Steinböcken ist häufig sehr viel peinlich. Fehler untergraben in ihren Augen ihre Autorität. Da sie an ihr aber ihren Wert messen, macht jeder Fehler sie in ihren Augen weniger wertvoll für die Welt. Haben sie das Gefühl, gescheitert zu sein und ihr hochgestecktes Ziel verfehlt zu haben, kann diese Scham sogar so weit gehen, dass sie sich vollkommen isolieren. Deswegen sind sie in allen ihren Schritten überlegt und zielgerichtet. Jede ihrer Aktionen ist im Endeffekt auf ihr Ziel ausgerichtet. Auch wenn Außenstehende ihren Plan eventuell nicht kennen und dann überrascht sind, mit welcher Beharrlichkeit der Steinbock seinen Zweck verfolgt hat. Das mag sich jetzt eventuell etwas manipulativ anhören, ist es aber nicht. Diese Steinböcke haben sich nur mit jeder Faser ihres Seins ihrem Ziel verschrieben, jegliches Nebenrauschen wird ausgeblendet, und nichts passiert, ohne Bezug zu haben zum vorgezeichneten Weg, schon gar nicht so was Banales wie Spaß.

Oft sind Steinböcke auch davon überzeugt, dass es nur den einen einzigen Schaffensweg gibt, um in etwas eine Autorität oder Instanz zu werden. Direkt nach der Schule mit dem blendend guten Abi muss das Studium in Rekordzeit absolviert werden. Nur das Diplom, der Master oder vielleicht der Doktortitel attestiert diesen Steinböcken, dass sie verlässlich, zielorientiert, belastbar, lobenswert und würdig sind. Diese Einstellung ist sehr starr und kann ziemlich selbstlimitierend sein. Denn damit setzen sich Steinbock-Geborene oft selbst Grenzen. Sie glauben dann, dass, wenn der Anfang nicht nach Plan war, der Rest nicht mehr gut werden kann, und versuchen sich gar nicht weiter an diesem Ziel.

Aber man kann ja auch als Quereinsteiger:in zur Autorität werden. Nicht alles muss immer superstringent sein. Sich selbst einfach mal auszuprobieren, auch wenn man nicht den einen vorgeschriebenen Weg einhalten konnte, kann ein großes Geschenk sein. Oft entdeckt man so Talente, über die man sonst nie gestolpert wäre. Überleg doch mal, wo du schon aufgegeben hast, bevor du richtig angefangen hast, weil du dachtest, das kann ja eh nichts werden. War das vielleicht etwas vorschnell? ;)

Für Steinböcke ist ihr Auftreten meist wichtig. Sie möchten on fleek aussehen und in Topform sein. Sie jagen dabei keinen Trends hinterher, sondern sind eher stilsicher in hochqualitativen Zwirn gekleidet. Alles soll gut aussehen und gut sitzen. Status ist bedeutsam. Es geht aber nicht um Angeber-Status, sondern um den subtilen Luxus-Status, den nur die wahren Kenner wahrnehmen. If you know, you know.

Man soll zwar sehen, dass sie wissen, was gut ist, aber sie wollen nicht mit Logomania-head-to-toe-Style im Mittelpunkt stehen. Sie sind eben High-class-Gipfelstürmer, aber keine Rampensäue. Sie suchen sich zielstrebig die stabilen, lange (aus-)gereiften Items aus, die in ihrem Bereich perfekt sind.

Sie sind dabei alles andere als eine Mogelpackung. Steinböcke sind im Allgemeinen keine Blender. Wo Steinbock draufsteht, ist Steinbock drin. Sie sind meist starke Persönlichkeiten, und ihr aufrechter Charakter zeigt sich auch in ihrer Sprache, sie wählen ihre Worte mit Bedacht. Sie sind die aufrichtigsten, loyalsten Freundinnen und Freunde, die man sich vorstellen kann. Sie können ein Fels in der Brandung sein, verlässlich und stark. Sie selbst werden aber eher selten um Hilfe bitten, dazu sind sie häufig zu stolz. Sie wollen niemandem etwas schulden und mögen es gar nicht, wenn jemand vermeintlich die Kontrolle über sie hat, weil sie sich haben helfen lassen. Kränkt man sie, sind sie schon eher von der nachtragenden Sorte. :)

Oft sind sie die Kinder, die ihren Eltern sagen, sie sollen erwachsen werden, da sie die Ernsthaftigkeit der Reife schon in jungen Jahren in sich haben. Sie zeigen ihren Eltern dann, wie – in ihren strengen Augen – Elternsein funktioniert, da sie gerne die Kontrolle über alles haben. Sie abzugeben oder die Selbstkontrolle zu verlieren ist für sie unvorstellbar. Denn ihrer Meinung nach ist das der direkte Weg ins Chaos, eine Katastrophe!

Wie ihr Gegenpol, der Krebs, sind Steinböcke sehr auf Sicherheit bedacht, allerdings nicht auf emotionale, sondern auf physische und finanzielle Sicherheiten. Ihnen geht es weniger um die innere Sicherheit, sondern um die Sicherheit im Außen. Um diese Sicherheit zu gewährleisten und uns allen ein gemeinsames Leben zu ermöglichen, versuchen Steinbock-Geborene, alle Teile einer Gesellschaft zu integrieren.

Wenn wir uns den Ursprung des Steinbocks ansehen, dann sehen wir einen weisen Stammesalten, der objektiv zu Gericht sitzt. Er repräsentiert die Gesetzgebung, das geltende Recht, unsere Regeln – die innere Autorität. Er bestimmt, was gut für den Einzelnen, für die

TAROTKARTE FÜR DICH: II DER MAGIER

Der Magier mit der Tarotkarte II zeigt, dass dir alle Kraft und Weisheit zur Verfügung stehen, um deinen Masterplan zu vollziehen. Weil du alle für dich und die Welt vorhandenen Elemente besitzt und sprichwörtlich vor dir auf dem Tisch liegen hast – Pentakel, Stab, Kelch und Schwert –, bist du in der Lage, deine intuitive Eingebung von Zielen und Wünschen im Handumdrehen zu verwirklichen. Wenn du es schaffst, deinen Geist mit dir zu verbinden, sind dir keine Grenzen gesetzt. Deine Superpower entfaltet sich zu vollen 100 Prozent, wenn du die Balance zwischen Empfangen und Senden zulässt. Dafür musst du deine eigenen Emotionen und Wünsche kennen.
Um Wunder zu vollbringen, ist eben nicht nur ein Plan im Kopf wichtig, sondern auch der Zugang zu deiner Gefühlswelt – deinem Geist. So, wie es in dir aussieht, so wird deine Welt im Außen. Du bist die Brücke zwischen der geistigen und materiellen Welt. Wenn du ganz nah bei dir bist, kannst du genau die Beziehung, Liebe, Karriere anziehen, die du dir wirklich wünschst. Deine innere Welt formt und manifestiert die äußere. Die Blumen zeigen, dass du einen Sinn für Ästhetik und Schöpfung hast. Mach was Schönes draus. <3

Menschheit und die Gesellschaft ist, auch in Zukunft für die nachkommende Generationen. Er ist der Kritiker, der Fehler anmahnt. Für ein faires Miteinander brauchen wir Regeln und Vorschriften, an die sich alle halten müssen. Das ist die Steinbock-Essenz.

Steinböcke versuchen, unser gemeinsames System zu finden oder zu verbessern, indem sie den gemeinsamen Nenner suchen. Minderheiten zu empowern ist ihnen dabei sehr wichtig. Wenn sie Ungerechtigkeit sehen, ducken sie sich im Normalfall nicht weg. Sie sind nicht opportunistisch, sondern meist sehr integer. Der objektive Weitblick der Steinbock-Energie ist wie einer dieser wunderschönen Tage im Winter, in denen die Luft ganz klar ist und man kilometerweit gucken kann. Sie haben den perfekten Überblick. Sie sind visionär, dabei aber eher nicht idealistisch, sondern pragmatisch und im Subjektiven eventuell auch rücksichtslos. Sie entscheiden, was wir als Gemeinschaft brauchen, um in Zukunft fortbestehen zu können, da können Einzelschicksale nicht immer beachtet werden. Steinböcke kommen als Boss daher – alt und weise. Sie sorgen dafür, dass wir nichts übereilen und das ganze Bild, das große Ganze sehen. Ein Steinbock, ein Wort.

Wie sein Herrscherplanet Saturn steht der Steinbock für den eisernen Vater. Deswegen wollen Steinbock-Geborene meist, dass die Dinge sich in ihrem Sinne entwickeln, und können sehr schlechte Laune kriegen, wenn etwas spontan geändert wird. Denn schließlich wissen sie ihrer Meinung nach genau, was das Beste für alle ist.

Da Steinböcke oft mit vielen Erwartungen, Pflichten und ihrem selbst auferlegten Leistungsdruck umgehen müssen und gleichzeitig häufig ihre Gefühle unterdrücken, sich verbieten, zu träumen und zu genießen, kann das zu großem inneren Druck und zwanghaftem Verhalten führen.

Wenn sie in einem dieser zwanghaften Zustände sind, kann ihr Wunsch, recht zu haben, erstaunlich heftig werden. Dann ist einfach gar nichts mehr richtig. Sie werden alles und jeden kritisieren, die nicht nach ihrer Pfeife tanzen und ihre Verbesserungsvorstellungen mittragen. Ihre Kontrollsucht nimmt überhand, egal was ihr Projekt ist, sei es die Neuorganisation des Handballvereins, die in ihren Augen überfällige Optimierung der Partnerin oder des Partners oder wie der Schwimmunterricht fürs eigene Kind zu laufen hat, sie werden keine Einwände gegen ihre heilige Mission gelten lassen und alles dafür tun, ihren Willen durchzusetzen.

Dafür setzen sie dann auch mal ganz gerne ihre Hörner ein. Und dann erreicht man sie auch nicht mehr mit Diplomatie, was sonst durchaus zu Erfolgen führen kann.

So können sie tiefe Gräben schlagen und ihre Beziehungen innerlich aushöhlen. Niemand lässt sich gerne sagen, wie minderwertig er ist, nur weil er anderer Meinung ist. Ein rechthaberischer Steinbock in dieser Verzerrung kann großen Schaden anrichten und wird das vielleicht noch nicht einmal merken, weil er nach wie vor der Meinung ist, alles, aber auch wirklich alles besser zu wissen.

Steinböcke brauchen ein echtes Ziel, das

sie befriedigt und ihre Energie fokussiert, sie müssen aber auch einen Kanal für ihre Emotionen finden, damit diese sich nicht innerlich aufstauen und ins Negative umschlagen. Wenn Steinböcke erkennen, dass Beziehungen und gegenseitiger Respekt ebenso wichtig sind wie ihre zu erfüllenden Pflichten, ist das schon die halbe Miete. Wenn sie es dann noch schaffen zu akzeptieren, dass nicht jeder ihre Ziele und Arbeitsmoral hat und es auch Menschen geben muss, die unser Leben auf andere Art als auf die streng disziplinierte bereichern, sind sie auf dem besten Weg, wirklich in die souveräne Beschützerrolle zu wachsen, die für sie vorgesehen ist.

Das schaffen sie, indem sie sich selber Pausen genehmigen und verstehen, dass diese zu einer erfolgreichen Mission dazu gehören. Gerade, wenn du lernst innezuhalten, zu reflektieren und dir selbst Regeneration zu gönnen, erfüllst du deine Steinbock-Aufgabe viel besser, als wenn du immer durchpowerst. Lass dir das mal auf der Zunge zergehen.

Apropos durchpowern: Der Steinbock ist unser zehntes Sternzeichen. Wir haben schon eine lange Reise hinter uns und beginnen nun das letzte Viertel unseres Tierkreises. Wir sind auf diesem Weg raus aus dem Ich, rein ins Wir gegangen, und nun bekommen wir Antworten. Wir bekommen Feedback, also ein Echo. Wir erhalten die Konsequenzen aus dem, was wir im ersten Zeichen des Tierkreises, dem Widder, gestartet haben.

Im Steinbock geht es deswegen auch um unsere Vergangenheit, wir widmen uns unserer Geschichte und dem Karma. In der Steinbock-Energie bewerten wir unsere Taten und ihre Folgen. Was haben wir geschaffen, wie wirkt sich das auf unsere Partner, (gewählte) Familien, Umfeld, uns selbst und unser Business aus? Steinböcke haben die Folgen ihrer Taten sehr präsent vor Augen. Sie bewerten die unmittelbaren Konsequenzen einer Aktion, aber auch, wie sie sich auf die nächsten sieben Generationen auswirken werden. Sie bedenken alles und beziehen alle Möglichkeiten – auch die in der fernen Zukunft – mit ein. Wie bei den Wellen, die ein Stein erzeugt, wenn er ins Wasser fällt, können Steinböcke die Kettenreaktion, die unsere Handlungen verursachen, vorausahnen und erkennen, wie diese am Ende wieder auf uns einwirken.

»What goes around comes around« könnte ihr Wahlspruch sein.

Manchmal kippt dieser Realitätssinn allerdings ins Negative. Dann schauen sie nur noch mit einem extrem pessimistischen Blick auf die Möglichkeiten und glauben nicht mehr daran, dass die Dinge sich auch einfach mal zum Guten wenden können. Sie trauen dem Glück nicht, weil es sich nicht berechnen lässt, und haben immer die allerschlimmsten Folgen vor Augen. Diese Steinbock-Geborenen lieben auch Regeln, die sich bereits bewährt haben. Sie minimieren die Gefahr, dass etwas schiefgeht, und die Gefahr für ihren Ruf. Das ist nur leider oft recht einseitig. Ein »Das haben wir schon immer so gemacht.« steht einer gesunden Entwicklung meist unvereinbar gegenüber. Manche Steinböcke rutschen in diese Falle, wenn sie in jungen Jahren nicht immer die besten Erfahrungen gemacht haben, aber auch, weil Vorsicht und Skepsis tief in ihnen verankert sind und freidrehen können, wenn sie nicht bewusst eingedämmt werden.

Wenn du diese pessimistische Grundhaltung bei dir wiedererkennst, könnte dir etwas mehr geistige Freiheit guttun. Nicht alles muss auf die schlimmstmögliche Weise enden, auch wenn du das starke Gefühl hast zu wissen, dass es so kommen wird. Das ist dein karmisches Steinbock-Erbe, das dir hier einen Streich spielt, und das macht dich manchmal etwas starr und stur.

Denn mit dem Saturn als Herrscherplaneten liegt unser Karma in der Verantwortung der Steinböcke. Das, was wir karmisch als Antwort bekommen, nimmt der Steinbock im übertragenen Sinne auf sich. Er fühlt sich verantwortlich und trägt die Last der Welt auf

DEINE HEILSTEINE

Bevor du deinen Stein benutzt, ist es gut, ihn unter fließendem Wasser zu reinigen, ihn unter das Licht des Vollmondes zu legen oder ihn in der Sonne aufzutanken. Wenn du ihn das erste Mal benutzt, empfehle ich dir, ihn mit deiner persönlichen Intention aufzuladen. Sag ihm bitte deine Absicht und was du mit ihm erreichen möchtest und/oder welche Kraft er dir geben soll. Du kannst ihn auch einfach in die Hand nehmen und ihn mit dem gewünschten Gefühl, Gedanken, Wort aufladen. Bitte handle zum Wohle aller und nur aus Liebe.

Der Hauptstein des Steinbocks ist das Tigerauge. Der visionäre Steinbock verfolgt seine Ziele ambitioniert und diszipliniert. Das Tigerauge wirkt gegen Stress und Zweifel, hilft dir, Entscheidungen zu treffen und Probleme zu lösen. Der Heilstein stärkt deinem zielstrebigen und verantwortungsbewussten Wesen den Rücken. Das Tigerauge hat auch therapeutische Kräfte, seine mildernde Wirkung sorgt für innere Balance und Stressresistenz. Der Schutzstein verstärkt deinen inneren Antrieb und bringt dich auf den Boden der Tatsachen zurück, wenn du den Überblick verlierst. Neben dem Tigerauge sind auch Gagat und Rauchquarz Steine, die du dir anschauen solltest.

seinen Schultern. Schon in der Bibel gibt es das Bild des Sündenbocks. Dieser Ziegenbock wird – beladen mit all den Verfehlungen der Menschen – aus dem Dorf gejagt, um die Dorfbewohner von ihren Sünden zu befreien. Die Essenz des Steinbocks hat Strafe, Vergeltung und Karma im Gepäck. Steinböcke sind sich der Schwächen der Menschen bewusst und wollen um jeden Preis vermeiden, selbst zu Sündern zu werden. Deswegen trauen sie ihren Leidenschaften nicht und begeben sich lieber in eine Art Askese, anstatt sich zu viel Genuss zu gönnen.

Steinböcke fühlen sich oft verantwortlich für alles und alle und die Schuld der Menschen im Allgemeinen. Sie haben häufig Schuldgefühle, wenn sie sich nicht darum kümmern, was andere verbockt haben. Tief in sich drin glauben sie, diese Schuld zu tragen sei ihre Lebensaufgabe, und ziehen damit häufig Menschen an, die dieses Gefühl ausnutzen. Das kann so weit gehen, dass sie sich vollkommen verlieren, nur um ihre selbst gewählten Pflichten zu erfüllen.

Manchmal führt dieses Saturn-Erbe sogar dazu, dass Steinböcke sich unterbewusst eine Zeit ihres Lebens selbst geißeln. Sie begeben sich dann in besonders hart auszuhaltende Situationen, Beziehungen und Jobs. Diese zu durchleben ist fast so etwas wie ein Reinigungsprozess, und ihre Lieben können ihnen da auch meist nicht heraushelfen. Denn für diese Steinböcke sind die Dinge, Beziehungen oder Umstände nur dann richtig, wenn sie schwer sind. Für Self-Care oder Spaß ist keine Zeit. Erst wenn diese Steinböcke selbst entscheiden – ob bewusst oder unterbewusst –, dass es nun genug ist, sind sie frei!

Meist wird diese Zeit, so unnötig sie vielleicht auch scheinen mag und so schwer sie für die Nächsten mitanzusehen ist, vom Steinbock – oft unterbewusst – genutzt, um sich fit zu machen. Er sammelt seine Kräfte, formuliert innerlich seine Ziele und staut seinen Willen, um im nächsten Schritt seinen Aufstieg zu beginnen. Und wenn er einmal losgegangen ist, ist er unaufhaltsam. Wenn er sein Ziel gefunden hat und alle Steinbock-internen Trainingscamps durchlaufen hat, schafft er seinen Gipfel. Es kann also deine dunkelste Stunde sein, in der du dich eigentlich auf deinen hellsten Triumph vorbereitest. Sei nachsichtig mit dir. Dein Steinbock kommt. Langsam, aber sicher. Und das wahrscheinlich auch immer schneller, je älter du wirst.

Manchmal kann man bei Steinböcken sogar einen Benjamin-Button-Effekt beobachten. Alle werden älter, nur sie werden jünger. Weil ihre Lebenserfahrung ihnen beibringt, dass nicht sofort beim kleinsten Fehler direkt jemand aus der (gewählten) Familie verhungert. Dann werden sie milder, mit sich und anderen, und gestehen sich auch mal etwas Genuss zu. Und da sind wir wieder beim perfekt gereiften Parmigiano. ;)

LIEBE

Steinböcke sind oft Beziehungsmenschen. Die Sicherheit und Geborgenheit fester Verbindungen ist etwas, das sie sehr mögen. Sie können ihre:n Partner:in mit ihrem tollen Lebensmut bereichern und teilen als großen Liebesbeweis ihre Visionen mit ihm. Ihr Verständnis einer Beziehung umfasst Loyalität und gegenseitige Unterstützung. Ein Steinbock wird seiner Partnerin oder seinem Partner nach besten Kräften helfen, ihre oder seine Ziele zu erreichen, und erwartet das auch umgekehrt. Dadurch kommen mit Steinböcken oft echte Power-Couples zustande. Es kann der Beziehung allerdings guttun, wenn Steinböcke ihre Liebe auch noch auf andere Art ausdrücken, denn nicht jeder versteht diese Geste als das, was sie ist, nämlich dein ultimatives Vertrauen. Gerade die emotionaleren Zeichen werden sich vielleicht auch mal über eine konventionellere Liebesbekundung freuen – nur so als kleiner Tipp. ;)

Überhaupt sollten Steinbock-Geborene auch in der Liebe einen guten Mittelweg aus ihrem starken Intellekt und ihrer Gefühlswelt finden. Denn wenn sie nur in geistigen Höhen unterwegs sind und die emotionale Tiefe vernachlässigen, kann es ganz schön einsam an der Spitze sein. Oft werden sie sich auch in der engsten Beziehung nicht gänzlich öffnen, da sie sich aus Angst vor dem Kontrollverlust ein letztes bisschen Autonomie erhalten wollen. Das kann funktionieren, aber auch, dass sie nur schwer die innige Verbindung finden, die sie sich eigentlich wünschen.

Wenn Steinbock-Geborene zu verkopft sind, passiert es schnell, dass sie sich ihre Partner:innen unterbewusst eher aus Vernunftgründen aussuchen denn aus Liebe. Und das führt ja leider recht häufig in eher unglückliche Verbindungen, vor allem, wenn beide Partner:innen mit unterschiedlichen Erwartungen an die Sache herangehen. Da Steinböcke aber zu ihrem Wort stehen und ihre Verpflichtungen und Versprechen sehr ernst nehmen, werden sie eine solche Beziehung mitunter sehr lange aufrechterhalten. Am Ende haben dann beide Parteien in einer viel zu vernünftigen Verbindung viel zu viel Zeit verbracht. Hier kann es helfen, sich schon vor der Beziehung zu hinterfragen und zu prüfen, aus welchen Gründen man diese Beziehung eingehen will. Wenn man darauf logische und praktische Antworten hat, ist es wahrscheinlich eher keine Liebesentscheidung. Das muss nicht verkehrt sein, aber man sollte wissen, worauf man sich da einlässt.

Denn da Steinböcke das Motiv des Vaters in sich tragen, ist ihr Bedürfnis nach einer festen, aber auch liebevollen Partnerschaft und einer Familie oft sehr ausgeprägt.

Dabei kann ihnen allerdings auch die Vaterrolle in den verschiedenen Varianten in die Quere kommen. Manchmal suchen sich Steinböcke Partner:innen, die ihnen gegenüber die Vaterrolle übernehmen (sollen). Das kann funktionieren. Oft werden sie dann aber mit der Zeit anfangen zu rebellieren, weil ein Steinbock eigentlich nicht gerne beherrscht wird oder die/der Partner:in ihrem unerreichbaren Anspruch an die Vaterrolle nicht gerecht wird. In der entgegengesetzten Ausprägung passen sie sich immer weiter an, verleugnen sich damit aber selbst und sabotieren so ihre eigene Entwicklung und schlussendlich die Beziehung. Manchmal suchen sie sich auch Partner:innen, denen gegenüber sie die Vaterrolle einnehmen, aber die meisten Steinböcke wünschen sich eigentlich einen Schatz auf Augenhöhe, an dem sie wachsen können und den sie auch mit ihrer Kraft unterstützen können, anstatt ihn zu überfahren oder ständig unzufrieden mit ihm zu sein.

Denn Steinböcke haben die Fähigkeit, ihre:n Partner:in oder die ganze (gewählte) Familie richtiggehend zu pushen. Auf eine gute powervolle Art können sie die richtigen Stellschrauben drehen und ihre Lieben dabei unterstützen, ihre Ziele zu erreichen. Dieses Talent kann aber auch kippen, wenn sie selbst in ihren eigenen Augen nicht genug erreicht haben oder kein eigenes Ziel verfolgen. Dann kann es passieren, dass sie ihren Nächsten zu ihrem Optimierungsobjekt machen, das sie nach ihren eigenen Vorstellungen formen wollen. Hier ist Frustration auf mindestens einer Seite vorprogrammiert.

Nur selten lassen sich Steinböcke bei der Suche nach einer Partnerschaft einfach nur von der Liebe leiten. Bevor sie eine Beziehung eingehen, prüfen sie ihre potenziellen Partner:innen meist sehr genau. Oft sind Sicherheit und Stabilität dabei die Messlatte, die sie anlegen. Und damit kann ihnen ganz schön was entgehen. Denn sie haben durchaus eine Schwäche für lebendige, emotionale Zeichen, die mehr in der kreativen als in der systematischen Ecke punkten. Aber wenn sie nur logisch an die Partnerwahl herangehen, droht von diesen beweglicheren Kandidaten natürlich mehr Chaos. Und das können Steinböcke ja nun mal überhaupt nicht leiden. Denken sie. Denn diese kreativen Freigeister können sie auf eine wundervolle Art bereichern und auf ihrem Weg weiterbringen. Nur wenn die Steinböcke auch ihre emotionale Seite integrieren, können sie wahrhaft in ihrer Kraft ankommen. Die Lösung ist: Raus aus der harten Schale, zeig deinen weichen Kern!

Wenn du eine:n Partner:in findest, die/der dich inspiriert und dir hilft, dich emotional zu öffnen, und du dann auch in der Hitze des Alltagsgefechts – wenn sie/er mal wieder beim Führen des Familienkalenders versagt hat – nicht vergisst, warum du dir genau diese:n Partner:in ausgesucht hast, und es dann noch schaffst, ihn nicht wegoptimieren zu wollen, könnt ihr eine wundervolle, gegenseitig bereichernde Beziehung führen, die dir ganz neue Höhen eröffnet.

Auch die Leidenschaft, die Steinböcke sich ja sonst eher versagen, kann ein:e temperamentvollere:r Partner:in anfachen. Es ist toll, auch mal die sinnliche Seite der Erdzeichen zum Zuge kommen zu lassen. Trust me.

Je nachdem, wie viel du dich schon mit dir selbst beschäftigt hast, war jetzt entweder viel Neues für dich dabei und du hast dich in der einen oder anderen Beschreibung wiedererkannt, oder aber du hast Themen schon bearbeitet und bist schon viel weiter. Das alles ist ein Angebot an dich, dein Potenzial auszuschöpfen. Mit den folgenden praktischen Tipps und Anregungen fällt es dir sicher leichter.

EIN TIPP FÜR DICH

Wir haben in unserem Geburtshoroskop alle zwölf Sternzeichen-Essenzen. Manchmal ist es gut, mit dem Gegenpol, also mit dem gegenüberliegenden Sternzeichen im Tierkreis, zu arbeiten, um Eigenschaften, die man vielleicht noch nicht an sich kennt oder noch entwickeln kann, zu finden und so Balance zu erlangen. Um hier noch tiefer einzutauchen, kannst du dir auch das Sternzeichen-Kapitel zu deinem Gegenpol durchlesen.

Lieber Steinbock, du hast wirklich eine unglaubliche Kraft, Geduld und meinst es gut mit dir und deinen Liebsten, aber es würde dir extrem guttun, dich mit deinen wahren Gefühlen und deiner Intuition zu verbinden. Du brauchst das subjektive Gefühl der Sicherheit in deiner Gefühlswelt. Höre dir und deinem Herzen aufmerksam zu und lass deinem Gefühl freien Lauf. So wie dein gegenüberliegendes Zeichen Krebs, das sehr mit seiner Emotionswelt verbunden ist. Du magst es vielleicht nicht wichtig finden, aber dieses Einchecken bei dir selber bringt dir mehr Klarheit und Motivation für dich, und so lernst du, gesund deine Grenzen zu setzen.

DEIN RITUAL

Wenn du, lieber Steinbock, deine Lieblingsbeschäftigung gefunden hast, dann hält dich nichts davon ab, schwindelerregende Höhen zu erklimmen und dabei Spaß zu haben. Um dir etwas frische Luft in deinem manchmal vor Perfektionismus zu überanstrengten Kopf zu gönnen, wären morgendliche Meditationen für dich der Shit. Setze dich für 15 Minuten bequem hin, mache deine Augen zu und versuche, jeden Gedanken, der kommt, zu beobachten und ihn vielleicht sogar ziehen zu lassen.

Morgenseiten sind auch eine sehr gute Räuberleiter für dich. Einfach nach dem Aufstehen in deinem Journal drauflosschreiben, ohne eine Form oder Vorschrift zu haben. Du musst nichts erreichen und schreibst dir einfach alles von der Seele runter. Das wird dir guttun, um deinen kritischen Geist zu beruhigen und ihm etwas Auslauf zu gönnen. Mit je weniger Selbstkritik du in den Tag startest, desto produktiver bist du!
Atemmeditationen können dir auch wahnsinnig guttun. Nadi Shodhana, also die

yogische Wechselatmung, ist eine meiner Lieblingsatemübungen für Harmonie, Gelassenheit, Freude und Gleichgewicht und hilft dir, Ängste und Sorgen loszulassen.

- Dazu setzt du dich bequem, aber aufrecht hin, deine linke Hand ruht auf deinem Oberschenkel mit der Handfläche nach oben. Bringe die Spitze des Zeigefingers locker unter den Daumen, die restlichen Finger sind leicht ausgestreckt.
- Zeige- und Mittelfinger der rechten Hand klappst du so ein, dass du Daumen und Ringfinger frei hast, um abwechselnd das rechte und das linke Nasenloch zuzuhalten.
- Schließe nun deine Augen.
- Setze dann Daumen und Ringfinger der rechten Hand an die Nasenknöchel, atme tief ein und verschließe mit dem Daumen dein rechtes Nasenloch. Atme durch das linke aus und zähle dabei bis vier. Atme durch das linke Nasenloch ein und zähle dabei wieder bis vier.
- Dann wechselst du die Finger, sodass du nun durch dein rechtes Nasenloch ausatmen kannst und das linke verschlossen ist. Zähle beim Ausatmen wieder bis vier, atme danach durch das rechte Nasenloch ein und wechsle dann wieder die Finger beziehungsweise Nasenlöcher.
- Versuche, hier in einen ruhigen, gleichmäßigen Rhythmus zu kommen. Du kannst nach dem Ein- und/oder Ausatmen auch immer kurz den Atem halten, im jeweiligen Nasenloch für zwei Sekunden, wenn es in deinen natürlichen Flow passt.
- Mache mindestens acht und maximal so viele Wiederholungen dieses Zyklus, wie es sich für dich gut anfühlt.

Probiere diese Übung einfach mal aus. Für dich ist es extrem wichtig, den Kopf zwischendurch freizukriegen und deinem selbst auferlegten Leistungsdruck und Anspruch an dich ein Ventil zu geben.

WASSERMANN

Ich weiß und beobachte

21. JANUAR – 19. FEBRUAR

HERRSCHENDER PLANET ~ URANUS

ELEMENT ~ LUFT

MODALITÄT ~ FIX

ESSENZ ~ ERFINDERISCH, HUMANISTISCH, FREUNDLICH, ALTRUISTISCH, SOZIAL, REFORMORIENTIERT, ZERSTREUT, VERANTWORTUNGSLOS, EMOTIONAL DISTANZIERT, UNPERSÖNLICH

BEHERRSCHTES KÖRPERTEIL ~ SCHIENBEINE, WADEN, SPRUNGGELENKE, KNÖCHEL, ACHILLESFERSEN

TAROTKARTE ~ 0 DER NARR

URSPRUNG

Wir kommen in unser elftes Sternzeichen im Tierkreis, den Wassermann. Nachdem wir im strengen Steinbock regelkonform überlebt haben, möchte der Wassermann unsere altbekannten Muster aufbrechen und zu neuen, für die Gesellschaft schöneren Ufern starten. Er hinterfragt unsere Regeln und fordert unsere bekannten Denkmuster heraus. Da, wo der Steinbock gerne auf ausgetretenen Pfaden wandelt, nimmt der Wassermann seine Machete und schlägt sich einen ganz neuen Weg durch den Dschungel. Den Wasserkrug mit visionärer Weisheit immer auf der Schulter.

Der Herrscherplanet des Wassermanns ist der Uranus, und das ist ein ganz besonderer Zeitgenosse. »Erwarte das Unerwartete.« »Freiheit für alle.« Mit diesen Slogans auf der Fahne marschiert der Uranus lauthals auf seiner eigenen Demo. Er möchte gerne schockieren und damit die Welt für die Gesellschaft zum Besseren verändern. Er ist superinnovativ, futuristisch, steht für neu entwickelte Technologien und deren Fortschritt und liebt es zu forschen. Uranus kann in seiner Objektivität manchmal den Einzelnen übersehen, weil er gerne das große Ganze, unsere Menschheit im Visier hat. Er neigt in seiner hohen Theorie dazu, etwas kühl zu sein, denn der Planet ist ein Eisgigant, und gefrorene Gewässer sind Teil seines Aufbaus. Sogar seine Rotation ist besonders und anders als die aller anderen Planeten unseres Sonnensystems, denn er dreht sich nicht vertikal, sondern fast horizontal um seine Achse.

Wassermänner sind fixe Luftzeichen. Sie haben den Überblick und fliegen in höheren Sphären. Sie stehen sinnbildlich für das Dritte Auge, also für hellseherische Fähigkeiten. Sie sind visionär und prophetisch. Sie sind aufrichtig, aber als fixes Zeichen nicht besonders flexibel. Die Wassermann-Energie schwebt weit über allem, und die Wassermann-Geborenen können beobachten, ohne zu werten.

Wir gehen gerade in das berühmte »Age of Aquarius« und haben in unserer Gegenwart eine sehr präsente Wassermann-Energie. Die Astrolog:innen streiten sich zwar, ob wir erst ganz am Anfang oder schon mittendrin im Wassermannzeitalter sind, aber auf eine Weise begonnen hat es in jedem Fall. Umso relevanter ist es, die Qualität des Wassermanns zu verstehen und mit den Geschenken und Hindernissen dieses Zeichens besser umgehen zu können.

WESEN

Unser Tierkreis hat zwölf Phasen, der Widder ist die erste Phase, in der alles beginnt. Der Wassermann ist die vorletzte, die elfte Phase. Es ist viel passiert auf dieser Reise. Wir sind in unserer Evolution schon sehr weit fortgeschritten. Wir haben unsere Lebendigkeit entdeckt, haben unsere Gefühle erforscht, unser eigenes Bewusstsein gefunden, das Bewusstsein für unsere Außenwelt, haben alles Entdeckte und Erforschte überprüft, sind Verbindungen eingegangen, und wir haben Regeln aufgebaut, die uns das Zusammenleben als Gesellschaft ermöglichen. Dieser letzte Schritt ist im zehnten Zeichen, im Steinbock, geschehen. Wenn wir also in den Wassermann starten, kommen wir aus der Ordnung, aus finanzieller Sicherheit, aus System, Form und Struktur.

Nun kommt die Wassermann-Energie ins Spiel. Sie analysiert das System, die Regeln und Normen. Sie checkt von oben, wie die Lage gerade bei den ganz großen Dingen ist. Die Wassermann-Essenz ist auf höhere Sphären ausgerichtet, auf ein globales hohes Bewusstsein, auf Freiheit. Sie schwebt wie in einer Glasbox hoch über allem, ist nicht direkt involviert und kann so objektiv erkennen, wie es um die Gesellschaft, Systeme und Strukturen steht. Die Ideen und Gedanken, die die Wassermann-Energie entwickelt, sind vollkommen losgelöst von altbekannten Mustern. Nur so kann wirkliche Innovation entstehen.

Die Wassermann-Energie kann sehen, dass die Ordnung, wie sie gerade ist, nicht für alle angenehm ist. Sie sieht die Verstoßenen, Diskriminierten, durch das Gesellschaftsraster Gefallenen und nimmt sich ihrer und unser aller Freiheit an. Wir entwickeln uns als Menschheit nur durch Integration weiter. Die Wassermann-Energie möchte eine neue, bessere, objektivere Weltordnung schaffen. Sie möchte festgefahrene Strukturen aufbrechen, uns alle integrieren – und das zum Wohle der gesamten Menschheit.

Die Wassermann-Energie bringt einen Aspekt ihrer positiven Power zum Ausdruck, indem sie mit dem Vorschlaghammer alte Denkmäler zerstört, eine plötzliche Eingebung, Ernüchterung oder Klarheit über alte, nicht mehr passende Mechanismen einleitet und so überholte Strukturen über Bord geworfen werden und neue, humanitärere aufgebaut werden können.

Die Wassermann-Essenz dringt in unser Bewusstsein und in unser Leben ein. Sie reißt uns raus aus dem Konventionellen. Raus aus dem Bekannten, Sicheren, rein ins Unberechenbare. Diese Überraschung kann durchaus ein Schock sein. Uranus- und Wassermann-Energie können uns plötzlich aus unserem Trott aufwecken. Sie machen uns bewusst, was wir verändert und revolutioniert haben wollen. Das ist nicht immer einfach. Tiefgreifenden Veränderungen geht häufig ein Leidensdruck voraus, und nur wenn dieser zu hoch wird, verändern wir die Dinge. Manchmal sind dazu traumatische Situationen und Ereignisse notwendig, um uns mit aller Kraft aus unserem normalen, altbekannten Leben herauszukatapultieren und um uns zu helfen zu erkennen, dass etwas geändert werden muss. Definitiv ist das destabilisierend, rebellisch, revolutionär und unbequem, aber die Wassermann-Energie möchte eine neue Ordnung kreieren und die alten Normen und Sitten, die sich nur aufgrund von Diskriminierung von Minderheiten halten können, nicht mehr aufrechterhalten. Weil es für unser Kollektiv nicht gut ist und uns als Gesellschaft daran hindert, unser volles Potenzial auszuschöpfen. Die wichtige Black-Lives-Matter-Bewegung und ihr andauernder Kampf für Gerechtigkeit ist dafür ein gutes Beispiel. Je mehr wir also in die Uranus-Wassermann-Energie übergehen, desto mehr revolutionäres Potenzial und desto mehr heilsame Vielfalt liegen in der Luft.

Im Wassermann können wir aus unserem irdischen Bewusstsein, unserem Selbstbewusstsein ins globale Bewusstsein aufsteigen. Es geht um uns alle, um die Gesellschaft selbst, weniger um einzelne Individuen. Die Verbindung der Wassermänner zu einer Celestial Intelligence (übersetzt: himmlische, fast schon außerirdische, göttliche Intelligenz) wird auch mit Genie und Brillanz in Wissenschaft, Technologie und Forschung assoziiert. Die digitale Revolution ist beispielsweise Wassermann-Energie in Reinform. Spezielle Zukunftstechnologien, die völlig neue Wege gehen, wie künstliche Intelligenz und vor allem der unbedingte Glaube daran, dass diese Vision gegen alle Widerstände durchzusetzen ist, sind Uranus' Geschenke an uns.

Die Wassermann-Energie fordert uns also nicht nur mit ihrer schockartigen Erkenntnis heraus. Mit ihrer Gabe der Vision, die schon fast hellseherische Aspekte hat, liefert sie uns auch die Instrumente, um alles zum Besseren zu verändern.

Für so ein Instrument ist das Internet ein gutes Beispiel. Das World Wide Web ist Wassermann-Essenz pur. Das Internet ist eine mögliche globale Verbindung von allem und jedem, in der wir alle gleich sind und alles Wissen völlig wertfrei teilen können. Die Grundidee des Internets ist gleichmachend und demokratisch. Der Haken dabei ist, wie wir Menschen das Instrument benutzen. Nirgendwo wird so leidenschaftlich bewertet wie im Internet, und es gibt Konzerne wie Google oder Meta, die eine viel größere Macht haben als der einzelne Mensch. Die Wassermann-Energie selbst wertet nicht. Sie denkt in Idealen und stellt die Instrumente bereit, diese Idealvorstellung von Herzenswärme und Gleichheit zu erfüllen. Der unbedingte Glaube der Wassermann-Geborenen an das Gute im Menschen und ihre Hoffnung, dass alles besser wird, lässt sie durchhalten, auch wenn die Realität gelegentlich leider ganz anders aussieht.

Aber manchmal fehlt ihnen auch einfach die Geduld zu erkennen, dass nicht alle ihren Visionen so schnell folgen können und es Zeit braucht, aus Idealen Wirklichkeit entstehen zu lassen. Der schnelle Uranus lässt grü-

TAROTKARTE FÜR DICH: 0 DER NARR

Der Narr mit der Nummer 0 schreitet los in eine ihm unbekannte Welt voller Zuversicht, Leichtigkeit, Unbeschwertheit und Freude. Er ist ein Entdecker, Visionär und glaubt an das Positive. Auf seiner Entdeckungstour ist er voller Neugier, macht vor nichts halt und ist absolut angstfrei, seine großen Schritte zu machen!

Für seine Entdeckungen braucht er weder seinen Verstand noch die Etappen seines Lebens, in denen er was beigebracht bekommen hat. Denn er hat die Zukunft ohne großes Nachdenken einfach in sich. Weil er sich seines Wissens sicher ist und sich freut, von seiner Intuition in neue tolle Veränderungen geführt zu werden, kann er seinem Herzen folgen. Manchmal muss er erinnert werden, mit all den Veränderungen nicht über die Stränge zu schlagen und nicht allzu große Schritte auf einmal zu nehmen. Er muss sie schließlich zwischendurch auch verdauen und sich immer wieder erden, um den Verstand nicht zu verlieren.

Auch wenn das Leben Überraschungen parat hat, wird er damit mit Leichtigkeit umgehen können, denn er ist ein Glückskind und sieht Veränderungen angstfrei als wunderbare, große Chancen für einen schönen friedlichen Neubeginn.

ßen. Denn der Uranus regiert unter anderem das Nervensystem, deswegen können Wassermänner Nervenbündel sein und haben wie ein Duracell-Hase oft eine enorme Power. Sie bauen häufig Luftschlösser und sind weit weg von der Erde, draußen im Space. Wir alle kennen ja sicher den Moment, wenn man sich vom Internet und der digitalen Welt einfach nicht verabschieden kann und sein Handy oder Laptop schon längst weggelegt haben wollte, aber der Sog der luftigen Höhen mit ihren Möglichkeiten, Eindrücken und Bildern uns davon abhält. Man will noch ein bisschen in dieser passiven Welt verweilen und sich outzonen. Dieses Abdriften ist eine starke Seite der Wassermann-Energie. Deswegen brauchen Wassermänner Wurzeln, um nicht komplett abzuheben, und müssen lernen, zwischendurch langsamer zu werden, um mit uns anderen kommunizieren zu können.

Wir als Menschheit müssen wiederum lernen, die sehr starke Kraft der Wassermann-Energie ohne Ego zu nutzen. Dann kann aus ultimativen Visionen eine ultimative Realität geschaffen werden, die unsere Gesellschaftsnormen revolutioniert.

Ganz schön viel Theorie bisher, oder? Kann es sein, dass du das gar nicht so schlecht findest, weil du selbst gerne theoretisch denkst und Visionen entwickelst?

Es ging hier vor allem erst einmal um die Wassermann-Energie, die große Veränderungen mitbringt. Das ist natürlich nichts, was man als einzelner Mensch in seiner Bedeutsamkeit ständig in seinen Alltag integrieren kann. Aber du persönlich hast diesen besonderen Wassermann-Funken in dir, auch wenn du dich vielleicht nicht immer celestial intelligent und revolutionierend fühlst. Ohne die integrierende Gabe der Wassermänner, gepaart mit dem unbedingten Willen, dass die Zukunft blühend wird, würde unserer Welt ein unvergleichlicher Motor fehlen. Wir brauchen euch. :)

Denn die Wassermann-Energie zeigt sich nicht nur in genialer Wissenschaft. Auch wenn du gerade nicht damit beschäftigt bist, ein völlig neu gedachtes Heilmittel gegen chronische Blasenentzündungen zu erfinden, kannst du trotzdem voll in deiner Wassermann-Kraft sein.

Wassermann-Geborene sind im Allgemeinen sehr fair und anständig, sie sind loyal, hingebungsvoll, ehrlich und integer und haben hohe Moralvorstellungen, die sie auch in zwischenmenschlichen Beziehungen anwenden. Freundschaften sind ihnen meist sehr wichtig. Sie pflegen sie, sind zuverlässig und stehen mit Rat und Tat zu Seite. Sie haben außerdem einen messerscharfen Verstand und können Situationen herausragend gut analysieren. Sie schaffen es so in kürzester Zeit, einen vollkommen undurchsichtigen emotionalen Wust zu ordnen, aufzudröseln und zu erklären.

Oft sind sie in sozialen und helfenden Berufen tätig und geben ihren jeweiligen Bereichen mit ihrer großen Portion Idealismus einen wichtigen Schub. Häufig verschreiben sich Wassermänner auch einem altruistischen Ziel, widmen sich diesem mit voller

Begeisterung und können so wirklich etwas bewegen.

Ihr integrierender Aspekt ist das, was im Alltag bei Wassermännern am häufigsten heraussticht, und macht auch wirklich einen der schönsten Anteile dieses Sternzeichens aus.

Du wirst dich wahrscheinlich wohlfühlen in Systemen mit vielen Freundinnen und Freunden, die du beflügeln und bereichern kannst. Mit der Sonne im Wassermann strahlst du, wenn du mit einer großen Gruppe von Leuten und vielen Freundinnen und Freunden umgeben bist.

Meine Freundin Karina hat jeden Raum aufgehellt mit ihrer strahlenden positiven Art und immer jeden integriert. Sie war so gerne auf jeder Tanzfläche dabei, hat uns alle mitgerissen, und wenn jemand alleine war, hat sie ihn sofort in den Kreis eingeführt, damit er sich nicht ausgeschlossen, sondern zugehörig fühlte. Ihre Wassermann-Energie war ein großes Geschenk. Und ohne diese Wassermann-Energie würden wir Menschen wahrscheinlich alle in unseren kleinen Grüppchen versauern und uns nicht gegenseitig inspirieren und neu entdecken.

Auch Oprah Winfrey ist ein Beispiel für eine lebensnahe Version einer Wassermann-Frau. Sie hat sich durchgekämpft obwohl es ihr als PoC-Frau sicher nicht leicht gemacht wurde. Sie hat die schlimmen traumatischen Erlebnisse ihrer Kindheit aufgearbeitet, offen darüber gesprochen und so Millionen anderer Opfer zusammengebracht und ihnen geholfen zu heilen. Sie verfügt über Visionsgabe und die Fähigkeiten, Menschen zusammenzubringen und zu integrieren. Sie hat sich mit ihrer Empathie und Freundlichkeit ein loyales Team aufgebaut und viel für ihre Fans getan, sie vereint, also integriert und empowert. Auch das kann ein Wassermann. :)

Manchmal nehmen Wassermänner für ihre Einzigartigkeit viel auf sich. Sie haben dann viele intellektuelle Ideen, die sie am liebsten in der globalen Arena von Politik, Wissenschaft, Wirtschaft, Ingenieurwesen, Astrologie und Menschenrechten präsentieren würden.

Dabei wirken sie oft anders als ihre Mitmenschen, weil sie aus der Norm steppen, raus aus dem konventionellen Denken und Handeln. Gelegentlich können sie so anecken, werden nicht ernst genommen und sind nicht selten Außenseiter. Denn ihr geniales Dasein kann manchmal auf ungläubige Gesichter, offene Kinnladen oder Kopfschütteln treffen. Wie beim Wassermann-Geborenen Galileo Galilei, der mit seinem fast schon außerirdischen Genie und Forschungsdrang die bahnbrechendsten Entdeckungen auf den Weg gebracht hat und gegen alle damaligen Gesetze mit seinem neumodischen Fernrohr kontinuierlich Beweise für das heliozentrische System gesucht hat, also dafür, dass die Erde sich um sich selbst und um die Sonne dreht und nicht, wie damals die herrschende Lehre besagte, die Erde das Zentrum von allem sei. Zu seiner Zeit ein Skandal, für den er von der Kirche zu lebenslanger Haft verurteilt wurde. Nicht selten werden Zukunftsbringer verfolgt und mundtot gemacht, weil es für die bestehenden herrschenden Systeme Nachteile haben könnte.

Damit einher geht bei Wassermännern auch häufig eine unbewusste tiefe Trauer über die menschliche Natur, die aus den tollen Instrumenten, die uns die Wassermann-Energie schenkt, so häufig das Schlechte herausholt. Damit möchten sie dann nichts zu tun haben. Lieber nutzen sie ihren Verstand, um den Konfrontationen, dem Schmerz und dem Leiden aus dem Weg zu gehen und zu flüchten. Das führt aber natürlich dazu, dass sich Wassermänner, die in dieser prophetischen Kraft sind, oft einsam fühlen. Sie gehen aus Angst vor Schmerz über die menschliche Art nicht in Verbindung mit anderen und sind so mit ihrer Einstellung und ihren Träumen allein. Das kann auch Wassermännern passieren, die in weniger wissenschaftlichen Bereichen unterwegs sind. Oft sind es gerade die künstlerischen Felder wie Musik, Mode und Kunst, in denen Wassermann-Geborene zu »früh« dran sind und Neues kreieren, das die anderen wirklich erst viel, viel später verstehen und dann irgendwann zum Trend machen.

Leider werden Wassermänner einfach häufig (noch) nicht verstanden, weil sie beinah schon zu futuristisch sind und ihre Mitmenschen ihrem schnellen Intellekt, ihren Visionen und ihrer Fähigkeit, ihre Strategien mithilfe ihres Überblicks lange im Voraus zu planen, einfach nicht folgen können.

Trotzdem halten Wassermänner, die so exponiert sind, meistens auch ohne nahe Bezugspersonen und Zuspruch durch, denn die uranische Energie ist sehr stark und bringt sie dazu, sich extrem auf ein Thema zu konzentrieren. Diese übermäßige Kraft und ihr Forschungsdrang können in seltenen Fällen dazu führen, dass die Wassermann-Energie manchmal zu mentaler Unbeständigkeit neigt. Zwischen genial und mental instabil liegt vereinzelt nur eine haarscharfe Grenze.

Paradoxerweise empfinden viele Wassermänner trotzdem ein Schuldgefühl, wenn sie eine Revolution angezettelt haben, da sie im Grunde ihres Herzens Ordnung schätzen. Das Spannungsfeld zwischen ihrem Hang zur Ordnung und ihrem Streben nach Verbesserung ist etwas, das viele Wassermänner tief beschäftigt. Deswegen haben sie auch ihren starken Ehrenkodex, der ihnen Ordnung im Chaos des menschlichen Lebens verspricht.

Der Ehrenkodex und die Wahrheitsliebe der Wassermänner können aber auch kippen, wenn die Wassermänner im Ungleichgewicht sind. Denn häufig gibt es für sie in ihrer Annahme, dass sie die beste, weil objektivste Perspektive einnehmen, nur eine Wahrheit – ihre eigene. Aber das, was sie als das Beste für alle identifizieren, muss nicht zwangsläufig wirklich das Beste sein und ist es für den Einzelnen manchmal schon gar nicht. Denn bei aller Objektivität gehen sie bei ihrer Meinungsfindung, wie alle Menschen, am ehesten von sich selbst aus. Ihre Wassermann-Energie mag grenzenlos objektiv sein, sie selbst als menschliche Wesen, die in unserer Welt mit all ihren Eigenheiten unterwegs sind, sind es häufig nicht so sehr, wie sie annehmen.

Als fixes Zeichen neigen sie dazu, beharrlich und ausdauernd zu sein, wenn sich das aber auf eine falsche Wahrheit bezieht, kann das problematisch werden. Im schlimmsten Fall können Wassermänner dann egoistisch handeln und selbstgerecht werden, um diese Wahrheit durchzusetzen. Das ist ihnen in dem Fall aber gar nicht bewusst, denn im Grunde sind sie ja überzeugt davon, das Beste für die Gemeinschaft anzustreben, und da kann man ja wohl nicht immer auf einzelne Bedürfnisse Rücksicht nehmen, oder? Sie halten dann eisern an ihren Vorstellungen fest und sehen gar nicht mehr, dass diese nicht funktionieren und genau den Menschen schaden, denen sie doch eigentlich helfen wollten. Wie die Wassermann-Freundin, die einen perfekten Junggesellinnen-Abschied für ihre BFF plant und dabei irgendwie vergisst, dass nicht ihre Freundin gerne bowlt, sondern sie selbst, dass 50 Prozent der Teilnehmerinnen vegan leben, sie aber trotzdem als Fleischliebhaberin einen Tisch im Steak-Restaurant reserviert, und die möchte, dass alle auf Alkohol verzichten, weil sie selbst gerade ihren »Sober October« durchzieht und das ja wohl allen mal guttun würde. Und wenn man sie dann leise darauf hinweist, dass hier irgendetwas schiefläuft, wird sie einen Riesenaufstand veranstalten, der natürlich überhaupt nichts mit ihr selbst zu tun hat, sondern nur damit, dass alle anderen undankbar sind und nicht verstehen, was der Masterplan hinter all dem ist.

Denn oft sind Wassermann-Geborene in dieser Verzerrung auch der Meinung, sie seien total special und bräuchten Special Attention, aka alles soll sich um sie drehen. Eventuell sind sie für diese Aufmerksamkeit auch bereit, ihre eigenen hohen Moralvorstellungen über Bord zu werfen. Und merken dann nicht, dass sie in ihrem Geltungsbewusstsein und ihrer Ablehnung allen anderen gegenüber, die nicht ihrer Meinung sind, vollkommen übers Ziel hinausschießen. Das kann bis zu einer Art Persönlichkeitsriss gehen, sodass sie immer liebevoll über das große Ganze – also alle Menschen – nachdenken, dabei aber ihre Liebsten und Nächsten vergessen und mitunter schlecht behandeln. Im Extremfall kann es zum Beispiel vorkommen, dass diese Wassermänner im Großen für den Mindestlohn kämpfen, aber ihrer Putzfrau gerade mal die Hälfte davon bezahlen. Ihr Gerechtigkeitsgefühl ist dann außer Kraft gesetzt, und sie würden für jeden x-beliebigen Typen von der Straße bessere Maßstäbe ansetzen als für ihre direkte Umgebung.

Durch diese Verzerrung werden sie selbstsüchtig, auch wenn sie das von sich selbst nie annehmen würden. Denn es ist zwar gut und schön, Ideale für alle zu entwickeln, sich aber immer der Durchsetzung zu entziehen und nur die anderen machen zu lassen, ist ein ziemlicher Mist-Move.

Zusammengenommen neigen Wassermänner, die in ihre Fallen tappen, zu Scheinheiligkeit. Sie sind dann überzeugt von ihren edlen Idealen, handeln aber nicht danach und merken es noch nicht mal. Vor allem, wenn ihnen jemand nicht zustimmt, können sie das kaum akzeptieren und wollen jeden bekehren. Dann ist das mit der persönlichen Freiheit nicht mehr ganz so relevant, nicht wahr? ;)

Auslöser für diese Verzerrung können unterdrückte Gefühle sein. Manche Wassermänner versuchen, Menschen ausschließlich logisch zu sehen, auch sich selbst. Wie alle Luftzeichen wollen Wassermänner am liebsten alles verstehen. Gefühle wiederum sind nicht immer logisch. Das macht ihnen Angst, und diese Angst versuchen sie wieder mit Logik und Denken zu bekämpfen. Ein Teufelskreis. Durch Selbstbeherrschung und Gedankenkarusselle versuchen diese Wassermänner, keine Emotionen zu fühlen und diesen »Schwächen« auch nicht nachzugeben. Sie glauben, um ihre Objektivität wahren zu können, müssen sie frei von subjektiven Anhaftungen sein, die sie beeinflussen könnten. Wassermänner haben also häufig das Bedürfnis, so wenig Emotionen und Ballast aus der Vergangenheit wie möglich mit sich zu tragen.

Deswegen sind sie auch das Sternzeichen, das in seiner Urform am wenigsten mit Emotionen am Hut hat. Häufig fühlen sie sich nicht wohl mit ihren eigenen Gefühlen und bleiben lieber in ihrer Position als Beobachter und Zeuge, anstatt in eine emotionale Verbindung zu gehen.

Dieses im Großen eigentlich sehr empathische Wesen, dessen Antrieb es ist, bessere Situationen für alle zu schaffen, ist im Kleinen – in den persönlichen Beziehungen – also teilweise vollkommen von seinen Empfindungen abgeschnitten. Hier sei gesagt, dass wir alle Individuen sind, die durch unsere persönliche Sternenkonstellation und Lebenssituationen beeinflusst werden. Dein Mondzeichen, das du später in diesem Buch noch findest, ist gerade was deine Emotionen angeht und wie du damit umgehst, sehr einflussreich. Es gibt also auch ganz besonders mitfühlende und empathische Wassermann-Geborene, die dieses Problem nicht haben. Aber bei manchen Wassermännern können die Extreme aus globaler Empathie und emotionaler Abgeschnittenheit besonders weit auseinanderklaffen. Und wenn wir uns die möglichen Fallstricke und Verzerrungen für Wassermänner ansehen, müssen wir unbedingt auf diesen Aspekt eingehen. Denn viele Wassermänner halten ihre Gefühle und die von anderen nur sehr schlecht aus und können auch nicht wirklich darauf eingehen. Ein Wassermann, der sich seiner Gefühle nicht bewusst ist – und kein Sternzeichen kann sich in der extremsten Ausprägung so sehr von seinen Emotionen abkapseln wie der Wassermann –, wird immer versuchen, logische Gründe für sein emotionales Verhalten zu finden, um dieses intellektuell vor sich zu rechtfertigen. Ein einfacher Wutanfall wegen eines Autofahrers, der einem die Vorfahrt genommen hat, kann so zu einer längerfristigen, als fundamental wahrgenommenen Ungerechtigkeit werden. Der Wutanfall selbst wäre eigentlich schnell verraucht, wenn man ihn als das, was er ist, gesehen hätte, nämlich eine emotionale Entladung, weil man heute einfach gereizt ist. Aber da der gefühlsmäßig abgekapselte Wassermann nicht akzeptieren kann, dass er da eine Emotion durchlebt, die eben ist, wie sie ist, und auch wieder vergeht, kann er sie mit dem Verweis auf Regeln, die für alle gelten – also logischen Erklärmechanismen – nicht mehr loslassen.

Diese Wassermänner wollen alles Emotionale mit ihrem Intellekt lösen und verrennen sich dabei gerne mal, das kann im schlimmsten Fall sogar zu einer Gefahr für ihre mentale Gesundheit werden. Wassermänner in dieser Falle müssen verstehen, dass niemand rein intellektuelle Ideale erfüllen kann, schon

DEIN RITUAL

Mit deinem Strom an Gedanken und Ideen wird dir ein Tagebuch oder Journal gut helfen können. Du brauchst einen Ort, an dem du deinen sprudelnden Übertragungen einen Platz gibst und die guten auf eine Art manifestiert. In diesem geheimen Büchlein dürfen natürlich auch alle Sachen Platz finden, die aus deinem Leben gehen dürfen. Schreib auf, was du dich nicht traust zu sagen, du drückst ja wahrscheinlich nicht so gerne verbal aus, was dich stört. Das führt manchmal dazu, dass du deine Gedanken unterdrückst, und das verursacht auf Dauer Stress. Richtig, richtig toll wäre es, wenn du davor oder danach oder von mir aus währenddessen eine Herz-Meditation machst. Die ist relativ einfach, braucht nur eine kleine Konzentration und Ruhe von dir.

- Du setzt dich bequem hin, schließt deine Augen, atmest ein und lenkst deine Konzentration auf dein Herz.
- Dann denkst du an Liebe, an etwas oder jemanden, den du liebst, an eine schöne Blume, einen magischen Sonnenuntergang oder an eine leckere Gemüselasagne oder was auch immer dir schmeckt.
- Diese wohlige Energie lässt du in dein Herz fließen und spürst sie. Versuche, mit dem Herzen »zu atmen«, also beim Ein- und Ausatmen lässt du eine Extraportion Sauerstoff imaginär dort hineinfließen.
- Bleibe für einige Minuten bei dieser Atmung. Je länger, desto mehr wirst du die Wirkung spüren und dich positiv aufgeladen fühlen.

Das Herz hat übrigens ein eigenes kleines Gehirn, das Herz-Gehirn heißt. Es ist noch nicht weit erforscht, aber wir wissen, dass es ständig mit unserem Hirn korrespondiert, uns positiv verbunden ist und wir unsere Entscheidung, die wir aus dem Herzen treffen, ernster nehmen dürfen. Viel Spaß bei deiner Entdeckungsreise.

gar nicht sie selbst, und dass sie diese Ansprüche zugunsten einer menschlichen Milde abschwächen sollten. Denn wenn sie das schaffen und anerkennen, dass Emotionen und individuelle Eigenheiten genauso wichtig sind wie die hohe Theorie, weil wir nur mit beidem zusammen weiterkommen, sind sie nah dran an ihrem eigenen Ideal des warmherzigen visionären Propheten, der sie tief in sich drin schon sind.

Je achtsamer und bewusster du also mit dir, deinem Herzen und deinen Gefühlen umgehst – oder wir als Kollektiv, während wir in das Wassermannzeitalter schreiten und dort für lange Zeit bleiben –, umso besser wird es dir (und uns) mental gehen.

Wenn auch dir Empathie nicht so leichtfällt, weil du selbst nicht so nah an deinen Gefühlen bist, versuche doch als praktische Übung einmal, einer Freundin oder einem Freund einfach nur zuzuhören, anstatt direkt praktische Ratschläge parat zu haben. Lass die Emotion auf dich wirken, ohne sie mit Aktionismus wegzudrücken. Du wirst dich wundern, dass diese kleine Geste oft schon viel mehr bewirken kann als alle ausgeklügelten Rachepläne an dem Cousin der Halbschwester vom Ex, der sich auf der Hochzeit von Peter und Daniel so respektlos benommen hat. Wenn du dann noch lernst, dich verständlich zu machen und dich zu erklären, obwohl du denkst, dass etwas auf der Hand liegt, dann kannst du deine Mitmenschen viel leichter mitnehmen und wirst vielleicht auch von Verbindungen überrascht, die dich bereichern können. Geh in dich und finde deine Kommunikationskanäle, channel deine tollen, genialen Ideen und lerne, sie verständlich zu verpacken, denn wenn du deine Umgebung begeistern kannst, kannst du Großartiges erreichen.

LIEBE

Wassermann-Geborene sind in den meisten Fällen ehrlich, treu und loyal. Wenn sie ihre Gefühle ausdrücken, lügen sie nicht. Und wenn sie Treue schwören, halten sie sich auch meist daran, weil sie klare Moralvorstellungen haben. Sie sind im Allgemeinen starke Charaktere, die nicht von anderen abhängig sind und ihren eigenen Kopf haben, den sie sehr gerne zum Denken benutzen. Mitunter wollen sie nur alles mit Gehirnschmalz lösen. Dann werden die eigenen Gefühle unterdrückt und als Handicap angesehen, und gerade in zwischenmenschlichen Beziehungen funktioniert das nur so mittel.

Denn auch dieser Wassermann hat natürlich Liebe in sich, durchaus auch sehr tief empfundene, aber er kann sie nicht greifen und schon gar nicht artikulieren. Das kann zum Problem werden, wenn die Partnerin oder der Partner einen Liebesbeweis einfordert, der über einen freundschaftlichen Klaps hinausgeht oder auf andere Weise dem Wassermann emotional unbequem ist. Ein Wassermann, der emotionale Forderungen nicht aushalten kann und sich dadurch in eine Ecke gedrängt fühlt, kann im Zweifel sehr grob werden.

Auch wenn er in einer Beziehung emotional leidet, wird er es für sich behalten. Er wird sich vielleicht unmöglich benehmen, aber niemals zugeben, dass er einfach eifersüchtig ist oder neidisch. Wenn er sich erklären muss, wird er wahrscheinlich so tun, als sei sein Moralkodex angegriffen worden, und versuchen, auf einer sachlichen Eben zu diskutieren, und nicht zugeben, dass er einfach emotional verletzt ist. Obwohl er vielleicht wirklich liebt, kann so eine Beziehung ganz schnell vorbei sein.

Emotional schnell überforderte Wassermänner, die eine Beziehung erhalten wollen, sollten sich ganz dringend hinter die Ohren schreiben, dass sie kontinuierlich kommunizieren müssen. Natürlich müssen sie keine Liebesbekundungen aussprechen, wenn sie sie nicht fühlen, aber sie sollten versuchen, ihre Beweggründe zu erklären. Wenn man nicht darüber spricht, warum man vielleicht gerade keine Lust hat, »ich liebe dich« zu sagen, wird die/der Partner:in meistens davon ausgehen, dass er eben nicht geliebt wird. Nicht davon, dass er seine:n Partner:in vielleicht überfordert hat.

Es gibt aber auch die anderen, hingebungsvollen, gefühlvollen, empathischen und ihren eigenen Moralvorstellungen entsprechend handelnden Wassermann-Geborenen, deren größtes Manko ist, dass sie zu perfekt sind. Wenn du zu dieser bezaubernden Variante deines Sternzeichens gehörst, ist es deine Challenge, dir eine Partnerin oder einen Partner zu suchen, die oder der genügend Selbstvertrauen hat, um von deiner Güte und Liebe nicht eingeschüchtert zu sein. Und dann seid ihr auch schon good to go. Das klingt einfach, kann dir aber eventuell etwas schwerfallen, weil du dir gerne Projekte suchst, in denen du so richtig was helfen und optimieren kannst. Aber das solltest du in der Partnerwahl einfach lassen. Glaub mir. ;)

Weil sie in ihren Moralvorstellungen so verlässlich sind, ist die beste Basis für eine Beziehung für Wassermann-Geborene eine Freundschaft. Denn an Freundinnen und Freunde stellt man im Allgemeinen andere Ansprüche als an Love Interests. Das Aussehen und die Anziehungskraft rücken in den Hintergrund, und die Charaktereigenschaften werden wichtiger. Meistens prüfen wir eine neue Freundin oder einen neuen Freund genauer als neue Boy- oder Girlfriends, bei denen wir uns gerne auch mal von Leidenschaften mitreißen lassen.

Die loyale Vertrautheit, die Wassermänner zu ihren Freundinnen und Freunden aufbauen, gibt ihnen aber die Sicherheit, auch ihre Gefühle zuzulassen. Das heißt natürlich nicht, dass die Wassermann-Beziehungen nicht leidenschaftlich und nur Friendzones sind, das heißt nur, dass eine Freundschaft auch immer Teil einer Beziehung von Wassermännern sein sollte, damit sie sich wohlfühlen. Und wer hätte nicht gerne auch eine:n gute:n Freund:in in seiner/seinem Partner:in? Das Einzige, was Wassermännern, die ihre Gefühle fürchten, hier manchmal gefährlich werden kann, ist, dass sie sich dann Partner:innen suchen, die sie zwar mögen, aber nicht lieben. So können sie ihnen gefühlsmäßig nicht gefährlich werden, wenn die Beziehung scheitert.

Denn häufig verbinden Wassermänner unterbewusst Schmerz und Trauer mit Beziehungen. Nicht unbedingt aus eigener Erfahrung, sondern genährt aus dem kollektiven Bewusstsein und Schmerzkörper der Wassermann-Energie, dass die menschliche Natur enttäuschend unvollkommen ist.

Aus diesem Grund sind sie oft lieber weit draußen in luftigen Höhen und genießen ihren Freiraum und ihre Freiheit und unterdrücken ihren Wunsch nach menschlicher Nähe.

Wenn es dir vielleicht auch so geht, ist es wichtig, dich hin und wieder daran zu erinnern, dass nicht jede Beziehung wehtun muss und dass es nur der universelle Wassermann-Weltschmerz ist, der dich das glauben lässt. Wenn du eine:n Partner:in finden kannst, die/der mit sich selbst im Reinen ist, also nicht auf Bewunderung und Aufmerksamkeit von deiner Seite angewiesen ist, um sich wertvoll zu fühlen, kann dir das sehr helfen. Du wirst dann trotzdem lernen müssen, Gefühle zuzulassen und zu artikulieren, aber dein:e Partner:in wird wahrscheinlich weniger fordernd und geduldiger mit dir sein, sodass du wiederum schneller vertrauen kannst. Und wenn ihr das erst mal geschafft habt, steht einer anregenden, immer wieder neuen und aufregenden, dabei aber in ihren Grundfesten sicheren Beziehung nichts mehr im Wege.

EIN TIPP FÜR DICH

Wir haben in unserem Geburtshoroskop alle zwölf Sternzeichen-Essenzen. Manchmal ist es gut, mit dem Gegenpol, also mit dem gegenüberliegenden Sternzeichen im Tierkreis, zu arbeiten, um Eigenschaften, die man vielleicht noch nicht an sich kennt oder noch entwickeln kann, zu finden und so Balance zu erlangen. Um hier noch tiefer einzutauchen, kannst du dir auch das Sternzeichen-Kapitel zu deinem Gegenpol durchlesen.

Du, liebe Sonne im Wassermann, hast deinen Blick oft auf eine Gruppe gerichtet, zu der du gerne gehören möchtest, sie gibt dir Stabilität, Unnahbarkeit und eine Perspektive. Dabei kann es aber passieren, dass du deine eigenen Wünsche, deine Persönlichkeit und deine Meinung außer Acht lässt. Schau dir das im Tierkreis gegenüberliegende Zeichen Löwe an. Der Löwe wird dir mit seiner Kraft, Individualität und seinem Herz helfen, in dir deine Wünsche und Triebe zu entdecken. Es geht nicht immer nur um das Allgemeinwohl. Manchmal musst du auch deine echten Herzenswünsche entdecken und voller Enthusiasmus, Spaß und Spielfreude Risiken eingehen, um glücklich zu sein. Wecke den Löwen in dir!

DEINE HEILSTEINE

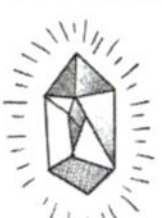

Bevor du deinen Stein benutzt, ist es gut, ihn unter fließendem Wasser zu reinigen, ihn unter das Licht des Vollmondes zu legen oder ihn in der Sonne aufzutanken. Wenn du ihn das erste Mal benutzt, empfehle ich dir, ihn mit deiner persönlichen Intention aufzuladen. Sag ihm bitte deine Absicht und was du mit ihm erreichen möchtest und/oder welche Kraft er dir geben soll. Du kannst ihn auch einfach in die Hand nehmen und ihn mit dem gewünschten Gefühl, Gedanken, Wort aufladen. Bitte handle zum Wohle aller und nur aus Liebe.

Der Sodalith ist der Hauptstein des Wassermanns. Die innovative Kraft dieses Zeichens wird durch den Sodalith verstärkt. Denn der Heilstein fördert Kreativität und Inspiration. Er hilft dir, deine Talente zu befreien, diese auch auszuüben, kräftigt dein Selbstwertgefühl und hilft dir, dir treu zu bleiben. Der Sodalith unterstützt dich zudem nicht nur in deiner Schaffenskraft, sondern auch beim Lernen. Und auch auf der Suche nach der Wahrheit kannst du den Stein zu Hilfe nehmen, denn er kann dir dabei helfen, Klarheit zu erlangen. Celestit und Türkis sind weitere Heilsteine, die zu den Eigenschaften des Wassermanns passen.

Je nachdem, wie viel du dich schon mit dir selbst beschäftigt hast, war jetzt entweder viel Neues für dich dabei und du hast dich in der einen oder anderen Beschreibung wiedererkannt, oder aber du hast Themen schon bearbeitet und bist schon viel weiter. Das alles ist ein Angebot an dich, dein Potenzial auszuschöpfen. Mit den folgenden praktischen Tipps und Anregungen fällt es dir sicher leichter.

XII
DER GEHÄNGTE

FISCHE

Ich gebe mich hin und glaube

20. FEBRUAR – 20. MÄRZ

HERRSCHENDER PLANET ~ NEPTUN

ELEMENT ~ WASSER

MODALITÄT ~ VERÄNDERLICH

ESSENZ ~ MYSTISCH, INTUITIV, FANTASIEVOLL, MITFÜHLEND, SENSIBEL, ROMANTISCH, ESKAPISTISCH, UNREALISTISCH, UNTERWÜRFIG, LETHARGISCH, SELBSTMITLEIDIG, ABHÄNGIG

BEHERRSCHTES KÖRPERTEIL ~ FÜSSE, DICKDARM

TAROTKARTE ~ XII DER GEHÄNGTE

URSPRUNG

It's the final season!!! Unser letztes und zwölftes Sternzeichen sind die geheimnisvollen Fische. Mit ihnen endet unser Zyklus, und gleichzeitig wird der Boden für den Neuanfang bereitet.

Das klassische Abbild der Fische sind zwei dieser Meerestiere, die in unterschiedliche Richtungen schwimmen, aber verbunden sind. Diese Dualität haben Fische-Geborene in sich. Auf der einen Seite fühlen sie unsere Spiritualität, das Höhere, Göttliche, und auf der anderen Seite sind sie Menschen, die im Hier und Jetzt agieren. Den ihnen eigenen Zwiespalt zu bewältigen ist ihre große Aufgabe.

Der Herrscherplanet der Fische ist der Neptun. Dieser blaue Riese kommt mit Zauberstaub und Vernebelungsmagie und will uns mitnehmen in eine Welt voller Mystik, unbegrenzter Möglichkeiten, Frieden und Liebe. Er schenkt uns die Auflösung von Raum, Zeit und Grenzen und beglückt uns mit unseren Träumen. Er hilft uns, durchlässig zu sein, das Ego und die One-Woman- oder One-Man-Show loszulassen, um Spannungen aufzulösen und seine oberste Priorität walten zu lassen: In Mitgefühl und Liebe alle zu vereinen!

Es geht um den Heiligen Geist, die Spiritualität, das Übersinnliche und Göttliche und die Verschmelzung damit.

Als Wasserzeichen sind die Fische sehr feinfühlig, empathisch und gefühlvoll. Sie sind ein veränderliches Zeichen, sie transformieren und bewegen sich kontinuierlich.

Sie spiegeln die Einflüsse von außen, um sich im Inneren zu verändern. Ihre Fantasie und Visionskraft schenken ihnen immer neue Eindrücke und Interessen, die sie selten stillstehen lassen.

WESEN

Je weiter wir im Tierkreis voranschreiten, desto komplexer werden die einzelnen Sternzeichen. Ihre Aufgaben werden diffiziler und ihre Wesen vielschichtiger, weil alle Sternzeichen aufeinander aufbauen und so immer mehr Ebenen hinzukommen. Die Fische sind nun das letzte Sternzeichen unseres Tierkreises, sie haben alle vorangegangenen Zeichen in sich, stehen für den Höhepunkt, das Ende, und aus ihnen kann der Neuanfang geboren werden. Sie vereinen alle menschlichen Hoffnungen und Träume, das Streben nach Liebe und etwas Höherem in sich. Es ist eine Evolution durch alle Zeichen bis zu den Fischen. Auch wenn das nicht alle Zeichen gerne hören. ;)

Denn unsere Leistungsgesellschaft schätzt die unsichtbaren Qualitäten der feinstofflichen Fische nicht unbedingt. Dabei sind sie der Schlüssel für uns als Kollektiv zum Glück.

In unserem Tierkreis beginnen wir im Widder, während das Jahr und unser Tierkreis voranschreitet, finden wir unser Selbst, entdecken unsere Gefühle, optimieren uns, präsentieren uns im Außen, gehen Verbindungen ein, schaffen Regeln für eine Gesellschaft. Im Wassermann schließlich, dem Zeichen vor den Fischen, brechen wir die Pflichten und Vorschriften auf, um als Gesellschaft alle zu integrieren und zum Wohle aller in einer neu geschaffenen Welt zu leben. Wir sind dann mit dem Kollektiv verbunden, um es praktisch zu verbessern, wie zum Beispiel durch neue Erfindungen oder (naturwissenschaftliche) Erkenntnisse.

In den Fischen widmen wir uns nun der Spiritualität unseres Kollektivs. Es geht um unser aller spirituelle Weiterentwicklung und um unsere Verbindung. Sie sind unendlicher Spirit, bedingungslose Liebe und unsichtbare Energie. Denn die Fische-Essenz ist nichts anderes als das Tor zur Magie. <3

Fische sind im Allgemeinen sehr empathisch und haben eine wertfreie, offene Art. Sie gehen freundlich und reinen Herzens auf die Menschen zu, ohne voreingenommen zu sein.

Sie sind bereit, in Beziehungen viel zu geben, und sind sehr liebevolle, gute Freunde. Ihre Essenz ist weise und klug, weil sie sich in andere Menschen gut hineinfühlen können. Da sie alle Zeichen in sich tragen, fühlen sie auch den universellen Weltschmerz aller Zeichen und haben ein Verständnis für die Schwächen der Menschen, was ihnen hilft, andere gut beraten zu können, ohne zu urteilen. Sie sind meist verständnisvolle Zuhörer und können dadurch schnell eine Beziehung zu anderen Menschen aufbauen. Weil sie sehr mitfühlend sind, wollen sie am liebsten alles und jeden retten. Manchmal bis zur Selbstaufgabe. Sie geben und teilen gerne und haben oft ein Herz aus Gold. Leider in vielen Fällen ohne beschützende innere Bodyguards.

Da sie mit ihrer Magie einen Teil in sich haben, der sie häufig verunsichert, ordnen sie sich anderen manchmal schnell unter, um eine emotionale Sicherheit zu spüren. Sie sind deswegen häufig beeinflussbar, brauchen Bestätigung und Vertrauen von außen, um sich selbst vertrauen zu können. Oft verstecken sie ihre besondere, magische Gabe vor sich selbst mit einer rationalen Maske.

Die Fische-Energie ist assoziiert mit göttlicher Intelligenz, dem Nirvana und auch Samadhi – also mit himmlischen Zuständen, die vollkommen sind, an denen man sich von aller Ich-Bezogenheit löst und in das höchste Glück eintritt. Es sind hohe, mystische Orte und Zustände, die man in seinem spirituellen Weg zum Beispiel durch Meditation zu erreichen strebt.

Wir Menschen aus Fleisch und Blut leben in einer Welt mit Tag und Nacht und den Elementen, also in der dritten Dimension. Die Fische-Essenz ist vergleichbar mit einer engelsgleichen Energie, die in diese 3-D-Welt gebeamt wird. Sie verbindet uns mit dem Himmlischen, einer Welt ohne Raum und Zeit.

Die Fische-Energie ist dabei egofrei und selbstlos. Sie ist nicht selbstzentriert und das absolute Gegenstück zur Löwe-Energie, bei der sich alles um das eigene Individuum dreht. Im Gegenteil, die Fische-Energie möchte das Selbst zugunsten des Kollektivs auflösen. Und diese Auflösung ist schlussendlich der Nährboden für den Beginn unseres neuen Zyklus.

Die Fische-Energie ist grenzenlos, unendlich, sie ist alles und alle. Es gibt keine Gesetze, keine Vorschriften, keine Pflichten. Der Neptun und die Fische regieren unsere Traumwelt, in der alles möglich ist. In einem 15-Minuten-Power-Nap kann man ein halbes Leben erträumen. Oder man schläft eine ganze Nacht tief und fest durch und erinnert sich nur an eine Traum-Sekunde.

Ein unbewusster Teil der Fische befindet sich gerne weit draußen in anderen Dimensionen, und das nicht nur, wenn sie schlafen. Dieser Anteil, der mit der mystischen, nicht greifbaren Fische-Energie erfüllt ist, kann für das irdische, in der physischen Welt lebende Ego sehr verwirrend und aufreibend sein.

Das kollektive Unbewusste ist ein wichtiger Schlüssel zur Fische-Essenz. Nach C.G. Jung ist das kollektive Unbewusste die gewaltige, geistige Erbmasse der Menschheitsentwicklung, wiedergeboren in jeder individuellen Struktur. Oder, sehr vereinfacht ausgedrückt, es ist die unbewusste mentale Verbindung zwischen uns Menschen, die unter dem Radar des Bewusstseins fließt und in der wir alle unsere universellen, ererbten Erfahrungen teilen. Es ist ein Ozean an Unbewusstem, und der Neptun, der herrschende Planet der Fische, steht für diesen Ozean.

Aus diesem Grund sind wahrscheinlich auch so viele Fische Künstler:innen, Musiker:innen, Schauspieler:innen, Modeschöpfer:innen oder anders kreativ tätig. Denn das kollektive Unbewusste bildet nicht nur ab, was war, es hat auch einen Einfluss auf aktuelle Bewegungen und Meinungsströmungen

TAROTKARTE FÜR DICH: XII DER GEHÄNGTE

Der Gehängte ist im Tarot der große Schamane und Guru. Er ist erleuchtet, denn wir sehen seinen komplett golden strahlenden Kopf, wie man es von Heiligen auf Ikonen kennt. Mit Leichtigkeit vollbringt er einen waghalsigen Akt und schafft es, entspannt mit einem Fuß am Seil kopfüber zu hängen. Denn für den Gehängten ist es ein Kinderspiel, mit den Naturgesetzen umzugehen – er hat sie nämlich verstanden und kann sie für sich einsetzen. Das Auflösen von Raum, Zeit und der Schwerkraft ist für ihn mit einem Fingerschnippen getan, und er balanciert in der Welt der Träume und Wünsche. Dadurch sieht er mit anderen Augen auf die Welt, er möchte Eingebungen und Erkenntnisse erlangen, um damit so viele Menschen wie möglich zu heilen. Er ist bereit, sich zu opfern, um andere zu retten. Er muss aber auch auf der Hut mit seiner Hingabe sein, denn nicht alle wollen gerettet werden, und es wird ihm nicht jeder hochjauchzend danken. Die Karte Nummer XII braucht manchmal etwas Zündfeuer, um in die reale Welt zu treten und aktiv am richtigen Leben teilzunehmen.

Ansonsten hat der Gehängte die beste Verbindung (das größte Datenvolumen) immer und überall. Durch seine andere Perspektive auf das Leben erkennt er die Göttlichkeit, Güte und Liebe darin.

wie zum Beispiel die neuesten Trends. Es gibt ja keine Königin, die von ihrer Veranda verkündet: »Sie sollen alle Raverkleidung und Plateauschuhe tragen!« Und trotzdem gibt es jede Saison der Fashion-Crowd neues liebstes Kind. Genauso verhält es sich auch mit Filmen, Shows und Serien. Die »Traumfabrik« Hollywood oder auch Bollywood erschaffen für uns Geschichten, die unser kollektives Unbewusstes ansprechen. Auch Filmstars und Musiker:innen sind eine Projektionsfläche für uns alle. Nehmen wir den Fische-Geborenen Justin Bieber, auf ihn können ganz unterschiedliche Menschen – Berta und Lizzy und Harald und Tim – jeweils auf ihre Art und Weise ihre eigenen Gefühle und Sehnsüchte wunderbar projizieren und in ihren Träumen schwelgen.

Universelle Vorlieben, Trends und Hypes entstehen im Unbewussten, wir können oft nicht erklären, warum wir etwas zu einem bestimmten Zeitpunkt feiern. Es sind unbewusste Strömungen, die wir alle empfangen und die uns verbinden.

Das alles ist Fische- und Neptun-Energie.

Auch die Geburtserfahrung eines jeden Menschen ist so ein einschneidendes Ereignis. In der Gebärmutter sind wir über die Nabelschnur mit unserer Mutter verbunden. Wir sind aber nicht nur an den Blutkreislauf unserer Mutter angeschlossen. Es gibt inzwischen Untersuchungen über pränatale Psychologie, die nahelegen, dass Föten im Mutterleib ab einem bestimmten Alter auch die Emotionen ihre Mutter wahrnehmen und spiegeln. Empfindet sie Freude, ist auch der Fötus glücklich, hat sie Angst oder Stress, fühlt das auch ihr Kind. Als Baby sind wir also in gewisser Weise mit unserer Mutter verschmolzen. Die Geburt kappt diese Verbindung sehr plötzlich, auch wenn natürlich ein klarer Bezug zur Mutter bestehen bleibt. Aber wir existieren nicht mehr in dem geschützten Raum der Gebärmutter, wir sind aus dem Unbewussten ins Bewusste, in unsere irdische Welt katapultiert. Diese plötzliche Trennung von der reinen Neptun-Fische-Energie, die diese Verschmelzung mit der Mutter im Bauch und der ganzen Welt war, kann in uns eine Leere hervorrufen, die sich nach dem Zustand der absoluten Verschmelzung, nach der grenzenlosen Liebe, die wir erfahren haben, zurücksehnt.

Und auch in unserer Kindheit sind wir mit der Zeit fundamentalen Veränderungen unterworfen. Wir starten ohne Ego und voller Unschuld. Dann werden wir älter, kommen in den Kindergarten, später in die Schule und müssen uns in eine Gesellschaft einfügen. Wir haben bisher in dieser märchenhaften Welt unserer Fantasie voller Feen, Zwerge und Magier gelebt, und langsam, aber stetig entwickeln wir uns heraus aus dieser schönen Illusion. Die Welt ist nicht, wie wir sie uns vorgestellt haben, unsere Eltern sind nicht vollkommen, sondern menschliche Wesen mit Fehlern, und wir müssen Dinge tun, auf die wir so gar keine Lust haben. Je mehr wir in die vorgefertigten Bahnen des Lebens treten, desto mehr fühlen wir häufig tief in uns eine Ernüchterung. Diese harte Verwandlung von der Kindheit zur Realität, von der Fantasie in die irdische Welt ist herausfordernd und hat Einsamkeit und Sehnsucht im Gepäck. Wir alle müssen da mehr oder weniger durch, aber die Enttäuschung über diese Ernüchterung kann vor allem bei den sehr sensiblen Fische-Geborenen zu Verzweiflung und Hoffnungslosigkeit führen. Denn bei den Fischen sind diese Gefühle oft präsenter als bei den anderen Sternzeichen, da sie weiterhin eine starke Verbindung zur Fantasiewelt haben. Sie stehen immer auf der Schwelle zur spirituellen Dimension und empfinden diese unbewussten inneren Strömungen stärker, auch wenn sie sie nicht unbedingt zuordnen können. Oft fühlen sie deswegen diese Leere in sich, von der sie nicht wissen, wie sie sie füllen können.

Dieses Spannungsfeld, in dem die Fische leben, also zwischen ihrem menschlichen Dasein und ihrer Verbindung in höhere Sphären, in denen das alles aufgelöst ist, führt häufig in die Ablehnung einer dieser beiden Seiten. Fische können fühlen, dass es mehr gibt als das, was wir mit unseren fünf Sinnen wahrnehmen können. Eine Strategie, um damit umzugehen, kann Ablehnung und Verleugnung sein. Sie verweigern sich dann einer ihrer Seiten.

Manche Fische unterdrücken ihre Magie auf eine ausschließlich praktische Art. Diese Fische-Geborenen fürchten sich sehr vor ihrer fantastischen Seite, den starken Emotionen und dem Gefühl der Leere. Oft haben sie auch durch ihr Elternhaus oder ihre Umgebung schnell gelernt, ihre Natur abzulehnen, da sie ja nichts im klassischen Sinne Nützliches beisteuert. Sie flüchten sich in Praktisches, Rationales und Funktionales und wissen gar nicht mehr, dass sie einen wichtigen Teil von sich unterdrücken. Sie sind dann extrem produktiv, stürzen sich in ein Projekt nach dem anderen, und diese immerwährende Struktur füllt die Leere aus, die sie in sich spüren, und übertüncht ihre magische Seite. Sie können dann sogar die allerpragmatischsten Sternzeichen, die Erdzeichen, in ihrer Tüchtigkeit übertreffen. Das kann selbstverständlich ein großes Pfund sein, aber auch ins Zwanghafte kippen. Wenn du auch einer dieser Fische bist, der sich eher weniger mit der träumerischen, fantastischen Seite seines Zeichens anfreunden kann, würdest du in dir ungeahnte Sphären kennenlernen, wenn du es schaffst, zwischendurch mal innezuhalten und bewusst Zeit einzuplanen, in der du mal gar nichts machst und einfach nur deinen Gedanken nachhängst. Keine Angst, da passiert nichts Schlimmes. :) Aber du wirst merken, wie dich eine Connection zu deiner unbewussten Kraft mit Energie auflädt und erfüllt.

Im anderen Extrem verleugnen manche Fische die Realität, indem sie sich in ihre Fantasie flüchten. Sie sind dann idealistische Träumer, für die das Leben weiterhin ein Märchen ist, in dem sie in den Sonnenuntergang reiten wollen. Sie lehnen ihren realistischen Anteil ab und täuschen sich selbst. Wie alle Fische haben zwar auch diese träumerischen Exemplare eine außerordentlich gute Intuition und einen scharfen Intellekt, aber sie richten ihn nicht auf die weltlichen Dinge, die sie begrenzen könnten. Sie träumen sich einfach lieber in eine Welt voller Marshmallows, anstatt zu planen, dass sie Hunger haben werden, und dafür prophylaktisch einkaufen zu gehen.

Am liebsten finden diese Fische alles immer super und verschließen die Augen davor, dass es das gar nicht unbedingt ist. Sie sehen die Welt und die Menschen durch ihre rosarote Brille, machen sich vor, dass alles perfekt ist, und landen irgendwann in der harten Realität, in der Ernüchterung. Das ist, wie wenn man einen schönen Tag am See verbringt und zur Krönung aber unbedingt noch auf einen Baum klettern muss, weil man das als Kind schon immer gemacht hat. Dabei übersieht man aber völlig, dass der Baum superhoch und man selbst kein Kletteräffchen mehr ist, und fällt runter. Die Fantasie übernimmt also die Führung, und die harte Realität der irdischen Welt holt diese Fische zurück ins Hier und Jetzt.

Obwohl sie immer wieder in der Realität aufschlagen, geht bei den Extremfällen dieser Ausprägung die Selbsttäuschung immer weiter. Diese Fische verzehren sich manchmal so sehr nach ihrer Traumwelt, nach grenzenloser Liebe ohne die Fallstricke der menschlichen Realität, dass sie in falsche Arme laufen oder sich in Süchte flüchten. Sie können dann zum Beispiel obskuren Ideen und Strömungen angehören, um ihrem inneren Gegensatz Ausdruck zu verleihen. Sie verfallen Verschwörungstheorien, flüchten sich in Kulte oder Sekten, ertragen viel Betrug und Täuschungen durch andere und lehnen alle vernünftigen Fakten ab.

Das liegt daran, dass die Neptun-Energie auch Betrug, Täuschung und Süchte mitregiert, deswegen steht auch die Fische-Energie für (Selbst-)Täuschungen, Wahnvorstellungen und alle Formen von Sucht.

Keine Sorge, liebe Fische-Geborene, das heißt nicht, dass ihr jetzt automatisch Gefahr lauft, eine selbstzerstörerische Sucht zu entwickeln. Es ist eher die Theorie von Süchten, für die die Fische stehen. Denn was sind Süchte? Sie sind Mittel und Wege, um eine innere Lücke zu füllen. Das Erste, was einem bei Süchten einfällt, sind Drogen. In allen möglichen Formen sind sie einfach gefährlich und gaukeln einem einen Zustand vor, der nicht real ist. Sie spielen mit den Gefühlen, der Psyche, den Wünschen, den Sehnsüchten und dem Körper. Und allen ist gemeinsam, dass man sich hinterher schlechter fühlt als vorher. Sie sind wie ein Teufelskreis und können viele wichtige Beziehungen, Persönlichkeiten, große Talente und die wahren Wünsche zerstören.

Man kann selbstverständlich auch nach allem Möglichen süchtig sein, und in normalem Rahmen sind wir das auch alle irgendwie. Ist der Cappuccino am Morgen, ohne den wir nicht starten möchten, schon eine Sucht? Oder ist er ein Ritual, das uns emotionale Sicherheit gibt? Der Unterschied liegt in der Abhängigkeit. Wenn wir übers Ziel hinausschießen und uns in einer Abhängigkeit befinden, kann jede Leidenschaft zur Sucht werden. Viel zu viel Kaffee ist nicht gut, viel zu viel Sport auch nicht, viel zu viel essen ist ungesund, viel zu viel einkaufen bringt uns in finanzielle Schwierigkeiten und macht uns auch nicht glücklich. Es ist wichtig, sein Verhalten hin und wieder zu überprüfen. Fülle ich mit einer Tätigkeit eine Leere in mir und betäube mich so? Eine gelegentliche Ablenkung ist natürlich gar kein Ding. Aber was ist wirklich die Motivation dahinter? Sobald man sich immer betäuben und ablenken muss, man keinen Tag ohne zu shoppen übersteht, es also in eine Abhängigkeit geht, dann muss man etwas unternehmen.

Allerdings kennen viele Fische durch die Grenzenlosigkeit, die sie anstreben, auch im irdischen Leben oft kein Maß. Sie wissen häufig nicht, wann es genug ist, und können nicht so gut haushalten. Aber wie sollen sie auch, wenn sie doch immer in ihre Fantasie flüchten können, in der es alles im Übermaß gibt und nichts rationiert werden muss, in der einfach alles möglich ist? Nur die Fische können sich so leicht ihrer Fantasie bedienen, ihre Gedanken kennen keine Grenzen, sie sind frei! Was für ein Geschenk, aber eben auch eine schwierige Aufgabe, ihre Fantasie und die Realität unserer Welt auszubalancieren.

Fische haben insgesamt oft eine ganz eigene Gelassenheit, die für ihre Nächsten schwer mitanzusehen ist. Toxische Menschen um sie herum nehmen und nehmen und nehmen, und die Fische haben und sehen häufig keine eigenen Grenzen. Sie geben voller Liebe und wollen sich mit allen vereinen. Sie haben zwar auch alle menschlichen Regungen wie Neid, Eifersucht, Geltungsdrang und Raffgier in sich, aber sie messen ihnen nicht viel Bedeutung bei. Es ist vielleicht ihre Verbindung zum Höheren, die sie unterbewusst erkennen lässt, dass es nicht wirklich darauf ankommt, das größte Haus oder die beste Jobposition zu haben.

Viele Fische haben oft kein irdisches Sicherheitsdenken. Im Gegensatz zu den meisten anderen Sternzeichen ist es ihnen weniger wichtig, materiell abgesichert zu sein. Sie haben im besten Sinne Gottvertrauen. Auch wenn ihre Sorglosigkeit den ängstlicheren Sternzeichen das Zusammenleben mit ihnen erschweren kann, ist es eine gute und wichtige Perspektive in unserer Welt, sich nicht nur nach dem eigenen Sicherheitsbedürfnis zu wenden. Fische wollen Liebe und Verbindungen. Hier sind sie verlässlich und übernehmen Verantwortung im Hier und Jetzt, aber der Kontostand ist ihnen erst mal egal – das wird sich schon fügen.

Oft sind Fische langsamer als andere in ihren Entscheidungen und manchmal auch eher untätig, wenn es drauf ankommt. Das liegt daran, dass sie immer unendliche Möglichkeiten sehen und jeder dieser Möglichkeiten etwas Gutes abgewinnen können. Deswegen wollen sie sich nicht festlegen und halten sich alle Türen offen. In allem auch das Gute sehen zu können ist natürlich eine Gabe, die aber hinderlich im täglichen Leben sein kann.

Vor allem praktische und in der irdischen Welt verankerte Sternzeichen – wie zum Beispiel die Jungfrauen – können die im physischen Sinne nicht wahrnehmbare Energie der Fische oft nicht wertschätzen und ihre Essenz nicht verstehen. Deswegen werden sie die Fische häufig belächeln, weil sie unpraktisch, nicht rational und nicht ordnend sind. Sie erkennen in den Fischen Seiten und vermeintliche Mängel wieder, die sie bei sich selbst fürchten, und verurteilen die Fische deswegen. Auch ihre Gelassenheit nehmen sie häufig als Schwäche wahr.

Dabei ist es genau diese magische Qualität, die die Fische in sich haben, die den Jungfrauen so guttun würde. Manchmal passiert es natürlich auch, dass sie sich genau von diesem Gegenteil angezogen fühlen. Und vice versa. :) Ein bisschen Pragmatismus wäre auch für manche Fische nicht verkehrt.

Fische-Geborene sind oft sehr begeisterungsfähig, verlieren aber schnell das Interesse, wenn etwas Neues um die Ecke kommt. Sie sind einfach nicht besonders gut darin, ihre Zeit und Kapazitäten einzuteilen. Auch das ist eine Folge ihres Anteils, der in der Dimension ohne Raum und Zeit lebt, denn hier passiert alles und nichts, und das gleichzeitig.

Viele Fische suchen aber trotzdem nach der einen Aufgabe, der sie sich widmen können, sie wollen mindestens verschmelzen oder sich sogar vollkommen hingeben können. Es kann passieren, dass sie eine Opferrolle einnehmen und sich selbst für die Sache aufgeben. Aller Rat ihrer Lieben ist dann vergebens. Aus so einer Episode gehen sie aber meistens gestärkt mit mehr Empathie und Einfühlungsvermögen hervor. Kluge Intuition und Weisheit werden herausgekitzelt, und sie kommen weiter in ihre volle Kraft.

Einige Fische richten sich aber auch dauerhaft in der Opferrolle ein. Sie kümmern sich nicht um sich selbst und ihre Dinge und sind deswegen leichte Beute für Menschen, die sie ausnutzen oder täuschen. Welcome, toxische Beziehung. Oft erkennen sie das sogar. Fische können nämlich sehr gut hinter die menschliche Fassade blicken. Nur bedeuten ihnen ihr Selbst und das Materielle einfach nicht so viel. Sie wehren sich nicht, wenn man sie schlecht behandelt, sondern ertragen diese Demütigung und vergeben den Menschen. Wie gesagt, sie haben es nicht so mit dem Grenzensetzen. Wenn sie allerdings auf Dauer zu träge sind, sich zu sehr aufgeben und zu sehr nach anderen richten, werden sie irgendwann ein Ventil dafür finden müssen. Entweder sie schaden sich selbst, indem sie beispielsweise eine Sucht ausbilden, oder sie schaden dem Gegenüber, indem sie es durch ihre Opferrolle an sich binden und so beherrschen. Sie nutzen diese permanente Opferhaltung dann, um andere Menschen, die es gut mit ihnen meinen, emotional zu erpressen und sie so dazu zu bringen, dass sie sich andauernd um sie kümmern müssen und immer für sie da sind.

In ihrer schlimmsten Verzerrung führen die Machtlosigkeit und der Druck – den die Fische oft dadurch, dass sie in unserer Leistungsgesellschaft nicht so punkten können, fühlen – zu Allmachtsfantasien, die sie vollkommen aus der Realität aussteigen lassen. Und da ihre Fantasien in der realen Welt nichts zählen, steigt der Druck immer weiter, was sogar dazu führen kann, dass sie mitunter richtig bösartig werden. Sie verletzen dann absichtlich die Menschen in ihrem Umfeld, um sich selbst damit zu erhöhen.

Ein anderes Problem der Fische kann sein, dass sie zwar tolle, einzigartige Ideen und Visionen haben, aber nicht das Durchhaltevermögen, sie auch Wirklichkeit werden zu lassen. Sie sind es so gewohnt, in ihren Fantasien alles geschehen lassen zu können, dass sie nicht verstehen, dass für sie in unserer menschlichen Welt die gleichen Regeln gelten wie für alle anderen. Sie ziehen sich lieber frustriert zurück und geben der Außenwelt die Schuld, die ihre Brillanz nicht verstanden hat, anstatt selbst zu erkennen, dass genau die Verbindung ihres Geistes und der Tatkraft, die man in unserer Welt braucht, ihre eigentliche Kernaufgabe ist.

Wenn Fische es schaffen, ihr irdisches Leben zu erschließen und wertzuschätzen und gleichzeitig die Verbindung zum Höheren anzunehmen und ihr ohne Furcht zu begegnen, werden sie innere Balance und den liebevollen Frieden spüren, den sie so häufig suchen. Sie dürfen erkennen, dass ihre halb menschliche, halb göttliche Energie etwas ist, das sie stärker macht und nicht schwächer. In der Folge ist es ganz egal, welchen Kanal sie sich suchen, um die Fische-Magic durch sich hindurchfließen zu lassen – ob nun über Musik, Kunst, Prosa, Nächstenliebe, Tierrettung oder visionäre Ideen. Mit ihrer vollen Kraft können sie inspirieren und mit himmlischer Essenz neue Wege erschließen.

DEINE HEILSTEINE

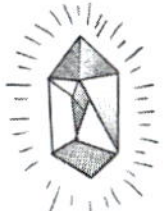

Bevor du deinen Stein benutzt, ist es gut, ihn unter fließendem Wasser zu reinigen, ihn unter das Licht des Vollmondes zu legen oder ihn in der Sonne aufzutanken. Wenn du ihn das erste Mal benutzt, empfehle ich dir, ihn mit deiner persönlichen Intention aufzuladen. Sag ihm bitte deine Absicht und was du mit ihm erreichen möchtest und/oder welche Kraft er dir geben soll. Du kannst ihn auch einfach in die Hand nehmen und ihn mit dem gewünschten Gefühl, Gedanken, Wort aufladen. Bitte handle zum Wohle aller und nur aus Liebe.

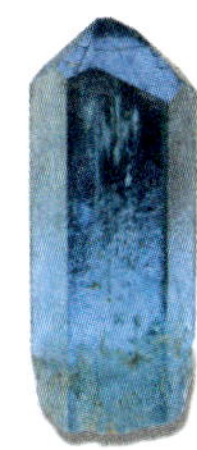

Der wunderschöne blaue Aquamarin, passend zum Zeichen der Fische, ist der Hauptstein deines Zeichens. Denn der Aquamarin stärkt die Intuition, die bei Fische-Geborenen sehr präsent ist. Außerdem hat der Schutz- und Heilstein eine beruhigende, harmonisierende Wirkung und verhilft dir zu mehr Gelassenheit. Er fördert die Entfaltung des Geistes und kann das feinfühlige Wesen des Fische-Zeichens mit Besonnenheit unterstützen. Auch der Fluorit und der rosafarbene Kunzit stärken deine positiven Wesenszüge.

LIEBE

Die Liebe ist der große Motor der Fische. Sie werden immer jemanden lieben oder sich nach der großen Liebe sehnen. Sie verlieben sich auch gerne mal in neue Interessenfelder, einfach weil sie so viel Liebe zu geben haben.

In einer Beziehung sind die Fische sehr romantisch und harmoniebedürftig. Sie möchten gerne mit Aufmerksamkeit bedacht werden und brauchen eine:n Partner:in, die/der ihre/seine Liebe auch artikuliert. Umgekehrt werden auch sie ihre:n Partner:in nicht als selbstverständlich nehmen, sie sind liebevoll, ehrlich und voller Emotionen. Sie committen sich, aber sie versprechen nichts, was sie nicht halten können. Fische können ihren Partner:innen das Gefühl geben, gebraucht zu werden. Und sie wiederum brauchen das Vertrauen ihrer Partner:innen, dann können sie sich selbst vertrauen und an sich glauben und werden über sich hinauswachsen.

Sie sind aufrichtige Liebende, deren liebevolles und pures Wesen sehr verletzlich ist. Sie erlauben sich meist, sanft und verwundbar zu sein, brauchen Liebe und Geborgenheit. Das hat nichts mit Schwäche zu tun, sondern mit der Gabe, durchlässig zu sein und ihr Wesen zu offenbaren. Manchmal legen Fische sich aber eine Schutzschicht aus Coolness zu, um ihre Verletzlichkeit zu verbergen. Vor allem die praktischen Fische, die ihre Träumereien verdrängen, neigen dazu. Aber wenn sie sich erst einmal sicher fühlen, ihnen Verständnis, Vertrauen und Liebe entgegengebracht werden, dann öffnen sie sich und zeigen auch ihre emotionale Seite.

Wenn es nicht so gut läuft und die Fische-Geborenen in ihrer Gutmütigkeit auf einen Blender hereinfallen und getäuscht und ausgenutzt werden, sind sie normalerweise so schlau, das recht schnell festzustellen. Lange werden sie sich meist nicht in so jemandem verlieren. Bei aller Sanftmütigkeit lassen Fische sich nicht gerne dominieren. Sie werden einfach verschwinden. Am Ende können Fische doch auf sich aufpassen.

Wenn Fische in einer Beziehung sind, sehen sie den Menschen als Ganzes, nicht als Abbild oder Ideal. Jedenfalls solange sie nicht in ihre eigene Falle tappen und sich nur noch in die Fantasie flüchten. Dann können manche Fische-Geborene dazu neigen, sich eine:n Partner:in zu suchen, die/der für sie stark ist und alles für sie regelt, während sie ihren Träumereien nachhängen. Sie nehmen ihr Gegenüber nur als diesen Rettungsanker wahr, ohne dessen wirklichen Bedürfnisse zu kennen. Manchmal steigern sie sich dann so sehr in ihre Opferrolle rein, dass sie ihre:n Partner:in richtiggehend emotional erpressen. Dann sind sie vollkommen aus der Balance und nehmen nur, anstatt zu geben.

Das ist leider ein viel zu starkes Ungleichgewicht, und diese Partnerschaften halten so gut wie nie, denn kein:e Partner:in will dauerhaft nur das Abziehbild sein, zu dem der gefallene Fisch ihn macht, und auch diese Fische wissen in ihren unbewussten Tiefen, dass sie so nicht finden werden, was sie suchen. Die wahre Liebe.

Wenn ein Fisch aber wahrhaft liebt, dann gibt es keine Fragen mehr. Dann wird es immer ein Band zwischen ihm und seiner/seinem Partner:in geben.

Aber manchmal müssen Fische einfach durchatmen, ihrer Fantasie freien Lauf lassen und raus aus dem Funktionieren in der irdischen Welt. Wenn Fische in diese Zustände kommen, brauchen sie ihre Freiheit. Sie sind dann weit weg, nicht ansprechbar und ganz in sich versunken. Vor allem können sie sich nicht erklären, denn was sie in ihrer Fantasie erleben, können sie meist nicht in Worte fassen und deshalb auch nicht teilen. Es ist einfach ein ferner Zustand, der kommt und geht. Das kann für ihr Gegenüber frustrierend sein, wenn es das Gefühl hat, sein:e Fische-Partner:in will es nicht teilhaben lassen.

Wenn du, liebe:r Fische-Geborene:r, in deinen Beziehungen öfter an diesen Punkt kommst, kann es vielleicht helfen, den Zustand als solches zu erklären. Schaffst du es, deiner/deinem Partner:in zu vermitteln, dass du zwar mental abdriftest, aber nicht, um sie/ihn zu verlassen, sondern, um dich neu mit deiner ureigenen himmlischen Energie aufzuladen, kann das helfen.

Da Fische-Geborene zwar in der Welt der Fantasie unterwegs sind, aber auch die Schwächen der Menschen kennen, wissen sie im Allgemeinen, dass man nicht versprechen kann, jemanden für immer zu lieben. Alles ist immer im Fluss und verändert sich. Sie sind eben ein veränderliches Wasserzeichen. Am schönsten ist es für viele Fische, den Augenblick zu genießen und die Liebe im Hier und Jetzt zu fühlen. Ihr größtes Geschenk in einer Beziehung ist es dann, sich jeden Tag aufs Neue für ihren Partner zu entscheiden. Wenn die Fische jemanden finden, der die darin liegende Romantik sieht und nicht die Sicherheit fester Versprechungen vermisst, können sie eine immer wandelbare, glückliche, erfüllte und leidenschaftliche Verbindung aufbauen, in der es an neuen Impulsen und Strömungen nie mangelt und die erfüllt ist von tatsächlich empfundener tiefer Liebe.

Je nachdem, wie viel du dich schon mit dir selbst beschäftigt hast, war jetzt entweder viel Neues für dich dabei und du hast dich in der einen oder anderen Beschreibung wiedererkannt, oder aber du hast Themen schon bearbeitet und bist schon viel weiter. Das alles ist ein Angebot an dich, dein Potenzial auszuschöpfen. Mit den folgenden praktischen Tipps und Anregungen fällt es dir sicher leichter.

EIN TIPP FÜR DICH

Wir haben in unserem Geburtshoroskop alle zwölf Sternzeichen-Essenzen. Manchmal ist es gut, mit dem Gegenpol, also mit dem gegenüberliegenden Sternzeichen im Tierkreis, zu arbeiten, um Eigenschaften, die man vielleicht noch nicht an sich kennt oder noch entwickeln kann, zu finden und so Balance zu erlangen. Um hier noch tiefer einzutauchen, kannst du dir auch das Sternzeichen-Kapitel zu deinem Gegenpol durchlesen.

Liebe Fische, es ist beeindruckend, wie kreativ, mitfühlend und voller Empathie ihr seid. In manchen Situationen und Umständen würde euch die Kraft eures Gegenpols, der Jungfrau, bestimmt einen guten Rückenwind geben können. Wenn ihr zum Beispiel lernt, eurem Leben eine gewisse auf euch zugeschnittene Planung, Struktur und Routine (kann auch gern schön und bunt sein) zu geben und diese in euren Alltag integriert, kann das helfen, gewisse Verwirrtheitszustände besser zu meistern. Dadurch seid ihr klarer und fokussierter im Hier und Jetzt. Das Analysieren und Einordnen wird euch auf Dauer wie ein Zauberstab zur Hilfe sein.

DEIN RITUAL

Das Sternzeichen Fische beherrscht als Körperteil die Füße. Die Füße tragen uns durchs Leben, geben uns Stand und Veränderbarkeit, bringen uns an fremde Orte oder lassen uns kräftig unseren Standpunkt im Leben einnehmen. Da diese Festigkeit nicht zu euren absoluten Stärken gehört, ihr aber hier auf der Erde lebt, wird euch eine gewisse Erdung unglaublich guttun. Versucht, so oft es geht, zu Fuß eure Strecken zu überwinden. Dabei meine ich keine Joggingrunden, sondern wirkliches, bewusstes Gehen. Mit jedem Schritt spürt ihr die Verwurzelung mit der Erde immer mehr und mehr. Im Sommer könnt ihr auch gerne barfuß im Wald, auf der Wiese oder woanders – am besten in der Natur – laufen. Bedankt euch bei euren Füßen, dass sie euch durch euer Leben tragen, und bedankt euch bei dem Element Erde, dass es euch trägt.

ASZENDENT

Egal, wie spirituell oder rational, wie verträumt oder pragmatisch wir sind, welche Erfahrungen wir gemacht oder nicht gemacht haben – die Suche nach uns selbst hört nie auf. Manchmal bewegen wir uns einen Schritt zurück, verlieren uns, stoßen auf einen neuen Weg und entwickeln uns dann doppelt so schnell weiter. Der Weg zur Selbsterkenntnis ist kein leichter. Bei dieser Suche ist der RISING STAR, das aufsteigende Zeichen, der Aszendent, ein guter Wegweiser für uns. Wenn unser Sonnenzeichen das Auto ist, in dem wir fahren, ist der Aszendent die Route, auf der wir uns bewegen.

Der Aszendent ist das Tierkreiszeichen, das im Moment der Geburt – und zwar auf die Minute genau – am östlichen Horizont aufgeht. Deshalb spielt auch der Geburtsort eine wichtige Rolle. Der Aszendent ermöglicht dir, dich selber kennenzulernen. Dein Aszendenten-Zeichen zeigt dir die Eigenschaften, nach deren Ausdruck und Verwirklichung du im Prozess der Selbsterkenntnis bewusst streben solltest. Anders ausgedrückt: Im Laufe deines Lebens gehst du in die Schule des Aszendenten, in der du mehr und mehr lernen kannst, die Eigenschaften dieses Zeichens anzunehmen, zu entwickeln und diesen Rückenwind für dich zu nutzen. Wenn dein Aszendent zum Beispiel im Zeichen Löwe steht, ist es gut für dich, die Qualitäten beziehungsweise den Archetypen des Löwen zu entdecken. Diese Entwicklung braucht natürlich Zeit, als wäre der Aszendent ein guter Wein, der erst mal reifen muss. Im Gegensatz zum Mondzeichen (Vergangenheit) und zum Sonnenzeichen (Gegenwart), steht der Aszendent für die Zukunft. Die Eigenschaften deines Aszendenten werden dich magisch anziehen. Stell dir vor, du läufst auf einer vollen Straße und auf einmal riechst du ein Parfum, das dich sofort verzaubert. Du möchtest unbedingt wissen, woher dieser Duft kommt, und mehr darüber erfahren und folgst dem Geruch für eine sehr lange Zeit. Dieses wohlig duftende Parfum ist dein Aszendent.

Neben der Orientierung, die uns das aufsteigende Zeichen schenkt, spiegelt er unser Verhalten wider. Du wirst oft Menschen kennenlernen, die sich überhaupt nicht verhalten, wie ihr Sonnenzeichen es vermuten ließe. Das könnte dann der Einfluss des Aszendenten sein, denn wir strahlen die Kraft unseres Aszendenten aus.

Wenn du zum ersten Mal von deinem Aszendenten hörst, kannst du vielleicht gar nichts damit anfangen. Vielleicht bist du auch enttäuscht, weil er dir die Eigenschaften verspricht, die du noch nicht an dir kennst oder nicht an dir kennen willst. Doch du musst deinen Aszendenten immer im Verhältnis sehen. Deine Entwicklung zum Aszendenten hängt stark von deinem Sonnen- und Mondzeichen ab und kann deshalb ganz unterschiedlich ausfallen. Die Entwicklung des Krebs-Aszendenten wird zum Beispiel etwas mehr Kraft kosten, wenn du im Sonnenzeichen Löwe bist. Denn der feurige Löwe, bei dem das Ich stark im Vordergrund steht, der sein Publikum liebt und gerne extravagant auftritt, wird die Empfindsamkeit und das Einfühlungsvermögen des Krebses nicht so schnell erlernen wie jemand mit dem Sonnenzeichen Fische. Fische-Geborene mit ihrer ebenfalls empfindsamen Seite werden wiederum aufpassen müssen, diese Eigenschaft durch den Aszendenten nicht überzuentwickeln. Wie du siehst, sind die Kräfte zwischen den Zeichen sehr komplex. Wenn du dich etwas ausführlicher damit beschäftigst, wirst du merken, dass es total Spaß macht, die Qualitäten deines Aszendenten im Zusammenhang mit deinem restlichen Natal Chart zu erkennen. Denn umso mehr du über deine Zeichen weißt, desto besser wird dein Gefühl für deine ganz individuelle Dynamik.

Wenn du beim nächsten Date also gefragt wirst, wann genau du geboren wurdest, nimmt jemand seine Hausaufgaben ganz besonders ernst.

Du befindest dich auf deiner Aszendenten-Entdeckungsreise, lerne nun die Fallen kennen, und die Geschenke deines Aszendenten blühen im Laufe der Jahre auf! Geh ruhig mit Schmackes in deine Aszendenten-Schule. Ich werde dir in diesem Kapitel einen Einblick geben, wie deine Entwicklung zum Aszendenten aussehen könnte.

Wenn du noch mehr über die Qualitäten deines Aszendenten-Zeichens erfahren möchtest, schau dir auch gerne das jeweilige Sonnenzeichen noch mal genauer an.

ASZENDENT WIDDER

Dein Widder-Aszendent kommt zu dir mit wehenden Fahnen, auf denen geschrieben steht: Unabhängigkeit, Selbstbewusstsein, Mut und Selbstvertrauen. Du musst dich selbst nicht immer durch die Augen anderer sehen, dieses Talent, andere zu unterstützen, besitzt du sowieso schon. Jetzt ist es an der Zeit, deine Widder-Power wachzuküssen. Muss wirklich immer alles harmonisch und gerecht sein, auch wenn das für dich das genaue Gegenteil bedeutet? Fang doch an zu schauen, was für dich fair ist. Du musst nicht immer dein letztes Hemd weggeben, nur um dann zu merken, dass die anderen das nicht für dich tun würden. Nicht jeder hat es verdient, von deiner Großzügigkeit und Freundlichkeit beschenkt zu werden, denn es müssen dich nicht immer alle mögen.

Dein kraftvoller Widder-Aszendent hat eine außergewöhnlich starke Power, die dir dabei hilft, dein Leben selbst in die Hand zu nehmen. Er kann dir helfen, entschlossen und bestimmt nach außen zu treten und dich aktiv auf die Suche nach dir selber, neuen Zielen und Abenteuern zu machen. Das Element Feuer treibt dich an und verleiht dir die Möglichkeit, alles aus eigener Kraft zu schaffen und die nötigen Ressourcen für alle deine Ideen aufzutreiben. Wenn du den Widder in dir geweckt hast, solltest du aufpassen, mit deiner Entschlossenheit nicht zu sehr mit dem Kopf durch die Wand zu gehen, sondern auch mal eine Verschnaufpause einzulegen und die gerade getanen Dinge Revue passieren zu lassen.

Bist du im Sonnenzeichen etwas dezenter, braucht es mehr, um die feurigen Widder-Eigenschaften in dir zu entflammen. Umso wichtiger sind diese Kräfte aber für dich.

Du solltest deine wunderbar kraftvolle Widder-Energie nicht vernachlässigen. Denn ein unterdrückter Widder-Aszendent möchte sich befreien, und das kann sich in selbstzerstörerischem Verhalten und Traurigkeit widerspiegeln. Im Gegensatz dazu lässt dich ein ebenfalls energisches Sonnenzeichen in Kombination mit einem Widder-Aszendenten (also zum Beispiel das Sonnenzeichen Löwe) auch mal über das Ziel hinausschießen, was dazu führt, dass du als egozentrisch wahrgenommen wirst. Auch hier heißt es für dich, die Balance zu finden.

Mein Lieblingsbeispiel für eine gelungene Kombination aus sanftem Sonnenzeichen (Fische) und kraftvollem Aszendenten (Widder) ist Rihanna (soweit man es aus der Ferne beurteilen kann). Ihre verträumte, künstlerische Fische-Energie trifft auf einen starken Widder, der der Performerin Impulse und Kraft verleiht, die ihr ihren starken Weg geebnet hat und sie zu der Powerfrau gemacht haben, die sie heute ist.

Mache diese Durchsetzungskraft auch zu deiner Superpower! Du kannst damit Berge versetzen!

ASZENDENT STIER

Der Stier-Aszendent geht den Weg der Selbstverwirklichung über das Gefühl von Sicherheit und Beharrlichkeit. In dieser Aszendenten-Energie findest du deinen Weg zu dir selber, zu deiner Kraft, deinem Selbstwert und Selbstbewusstsein. Wichtig ist es zu verstehen, dass die Bestätigung der anderen dabei ein falsches Barometer ist. Lerne deine Energie und deine Werte kennen und lieben. Harmonie, Liebe und die fünf Sinne spielen eine große Rolle bei diesem Rendezvous mit dir selbst.

Denn wenn du mehr bei dir selbst bist, dir Geduld entgegenbringst und Respekt vor deinen eigenen Bedürfnissen hast, wird das auch alle deine Beziehungen für dich verbessern. Für den Stier-Aszendenten sind die (gewählte) Familie, Freundinnen und Freunde und Freude bringende Arbeit, in der sie sich schöpferisch ausleben, so ein Segen. Du hast Begabungen in der Psychologie, allerdings wird es dich auf Dauer nicht glücklich machen, immer nur an anderen rumzudoktern. Für dich ist es wichtig, die Grenzen der anderen und dir selber zu respektieren.

Es ist super für dich, deiner Kreativität, deinem Geschmack, deiner Lust, deiner Musikalität, deinem Tastsinn Raum zu geben und Bereiche zu finden, wo du diese Leidenschaft bespielen und voll ausleben kannst! Das führt dich zu dir selber! Auch die Faszination für gute Materialien, Farben, Stoffe, Geschichte, Antike und materielle Dinge können dir bei deiner Entwicklung helfen. Die Liebe für alles, was glänzt und sich schön anfühlt, findet durch den Stier-Aszendenten eine starke Ausprägung. Statt jedoch alles um dich herum zu sammeln und im Status quo zu verweilen, solltest du Dinge und auch Menschen in deinem Umfeld auch mal infrage stellen. Pass auf, dass du in deiner Harmoniebedürftigkeit emotionale Löcher nicht mit vermeintlich guten und schönen Dingen und Menschen füllst. Nicht jeder kommt mit guten Absichten, und es gibt nicht für alles ein schönes, edles Pflaster. Deine Türsteher für diesen Bereich sind deine Werte. Passen die Menschen, die du in deinen Club einlädst, zu deinen Moralvorstellungen? Vertreten sie die gleichen Werte wie du?

Denn nicht alles, was man sich bewahrt, bringt auch einen Mehrwert und meint es gut mit dir. Das Loslassen wird daher ein großes Thema für den Stier-Aszendenten. Außer deine Sonne steht in einem Luftzeichen, dann wird es für dich eher das Learning sein, deine Umwelt wertzuschätzen und zu bewahren.

Innehalten, Geduld, Dankbarkeit und Vergebung können dir ungeahnte Schatzkammern öffnen. Es ist auch kein Problem, wenn du für manche Dinge und Entscheidungen mal länger brauchst. Dazu kommt, dass du dich besser auf strategische Ziele und eine sorgfältige Planung verlassen solltest als auf Instinkte (auch finanziell) und die Dinge nicht überstürzen solltest. Wenn du die Ergründung deiner Motive in dein Leben integrierst, dich also fragst, was du mit deinen Aktionen bezweckst, wird dir das wahnsinnig helfen, dich auf deine Ziele zu fokussieren!

ASZENDENT ZWILLINGE

Durch deinen Zwillinge-Aszendenten hast du die Gabe, alle Menschen um dich herum mit deinem leichten, schmetterlingshaften und charismatischen Wesen zu verzaubern. Du scheinst dich mit allen zu verstehen, und dein Umfeld weiß dich als interessante:n Gesprächspartner:in zu schätzen. Man ist gern mit dir befreundet und hat dich gerne in der Crew dabei. Du bist ein Garant für gute Stimmung und kannst mit Leichtigkeit den Spark der Gruppe entfachen. Von deinem Partyglam und stilsicheren Auftreten lassen sich andere gerne mitreißen.

Dein Zwillinge-Aszendent schickt dir aber auch die Aufgabe, offener für neue Ideen und Erfahrungen zu werden, deine gesunde Neugier zu wecken und in dir selbst deine Widersprüche zu erkennen und zu befrieden. Wenn du merkst, dass auch du Ambivalenzen in dir hast, wird es dir noch leichter fallen, diese auch bei deinen Lieben zu akzeptieren. So schaffst du es, beide Seiten einer Situation zu sehen und deine Beziehungen auf eine neue Ebene des Verständnisses zu heben. Dabei hilft es dir, deinem Gegenüber wirklich zuzuhören, ohne vorauszusetzen, dass du schon weißt, was sie sagen wollen, wie sie handeln wollen und so weiter. So setzt du dir selber keine Hindernisse und schränkst den glücklichen Ausgang von Situationen und Beziehungen nicht von vornherein ein. Es geht dir dann noch leichter von der Hand, mit echtem Interesse und deiner eigenen Perspektive eine spannende, schöne und inspirierende Dynamik mit deinen Liebsten zu erschaffen. Wenn du Zweifel in einer Situation verspürst, wäre es für dich total gut zu lernen, sie liebevoll zu äußern. Auch mal nach einem Rat zu fragen, kann eine schöne neue Wendung und Perspektive der Situation bedeuten. Trau dich ruhig.

Genau diese Aszendenten-Essenz hilft dir, die emotionale Balance deines Gesamt-Horoskops zu finden. Die Zwillinge-Energie, Dinge und Menschen schnell hinter sich zu lassen, könnte dir beim Loslassen behilflich sein, falls du durch dein Sonnen- oder Mondzeichen eher Probleme damit hast. Nutze diesen Rückenwind im Positiven für dich! Unterstützend wirkt hier die ausgeprägte Neugierde der Zwillinge, nach neuen Eindrücken und nach dem, was unsere bunte Welt alles zu bieten hat, zu suchen. Es ist jedoch wichtig, den Fokus zu bewahren, damit du dich nicht in den vielen spannenden Themen des Lebens – oder auch in Social-Media-Content – verlierst. Denn je ausgeprägter deine verschiedenen Interessen sind, desto schwerer wird es für dich, auch mal tiefer einzusteigen. Eine Falle deines Aszendenten könnte es sein, dass du am liebsten immer recht haben möchtest, was einfach nicht möglich ist, und damit scheiterst du an deinen eigenen Ansprüchen, was dich frustrieren kann und in deiner Entwicklung hemmt.

Entscheidungen können den Zwillinge-Aszendenten wahnsinnig machen. Kennst du das? Es würde dir vielleicht helfen, bei den kleinen Dingen des Lebens deine Entscheidungskraft zu schärfen. Fang doch mal bei der Auswahl deines Instagram-Filters an oder bei dem Emoji in der dazugehörigen Caption. Denn wer alles verstehen und überall dabei sein möchte, wird auch öfter mal von FOMO heimgesucht. Mein Tipp: Konzentriere dich auf deine Interessen, schreibe sie auf und bleib dran! Weniger ist mehr.

ASZENDENT KREBS

Der herrschende Planet des Krebses ist der Mond, der für unsere Weiblichkeit, Kindheit, Muttergefühle und vor allem für unsere emotionale Welt steht. Deine Superkraft sind Gefühle, deine und die Gefühle anderer, sowie deine Sensibilität.

Du weißt wie kein anderes Zeichen im gesamten Tierkreis, was es braucht, um sich wohlzufühlen. Der Krebs symbolisiert das Mütterliche, weshalb der Krebs-Aszendent sich optimal entwickeln kann, indem er sich kümmert, etwas pflegt oder jemanden umsorgt. Dieses Verhalten betrifft nicht nur die (gewählte) Familie, Freundinnen und Freunde oder Partner:innen, sondern alle Lebensbereiche. Wenn du deine beruflichen Kontakte pflegst, deine talentierte Kollegin unterstützt oder dich um ein Herzensprojekt kümmerst, kann dir das zum Erfolg verhelfen. Du solltest allerdings aufpassen, dass der Bezug zur Mütterlichkeit und zur Mutter nicht ein gegenteiliges Verhalten auslöst. Denn der Krebs-Aszendent, der seine mütterliche Seite zu stark unterdrückt, läuft Gefahr, selbst in die kapriziöse Kindesrolle zu switchen und rumzubocken.

Im Laufe der Zeit wird es gut sein für dich, eine gewisse Balance zu wahren zwischen Geben und Nehmen und zwischen sensibel und empfindlich. Pass auf, dass du für deine liebevolle, versorgende Gefühlsnatur nicht ausgenutzt wirst, und setze gesunde Grenzen für dich. Wenn du das nicht machst, kommt dein berühmt-berüchtigter Schutzpanzer zum Vorschein, der für andere total irritierend sein kann, nachdem du doch gerade erst noch das weiche Federbett aufgeschüttelt hast. Dann kannst du manipulativ werden, und deine schönen ehrlichen Gaben haben einen Hintergedanken. Ja, mein lieber Krebs-Aszendent, ich weiß, dass es nicht immer leicht ist, mit all den Emotionen und Gefühlen von anderen und dir selber klarzukommen, aber du kannst es nun mal sehr gut und kannst diese Gabe nutzen, um andere Menschen und dich selbst zu heilen. Aber natürlich nur, wenn sie es auch freiwillig wollen. Overprotecten ist nicht immer die Lösung, und denk auch mal an dich und deine eigenen Bedürfnisse. Um die Krebs-Energie optimal zu nutzen, ist es wichtig, dass du dich mit deiner Gefühlswelt auseinandersetzt und die Kraft der Empfindsamkeit im richtigen Moment einsetzt.

Hat der Krebs-Aszendent ein Ziel ins Auge gefasst, wird er einige Umwege nehmen, um dort anzukommen. Gerade in der Liebe lässt er gerne auf sich warten. Wenn er sich jedoch endlich auf jemanden eingelassen hat, lässt er so schnell nicht mehr los.

Pass auf, dass der übermäßige Drang nach Kontrolle über viele Bereiche in deinem Leben nicht immer wieder eine Falle für dich ist. Es würde dir guttun anzuerkennen, dass du gewinnst, wenn du deine Gefühle nicht unterdrückst und supercool mit Sonnenbrille und Yeah bist, sondern sie zeigst und dich deinen dir Nahestehenden mitteilst. Denn wenn du deinen Gefühlen und Emotionen Raum gibst und sie ernst nimmst, wirst du mehr in dir selbst ankommen und so eine viel stabilere Basis haben. Damit übernimmst du die Verantwortung für dich selbst und dein Leben.

Aszendent Löwe

Der herrschende Planet des Zeichens Löwe ist die Sonne. Für dich als Aszendent Löwe ist es in diesem Leben die Aufgabe, dein Strahlen zu finden. Dein warmes Herz möchte unbedingt mit Liebe befüllt sein, und das Bedürfnis, diese liebevolle Energie der anderen zu bekommen, ist bei dir sehr groß. Es wäre schön für dich, wenn du erkennst, dass du dafür deinen Mitmenschen und Liebsten auch Liebe und Bewunderung schenken solltest.

Den Weg der Selbstverwirklichung bestreitest du am liebsten zusammen mit deinem Publikum. Denn erst die Bewunderung und die Anerkennung deines Wesens lassen dich spüren, wer du bist. Die eigene Identität steht im Zentrum der Entwicklung des Löwe-

Aszendenten. Obwohl er scheu ist, ist sein Verhalten ausgerechnet darauf ausgerichtet, sich zu trauen, eine Bühne für sich und seine Kreativität zu erschaffen, sein Publikum zu finden und diesem mithilfe seiner schöpferischen Kraft Freude zu schenken. Denn wenn er das schafft, fühlt er sich von seinem Publikum akzeptiert, in ihre Mitte integriert und geliebt.

Pass nur auf, denn deine Freundinnen und Freunde und Liebsten und dein Publikum können dir nie genug Aufmerksamkeit schenken, damit du bei dir ankommst. Es liegt an dir, deine Fähigkeiten zu entdecken und dein eigenes Glück zu finden! Ergreif also jetzt die Initiative und zieh deinen Löwenschwanz nicht ein. Eine gute Duftspur könnte für dich dein inneres Löwenbaby, dein Simba, sein. Folge den kindlich spielerischen Impulsen und finde deine Connection zu dem Kind in dir.

Es ist sehr wichtig für dich, dass du mit deiner Löwen-Energie ein wichtiges Projekt kreierst oder eine andere Bühne findest, um deine unbändige, kreative, spielerische Löwen-Kraft auszuleben. Wenn du sie unterdrückst, wirst du es erkennen, weil du bei bestimmten Personen ein Gefühl der Konkurrenz entwickelst oder dich bedroht fühlst. Regst du dich auf oder bist neidisch auf jemanden, triggert das wahrscheinlich das unterbewusste Wissen, dass du hier auch ein Talent hast, aber noch nicht die Chance hattest oder sie dir aus mangelndem Selbstvertrauen oder Versagensangst selbst nicht gegeben hast, es auszuleben. Deine Mitmenschen erinnern dich dann an all die Dinge, die du auf die Welt bringen willst. Nutze diese Erkenntnis und lass dich von dem Vergleich anspornen, diese umzusetzen, statt in negativen Gefühlen gefangen zu sein.

Gerade den eher zurückhaltenden Zeichen wird der stilsichere, strahlende, talentierte und kreative Löwe-Aszendent eine gute Kraft sein, um zu ihrem wahren Ich zu kommen.

ASZENDENT JUNGFRAU

Den Jungfrau-Aszendenten geht es darum, eine Routine und Ordnung in ihr Leben zu bringen. Damit schaffen sie sich eine Struktur und werden durch ihre Fantasien und Träumereien nicht abgelenkt, sondern können konzentriert im Hier und Jetzt leben. Das Gefühl einer Opferrolle wird den meisten Jungfrau-Aszendenten bekannt vorkommen. In der Entwicklung geht es darum, genau diese durch Beobachtung und Analyse loszulassen. Jungfrau-Aszendenten entwickeln sich mithilfe ihrer analytischen Fähigkeiten und einer kritischen Betrachtung ihrer selbst. Sie haben ein natürliches Talent für Psychologie.

Ihr Bedürfnis nach Bestätigung wird aber keine Heilung bringen. Diese Menschen müssen erkennen, dass sie sich nur selbst heilen können. Dazu brauchen sie eine gesunde Portion Selbstvertrauen und Selbstbewusstsein, die sie durch Erfahrungen erlangen können. Wenn sie es schaffen, ganz konkret einen Plan zu machen, wie sie ihre Ideen verwirklichen, und ihn dann befolgen und vielleicht sogar Spaß in der Routine finden, öffnet die Welt ihnen ganz ungeahnte Möglichkeiten.

Sie haben ein Talent, sich gut um ihre körperliche und mentale Gesundheit zu kümmern, und werden einiges dafür tun, um sich diese zu erhalten. Grundsätzlich hilft es dir als Jungfrau-Aszendent, in jedem Lebensbereich Erfahrungswerte zu sammeln, um ein Gefühl dafür zu entwickeln, was dir überhaupt guttut und was nicht. Menschen mit einem Jungfrau-Aszendenten sind in verschiedenen Ausprägungen und Verhaltensweisen produktiv, präzise und ordentlich. Diese Eigenschaften kannst du im Beruf optimal ausleben, denn hier ist dein Wissen gefragt, und du kommst gut mit Kolleginnen und Kollegen und Mitarbeiter:innen aus. Mit den Beziehungen bist du etwas im Zwiespalt, entweder bist du unnahbar oder unterwürfig. Dadurch kann es schon mal vorkommen, dass du ausgenutzt wirst. Die gesunde Mitte ist hier der Schlüssel.

Unpünktlichkeit und Unordnung werden für dich keine Fremdwörter sein, nun ist es an der Zeit, deinem Zeitmanagement den Vortritt zu geben und dadurch in deiner Blüte zu strahlen, statt dich ständig für deine Unzulänglichkeit zu schämen.

Nutze die Kraft der Geschenke deines astrologischen Fingerabdruckes, der dir eine Menge Freude und Gutes in deinem Leben erschaffen wird und dein inneres Bedürfnis nach Harmonie und Frieden stillen wird.

ASZENDENT WAAGE

Wenn dein Aszendent Waage ist, ist dein Thema vor allem die Beziehung zu anderen Menschen, wahrscheinlich sogar mehr, als du denkst. Du hast die Fähigkeit, andere Menschen zu begeistern, sodass sie dir gerne aufmerksam zuhören. Die Falle, in die du tappen könntest, besteht darin, dass du annimmst, dein Selbstwertgefühl durch Leistungen und Unabhängigkeit stärken zu können und dich so ganz zu fühlen. Du willst der Mittelpunkt der Aufmerksamkeit sein, dich in der Bewunderung der anderen sonnen und vergisst dabei, dass es vor allem darum geht, die anderen zu bereichern und dadurch Befriedigung zu erlangen, und nicht durch ihren Applaus.

Du hast ein begnadetes Talent für Diplomatie und Taktgefühl, dafür musst du nur die Perspektive der anderen erkennen und mit ihren Augen sehen. Wenn du diese Kraft in dir wachküsst, kannst du durch deine Fähigkeit extrem gut zwischen verschiedenen Meinungen und Interessen vermitteln. Durch deine Gabe schaffst du das Kunststück, dass sich alle Seiten gehört fühlen. Du kannst einen Konflikt befrieden und alle Seiten glücklich machen. Das ist dein wahres inneres Talent, auch wenn du es vielleicht erst entdecken musst auf deiner Heldenreise zu deinem Inneren.

Oft willst du nach außen anders wirken, als es deinen inneren Interessen tatsächlich entspricht. Das verursacht in dir manchmal einen inneren Konflikt deines bewussten und unterbewussten Selbst. Dein sorgfältig aufgebautes Image entspricht nicht deinem wahren Selbst, und je größer der Unterschied zwischen beiden ist, desto größer ist deine Angst, dass du für deinen Kern nicht gemocht werden wirst, wenn du ihn offenbarst. Dein Learning ist, die Deckung fallen zu lassen und dein Inneres wenigstens kurz und teilweise aufblitzen zu lassen. Mit diesem Funkeln kannst du deine:n Seelenpartner:in anlocken, die/den du sonst mit deinem Image schwer gefunden hättest.

Dein Aszendent Waage ruft dich dazu auf, durch Zusammenarbeit mit anderen und Selbstlosigkeit eine Situation zu schaffen, in der du jemand anderen unterstützt und weiterbringst. Dadurch wirst du selbst die viel größere Befriedigung erlangen, als wenn du nur auf deinen eigenen Vorteil geschielt hättest. Dein Anspruch an deine Disziplin ist beeindruckend, allerdings kannst du dich fragen, ob dir das wirklich Spaß macht, deinen Zwängen nachzugehen. Oder ob du es aus Konditionierung tust. Wenn du milder und offener mit dir selber wirst, kannst du die Schönheit und Qualität der menschlichen Vielfalt erkennen und genießen. Lass es zu, und die Waage kommt in dein Leben mit einem Präsentkorb voller Schönheit, Ästhetik, Warmherzigkeit und Liebe.

ASZENDENT SKORPION

Dein Aszendent Skorpion soll dich beflügeln, Veränderungen als etwas Positives annehmen zu können. Es kann gut sein, dass du unbewusst immer lieber am Status quo festhältst und eine gewisse Trägheit mit dir herumschleppst. Das heißt nicht, dass du faul bist, sondern nur, dass Veränderungen für dich eine große Sache sind und du deswegen oft davor zurückschreckst. Lieber bleibt alles so, wie es ist, denn so ist es ja schon okay, oder?

Wenn das mit dir resoniert, dann versuche, dich im Loslassen zu üben. Lass alles los, was dich runterzieht, anstatt immer mehr Dinge anzuhäufen, weil du denkst, das würde die gewünschte Lösung für deine innere Blockade bringen. Geh in dich, am besten bei einem ausgiebigen Spaziergang, oder entdecke beim Sport (Joggen, Schwimmen, Fahrradfahren, also bei einer monotonen Ausdauerübung) deine innere Stimme und so die Veränderung tief in dir, die du dir unterbewusst so sehr wünschst. Dazu passt auch, dass du ein einmal gefasstes Ziel oft auch dann weiterverfolgst, wenn du schon auf halbem Weg gemerkt hast, dass es doch nicht so eine gute Idee war. Bei diesem Zwang, auf deinem gefassten Weg bleiben zu müssen, da eine Kursänderung einer Niederlage gleichkäme, kann dir der regelmäßige Sport helfen, deine Motive zu hinterfragen und einen besseren Zugang zu deiner Intuition zu finden. Wenn du dazu neigst, besitzergreifend zu sein, fang an, Gefallen daran zu finden, Dinge und Menschen zu genießen, ohne sie besitzen zu müssen.

Du hast eine starke Intuition in dir, die dir, wenn du auf sie hörst, einen glücklichen Weg durch dein Leben ermöglicht. Nutze sie für deine Beziehungen zu anderen. Denn du hast die Gabe, dich sehr gut in dein Gegenüber hineinzuversetzen. Du bist in der Lage, tiefe, innige Beziehungen aufzubauen, weil du anderen vermitteln kannst, dass du sie wirklich verstehst. Wenn du genau zuhörst und deine Intuition arbeiten lässt, bist du in der Lage, deinem Gegenüber das Gefühl zu vermitteln, wahrhaft geliebt zu sein.

In dieser innigen Liebes- oder Freundschaftsbeziehung findest du auch den Schlüssel zu deiner eigenen Veränderung. Indem du dich vorbehaltlos auf jemanden einlässt und so die Veränderung in dein Leben lässt, die eine wirkliche Verbindung mit sich bringt, wirst du auch verstehen, dass andere Menschen eine Bereicherung sein können und nicht nur eine Gefahrenquelle für den von dir oft so zwanghaft bewahrten Istzustand.

Nutze deine Skorpion-Power, um dich selbst neu zu erfinden und zu beflügeln. Du wirst überrascht sein, welche Horizonte du erreichen kannst, wenn du auf deine innere Stimme hörst, auch mal ein (kalkuliertes) Risiko eingehst und dich mal locker machst. :)

Aszendent Schütze

Der Schütze-Aszendent wird auf der Suche nach Erfüllung und Selbstverwirklichung von seinen Idealen wie von seinen Instinkten angetrieben. Die große Herausforderung besteht für ihn darin, die Spannung zwischen diesen beiden Triebkräften auszuhalten und schließlich zu überwinden.

Wenn dein Aszendent Schütze ist, verfügst du über eine große Intuition, fast schon hellseherische Gabe. Diese zu erkennen und zu nutzen, anstatt sie zu unterdrücken und zu verdrängen, ist deine große Aufgabe, lieber Schütze.

Lieber sammelst du alle Informationen, Details und kopflastiges Wissen und denkst so, dass du dir eine mentale Sicherheit aufbauen kannst, weil du genau WEISST, was andere denken. Das Verrückte ist, dass du eigentlich FÜHLEN kannst, was in anderen vorgeht, und das viel besser, als es dir durch alles Wissen möglich wäre. Du verfällst in strategisches anstatt intuitives Denken.

Um deine mentale Sicherheit zu erhalten, möchtest du, dass alle dir zustimmen und deine Sichtweise teilen. Da das nicht möglich ist, rutschst du mitunter in manipulatives Verhalten. Der Weg daraus wäre, dir selbst und deiner Intuition zu vertrauen, denn dann musst du gar nicht mehr alle kontrollieren, sondern kannst die Kontrolle loslassen.

Verbring Zeit mit dir allein in der Natur. Geh in einen inneren Austausch und trainiere dich, deine innere Stimme zu hören. Du wirst sehen, dass dich diese Annäherung viel selbstbewusster machen wird. Dein Selbstvertrauen wächst, wenn du deiner inneren Stimme vertraust.

Anstatt hektisch zwischen verschiedenen Optionen hin und her zu springen und sich mit allen Freundinnen und Freunden, Bekannten, Familienmitgliedern und Haustieren zu beraten, weil du nicht weißt, wie du dich entscheiden sollst, hab Geduld mit dir. Geh in den inneren Zwiespalt und lass deine Entscheidung intuitiv aufsteigen. Du wirst sehen, dein Bauch weiß eigentlich schon, wo die Reise hingeht.

Nutze deine Kontaktfreudigkeit, positive Stimmung und dein heiteres Naturell, das dir dein Aszendent schenkt, vertraue auf deine Intuition und deine guten Freundinnen und Freunde, dann kannst du alles schaffen, was du dir wünschst.

Aszendent Steinbock

Wenn dein Aszendent Steinbock ist, dann hast du wahrscheinlich ein starkes Einfühlungsvermögen und kannst die Gefühlswelt der anderen um dich herum quasi channeln. Deine Aufgabe ist es, diese Gabe im Sinne aller zu nutzen, dich dabei aber nicht zu verlieren. Mit deinem Fingerspitzengefühl kannst du zum Beispiel wunderbar ein Team anführen und motivieren. Du kannst deine Mitarbeiter und Menschen um dich herum begeistern, nimmst ihre Bedürfnisse wahr und bist ein:e großartige:r Teamplayer:in. Mit Teamwork und Empathie kannst du große Erfolge feiern und dir der Sympathie aller sicher sein.

Aber natürlich hat diese Gabe auch eine Kehrseite der Medaille. Oft haben Steinbock-Aszendenten ein sehr starkes Sicherheitsbedürfnis und deswegen große Angst vor Zurückweisung. Dann sind sie manchmal so darauf bedacht, ausschließlich positive Stimmungen und Gefühle bei den anderen zu erzeugen, dass sie ihre eigenen dabei unterdrücken. Sie nehmen sich und ihre Empfindungen nicht ernst und denken, es ist leichter, ihre eigenen Bedürfnisse zu minimieren und den anderen damit glücklich zu machen, um bloß keinen Stress zu verursachen. Damit verursachen sie sich aber selbst großen Stress und versuchen, ihre eigenen Gefühle auszutricksen. Irgendwann rutschen sie damit auch in die Abhängigkeit von anderen, weil sie nur noch durch sie fühlen können.

Wenn es dir manchmal auch so geht, ehrt es dich natürlich, die Gefühle anderer nicht verletzen zu wollen, aber die Mechanismen, die sich dann einschleichen, lassen dich deine eigene Richtung verlieren. Wenn du dich selbst immer ruhigstellst und dir einredest, dass es ja gar nicht so schlimm ist, dann weißt du irgendwann nicht mehr, was für dich richtig ist und dir guttut.

Im Extremfall wollen Steinbock-Aszendenten, die in ihrem Bedürfnis nach Sicherheit und Abhängigkeit feststecken, die Gefühle und Verhaltensweisen ihrer ihnen nahestehenden Mitmenschen kontrollieren. Damit haben sie das Gefühl vollkommener Kontrolle und Sicherheit.

Wenn du das auch in dir wiedererkennst, kann dir Selbstkontrolle wirklich gut helfen. Konzentriere dich auf deine Wünsche und Ziele. Du kannst das!

In dir steckt viel, viel, viel mehr, als du dir zutraust! Versuche, Verantwortung für dich zu übernehmen, und fang damit an, deine eigenen Bedürfnisse wahrzunehmen. Das kann schon so eine kleine Übung sein, wie auszuprobieren, welche Zahnpasta du eigentlich wirklich gerne benutzen möchtest.

So lernst du dich selber kennen und deine Empathiefähigkeit als das zu nehmen, was sie ist: deine Gabe, nicht deine Bürde.

Es geht darum, dass du erwachsen wirst, deine eigenen Bedürfnisse kennst und so nicht mehr nur ein Spielball deiner Emotionen bist. So schaffst du es endlich, objektiv deinen ganzen Weg und das große Ganze zu sehen.

Vertraue deinen Fähigkeiten, sei offen für Ratschläge – jep, magst du nicht so gerne, du gibst ja eher ungern die Kontrolle ab –, aber sie werden dir helfen, neue erfolgreiche Sphären für dich zu entdecken. Plane mit Freude deine Zukunft, triff Entscheidungen für dich, öffne deine Augen für spontane Chancen und lass die Vergangenheit los.

ASZENDENT WASSERMANN

Als Aszendent Wassermann bist du bestimmt der große Visionär. Willensstark, entschlossen, enthusiastisch und kreativ schaffst du es wie fast kein anderes Zeichen, genau das fehlende Puzzleteil zu finden, damit es allen gut geht. In einer Gruppe, in der du dich besonders wohlfühlst, du offen deine Ideen und Gedanken präsentieren und gleichzeitig die besten der anderen herausfiltern kannst, bist du das Katapult, das alle zum besten Ergebnis führt.

Das passiert allerdings nur, wenn du lernst, Entscheidungen im Interesse der Gruppe zu treffen. Deine Aufgabe ist es, das Gemeinwohl entscheidend voranzubringen. Damit du diese Aufgabe erkennst, wird dich das Universum immer belohnen, wenn deine Anstrengungen der Allgemeinheit dienen und nicht nur dir selber.

Durch deinen starken Willen und deine Selbstdisziplin kannst du es schaffen, das starke Bedürfnis nach Anerkennung und dein Ego hinter dir zu lassen. Denn dein Ego füttert dich ständig mit Vorstellungen und Projektionen, wie alles sein sollte, und hindert dich daran zu erkennen, wie die Wirklichkeit ist, und das Positive darin zu sehen.

Nimm dich selbst nicht zu wichtig und öffne dich für die Dankbarkeit und Wertschätzung, das zu sehen, was du schon hast, auch die kleinen Dinge. Du hast ein Talent für Esoterisches (Numerologie, Tarot, Astrologie) und kannst aus deiner Kreativität schöpfen!

Konzentriere deine überbordende Energie auf einen höheren Zweck, das Gemeinwohl, denn sonst wird sich diese starke Energie gegen dich richten und dein Ego befeuern. Dann könntest du dich in negativen Emotionen wie Neid, Missgunst und Frust verlieren und so gute Chancen und Möglichkeiten nicht erkennen, weil du die Wut-Brille aufhast. Damit lässt du aber möglicherweise den Heiligen Gral an deiner Nase vorbeiziehen!

Wenn du deinen Willen nicht bekommst und davon frustriert bist, kann es einfach sein, dass dich das Universum bittet, nicht nur aus deiner Perspektive zu schauen, sondern dich auch für die Perspektiven der anderen zu öffnen. Das bringt dir Heilung, Mitgefühl, Verständnis und Milde. Mit deinen Erwartungen an dich und die anderen.

Es geht hier nicht um dich im täglichen Leben und im Leben miteinander, da haben Wassermann-Aszendenten meist ein sehr fröhliches und sorgloses Wesen, sind tolle Freunde und sehr auf ihre Lieben bedacht. Es geht hier um den höheren Zweck und die Aufgabe der Wassermann-Aszendenten, die ihnen, wenn sie sie erkennen, große Befriedigung verschaffen kann.

Wenn du merkst, dass du in deinem Leben oft nicht weiterkommst, und das Gefühl hast, dass sich dir viele Hindernisse in den Weg stellen, kann es helfen, einen Schritt zurückzutreten und zu versuchen, das große Ganze zu sehen. Geduld ist ein wichtiger Lernfaktor. Aus deiner Leidenschaft heraus, Dinge zu verändern, könntest du nämlich den Ast absägen, auf dem du sitzt.

Öffne dich deinen wahren Wünschen, lass deine Erwartungshaltung, in welchem Gewand, mit welcher musikalischen Untermalung und zu welcher Uhrzeit dein Wunsch dir geliefert werden soll, los und erfahre so dein echtes Wunder!

ASZENDENT FISCHE

Als Fische-Aszendent hast du ein unglaubliches Talent für Visionen und kannst diese auch in die Tat umsetzen. Kreativität und eine starke Leidenschaft zeichnen dich außerdem aus. Du spürst alles und jeden und kannst vielen Menschen mit deinem Rat zur Seite stehen. Du hast fast schon hellseherische Fähigkeiten und könntest sie, wenn du ihnen Raum gibst, ausbauen.

Auch wenn du ausgesprochen gut zuhören kannst, solltest du aufpassen, deine eigenen Grenzen zu erkennen und diese nicht aus den Augen zu verlieren. Manchmal schweifst du ab und bist gedanklich vernebelt. Dann kannst du leicht deine eigenen Wünsche aus dem Fokus verlieren. Gut für dich wäre es, ein Tagebuch oder Journal zu führen, in dem du mindestens einmal in zwei Wochen deine persönlichen Wünsche aufschreibst. Aber bitte nicht zu detailliert. Hier geht es darum, nicht in deinen Zwang zu geraten, alles perfekt planen und machen zu wollen. Hier geht es darum, Raum für deine fantasievolle Begabung zu schaffen. Sonst könntest du es mit dem Planen zu genau nehmen und wärst enttäuscht, dass nicht alles exakt nach deiner Route verläuft. Damit würdest du aber deine Ziele und Wünsche torpedieren, denn wahrscheinlich hat das Universum einen viel, viel besseren Weg für dich in petto und vielleicht sogar eine Abkürzung eingebaut.

Wende dich der Einfachheit hin, lass das übertriebene Analysieren von Situationen los, es kann – und sollte vor allem – nicht alles perfekt sein. Manchmal ist es genau das Ungeplante, das die schönsten Ergebnisse bringt.

Das ist, wie wenn du deine Bahn verpasst, die du unbedingt hättest erreichen müssen, um pünktlich zu deinem Termin zu kommen. Die nächste Bahn fährt in fünf Minuten, du kommst also nur minimal zu spät, aber vielleicht sitzt darin dann die Liebe deines Lebens. Manchmal ist es der viel größere Plan, der den kleineren durchkreuzt, und das ist auch gut so.

Versuche, in dir etwas Vertrauen auf einen guten Ausgang zu finden, so kannst du deinen manchmal fast schon zwanghaften Sorgen entgegenwirken. Das Universum meint es gut mit dir!

Wenn du das schaffst, wird deine große Erkenntnis sein, dass das Leben in seiner Einfachheit alle Wünsche erfüllt, wenn man sich vertrauensvoll in seine Hände begibt.

Es würde dir sehr guttun, einmal täglich 45 Minuten für Meditation einzuplanen. Du darfst dich in eine spirituelle Praxis begeben, einfach runterschreiben, was dir auf der Seele liegt, oder eine sanfte Meditationsform der Bewegung machen (wie zum Beispiel Qigong). Diese Zeit nur für dich wird dir feinfühligem Fische-Aszendenten ungeahnte Fähigkeiten und Einblicke geben, mit denen du deine inspirierenden visionären und heilenden Gaben erkennen und zum Wohle aller nutzen kannst.

MOND

Du siehst ihn nicht immer, aber er ist immer da: der Mond. Der fünftgrößte Planet unseres Sonnensystems ist der Herrscher unserer Gefühle und damit neben dem Sonnenzeichen und dem Aszendenten ein wichtiger Teil unseres Horoskops. In Asien zum Beispiel lebt man oft nicht wie bei uns nach dem Sonnen-, sondern nach dem Mondkalender. Deshalb wird das chinesische Neujahr auch erst zum ersten Neumond des Jahres gefeiert. Den Unterschied zwischen Sonnenzeichen, Aszendenten und Mondzeichen kannst du dir so vorstellen: Unser Sonnenzeichen ist unsere Gegenwart. Es zeigt uns unsere Persönlichkeit, also wer wir sind. Der Aszendent hingegen ist unsere Zukunft, er weist uns den Weg, gibt vor, wohin wir uns entwickeln sollten und wie wir uns nach außen geben. Der Mond steht für unsere Vergangenheit, dort kommen wir her. Er regiert unsere Emotionen und gibt Auskunft über unsere emotionale Intelligenz.

Der Mond ist ein Planet, der sich ständig wandelt. Ein Mondzyklus dauert ungefähr 29 Tage, deshalb ist das Wort Monat auch vom Wort Mond abgeleitet. Der Zyklus wird in vier Phasen unterteilt: Neumond oder Schwarzmond, zunehmender Mond, Vollmond, abnehmender Mond. Er nimmt also zu oder ab, und ähnlich verhält es sich auch mit unseren Emotionen. Sie sind permanent in Bewegung, denn niemand ist immer nur glücklich, verliebt, überrascht oder enttäuscht. Die Mond-Dynamik spiegelt deine Gefühlswelt wie kein anderer Planet. Das macht ihn zum wohl intimsten Element deines Horoskops. Er wirft Licht auf deine Empfindungen, deine Hingabe und dein Einfühlungsvermögen und damit auf den Ursprung deines Wesens. Das Tierkreiszeichen, in dem dein Mond steht, zeigt dir, wie und wo du dich wohlfühlst.

Dein Mondzeichen hilft dir also auch dabei, deine emotionalen Bedürfnisse besser zu verstehen: Was brauchst du wirklich, um glücklich zu sein? Um dich geborgen, versorgt und sicher zu fühlen? Wenn du dir über diese Bedürfnisse im Klaren bist, wird es einen positiven Einfluss auf deine Beziehungen haben – nicht nur romantischer Natur, sondern auch im Job, im Freundeskreis oder mit deiner (gewählten) Familie.

Während die Sonne das Männliche verkörpert, steht der Mond in allen Mythologien für das Weibliche. Daher stehen das Thema Kindheit und die Verbindung zur Mutter im Zusammenhang mit der Mond-Energie. Außerdem hat der Mond einen Einfluss auf den weiblichen Zyklus.

Die Sonne strahlt offen ins Universum und verkörpert unsere Persönlichkeit, der Mond hält sich diskret im Hintergrund und spiegelt das Licht der Sonne wider, da er selbst nicht strahlt, er verkörpert unsere Emotionen. Im Mond reflektieren wir also. Er ist unsere direkte Verbindung zu unseren Gefühlen.

Neben Sonnenzeichen und Aszendenten solltest du deinem Mondzeichen also nicht zu wenig Aufmerksamkeit schenken.

Er kann dir sehr nützlich sein, um deine Persönlichkeit (Sonnenzeichen) und dein Verhalten (Aszendent) besser einordnen und verstehen zu können. Dazu musst du deine Gefühle natürlich erst mal zulassen und annehmen. Denn erst dann kannst du deine vorhandenen Talente nutzen und im Positiven für dich arbeiten lassen.

Die verschiedenen Mondphasen strahlen unterschiedliche Energien aus. Die Tage um den Neumond herum nutzen wir am besten für das Bilden einer Absicht, eines Neuanfangs. Wenn du einen neuen Job startest, einen Umzug planst, dich mal wieder ins Dating-Leben stürzen möchtest oder dir eine Gehaltsverhandlung bevorsteht, eignet sich der Neumond hervorragend. Auch um Haare zu schneiden, wenn du möchtest, dass sie länger werden oder stärker wachsen. Es ist der erste Tag im Monat, an dem wir den Mond nicht sehen können. Da wird der Samen gepflanzt. Was du im Neumond startest, kannst du in der Phase des zunehmenden Mondes weiterführen. Der steht nämlich für Wachstum und eignet sich deshalb sehr gut, um deine Vorhaben mit voller Power zu entwickeln. Diese Phase endet mit dem Vollmond, der wohl intensivsten Mondphase. Wundere dich nicht, wenn du emotionaler oder empfindlicher bist, vielleicht sogar schlecht schläfst. So geht es vielen während des kraftvollen Vollmondes. Der Vollmond wirft auch Licht in verborgene Ecken. Nicht selten kommt ein Geheimnis ans »Vollmond«-Licht. Oder du siehst eine Situation in einem anderen »Vollmond«-Licht. Das, was wir mit dem Neumond gestartet haben, erreicht mit dem Vollmond seinen Höhepunkt, und vielleicht helfen dir Journaling und Rituale, um Negatives loszulassen. Um diese Zeit herum ist es super, die Haare zu schneiden, wenn man etwas in seinem Leben abschneiden und loslassen möchte. Es folgt dann die circa zweiwöchige Phase des abnehmenden Mondes. Diese Phase mag dir ruhiger erscheinen. Du kannst deine im Neumond gestarteten Projekte jetzt endgültig abschließen und neue Energie für das sammeln, was mit der Neumondphase auf dich zukommt.

Der Vollmond steht immer in dem Zeichen, das im Tierkreis gegenüber der aktuellen Sonnenposition ist. Wenn die Sonne gerade im Zeichen Stier steht, ist der Vollmond im Skorpion. Ist der Mond nämlich gerade voll, dann steht er der Sonne gegenüber, weil er vollständig von der Sonne beschienen wird. Andersrum steht der Neumond immer im gleichen Zeichen wie die Sonne aktuell.

NEUMONDRITUAL

Am Tag des Neumondes (bis zu drei Tage davor und danach ist auch okay) setzt du dich an einen schönen Ort. Es darf die Natur oder dein Altar sein oder eben, wo es dir gerade gefällt und es sich für dich holy anfühlt.

Am besten räucherst du dir deine Ritual-Stelle schön ein mit wohligen Düften von getrockneten Rosenblättern, Lavendel oder Gänseblümchen. Dafür nimmst du eine feuerfeste Schale mit ein bisschen Sand drin, zündest die Kräuterchen an und lässt sie räuchern. Du kannst auch vorher einen Kohlestein auf dem Sand anzünden, warten, bis er weiß ist, und die Kräuter daraufstreuen. Pass nur auf, die Kohletablette wird sehr heiß! Und pass insgesamt natürlich mit Feuer auf. :)

Du kannst auch gerne deine Lieblingskristalle bei dir haben, zünde eine Kerze an und mache dir einen leckeren Kräutertee. Vielleicht auch einfach aus den gleichen Kräutern, die du geräuchert hast. Bitte achte auf die biologische Herkunft.

- Wenn du deinen Ort so gestaltet hast, dass du dich wohlfühlst, verbinde dich mit Herz und Verstand mit dem Mond. Danke ihm für seine Kraft und Schönheit, dafür, dass er uns jeden Monat die Möglichkeit schenkt, neue Sachen, Ideen, Möglichkeiten zu pflanzen, und uns mit der Kraft des Neuanfangs unterstützt.
- Am besten formulierst du eine Liste mit zehn Wünschen, die sich für dein Leben erfüllen sollen. Achte darauf, dass du die Wünsche so aufschreibst, als wären sie schon Wirklichkeit, also anstatt »Ich wünsche mir, gesund zu werden« »Voller Dankbarkeit, Liebe und Kraft fühle ich mich stark und gesund« oder was auch immer du dir wünschst. Du kannst auch gerne ins große äußere Feld, die Welt, gehen und »Frieden, Heilung, Licht und Liebe« wünschen. Je mehr positive Energie in unsere Umbrüche und Wandlungen fließt, desto positiver können wir die Zukunft damit gestalten. Du kannst dich richtig fallen lassen in deine Traumwelt. Ich habe mal ein Interview mit Alicia Keys für meinen Podcast geführt, und wir haben über das Manifestieren gesprochen, übrigens eine wunderbare, bezaubernde Wassermann-Frau und in meinen Augen eine Heilerin. Sie meinte, dass sie sich da so richtig austobt, denn wer gibt uns Grenzen für unsere Wünsche? Und ja, sie hat recht! Wer gibt uns denn vor, was und wie wir uns zu wünschen haben? Wenn wir uns selbst schon limitieren, wo sollen denn unsere Träume dann Platz kriegen und sich verwirklichen? Wichtig beim Manifestieren ist, dass ihr niemandem Schlechtes wünscht, und bitte formuliert bei Wünschen, die andere Menschen miteinbeziehen, zum Wohle aller. Denn euer Wunsch kann des anderen Schaden sein.
- Wenn ihr fertig seid mit eurer Shopping-Liste beim Universum, haltet inne, fühlt, wie sich jeder einzelne Wunsch anfühlt, wenn ihr euch vorstellt, er wäre schon Wirklichkeit, und bedankt euch.
- Jetzt dürft ihr die Liste an einen schönen Ort legen. Zum Beispiel auf euren holy Space, euren Altar. Make a wish!

VOLLMONDRITUAL

Zum magischen Vollmond kannst du ein schönes Loslass-Ritual durchführen. Am stärksten wirkt es natürlich am Tag des Vollmondes direkt, aber drei Tage davor oder danach sind auch völlig in Ordnung. Es gibt eben Tage, da schafft man es einfach nicht, sich hinzusetzen, möchte aber die Mondenergie nicht verpassen. Du machst es dir an deinem heiligen, schönen Ort gemütlich. Hab dein Räucherwerk dabei, also eine feuerfeste Schale mit etwas Sand, entweder Kohletabletten, die du anzündest und wartest, bis sie weiß geworden sind, bevor du die Kräuter daraufstreust, oder du zündest die getrockneten Kräuter einfach ohne Kohle an in der feuerfesten Schale mit Sand. Beachte, dass die Kohle sehr heiß wird und du sie nur mit einer Zange anfassen kannst. Und bitte sei ganz, ganz vorsichtig mit dem Feuer generell. Es braucht immer deine Aufmerksamkeit und die entsprechenden Sicherheitsmaßnahmen. Zum Ausräuchern brauchst du getrocknete Kräuter, die eine reinigende Wirkung haben. Da gibt es sehr viele tolle, verschiedene heimische Kräuter wie Salbei, Pfefferminze, Schafgarbe, Spitzwegerich oder Rotklee. Du kannst die Kräuter auf einer Wiese sammeln und dich bei der Wiese für ihre Geschenke bedanken, sie dann zu Hause zusammenbinden und trocknen, oder du kaufst sie in Kräuterläden. Weißer Salbei ist auch gut, achte aber bitte auf jeden Fall darauf, dass die angebotene Ware von einer fairen, unterstützenden Organisation stammt, die die Gebiete und die Menschen, wo der weiße Salbei ursprünglich herkommt, unterstützt. Wenn du Palo Santo (heiliges Räucherholz) nutzen möchtest, achte dabei bitte auch auf die Herkunft. Palo Santo empfehle ich allerdings eher an Neumond zu benutzen.

- Wenn du zur Ruhe gekommen bist, ausgeräuchert hast, eine schöne Kerze angemacht hast, deine Lieblingskristalle am Start sind und vielleicht eine leckere Tasse Tee aus den heimischen Kräutern, kannst du es dir mit einem Stift und Papier gemütlich machen.
- Schreibe die Dinge, Menschen, Situationen auf, die du nicht mehr in deinem Leben haben willst und von denen du dich befreien möchtest. Der Mond wird dir mit seiner reinigenden Energie das Loslassen und Gehen des Aufgeschriebenen vereinfachen.
- Dann nimmst du eine feuerfeste, größere Schale aus Ton, Metall, Stein (ich nehme auch einfach einen Topf oder eine feste Salatschüssel) und verbrennst diese Liste. Es reicht, wenn du sie an einer Ecke anzündest und im Gefäß runterbrennen lässt. Bitte sei ganz vorsichtig dabei. Achte darauf, dass nichts Brennbares in der Nähe steht, und pass auf deine Haare auf.
- Die Asche nimmst du dann bei der nächsten Gelegenheit mit nach draußen und vergräbst sie in der Erde. Im Park oder im Wald oder bei einem schönen Baum am Wegesrand. Ich rate dazu, es nicht im eigenen Garten zu machen, denn du möchtest diese Sachen ja aus deinem Leben haben. Bedanke dich bei Mutter Erde, dass sie deine Sorgen aufnimmt und dir hilft, sie zu transformieren. Bedanke dich auch beim Vollmond für seine Schönheit und Kraft.

MONDZEICHEN

MOND IN WIDDER

Der Mond im Widder steht für starke Emotionen. Getrieben von leidenschaftlichen Impulsen, Ungeduld und dem Bedürfnis, sich zu behaupten, initiiert der Widder-Mond seine Vorhaben und Abenteuer selbst. Wirst du unbewusst von einem Impuls gepackt, handelst du vermutlich auch. Denn Herausforderungen sind wahrscheinlich deine Comfort Zone, du brauchst sie, um dich wohlzufühlen, und zum Glück bist du meist so flexibel, dass kein Richtungswechsel dir deine Orientierung nehmen kann. Das Verhältnis vom Herrscherplaneten des Widders, dem Mars (steht für das Männliche, Dynamische), und dem Mond (steht für das Weibliche, Passive) führen zu einem Wechselspiel aus Anspannung und Entspannung. Diese Dynamik führt dazu, dass es dir oft nicht leichtfällt, dich auch mal auf die faule Haut zu legen, und wenn du es tust, dich innerlich dafür verurteilst und unruhig bist. Als kraftvoller, energischer Widder-Mond hast du eine unvergleichliche Antriebskraft, Durchsetzungsvermögen und Willensstärke. Du suchst häufig den Konflikt, denn nur so können Neuanfänge entstehen. Wenn du dir deines Feuers (Widder ist ein Feuerzeichen) noch nicht ganz bewusst bist, solltest du dir unbedingt ein Ventil für deine oft starken Emotionen, deine Aggressivität und Ungeduld suchen, denn sonst können sie sich gegen dich selbst richten.

Auch kann es sein, dass du die Welt um dich herum als nicht vertrauenswürdig empfindest und eine Einzelkämpfer-Natur bist. Vertrauen aufzubauen kann dir schwerfallen, weil du leicht verwundbar bist.

Beim Mond im Widder kann die Beziehung zur Mutter angespannt sein. Es kann sein, dass es in der Kindheit unbewusste Aggressionen der Mutter dem Kind gegenüber gegeben hat. Möglicherweise lag das daran, dass es zwischen den Eltern Schwierigkeiten gab und die Mutter ihren Frust an ihrem Kind ausgelassen hat.

▶ **Wenn das bei dir so oder so ähnlich war, war das bestimmt nicht einfach für dich, und ich freue mich sehr, dass du dieses Buch liest. Denn der erste Schritt, um deine Wunden zu heilen, ist Erkenntnis. Wenn du es willst, bist du auf einem guten Weg!**

Es könnte sein, dass Mond-im-Widder-Menschen durch die Konflikte in ihrer Kindheit ein eher negatives Männerbild eingeprägt bekommen haben und im Laufe ihres Lebens und ihrer Suche nach einer Partnerschaft immer wieder ratlos und verwirrt sind. Wenn das bei dir der Fall ist, kann es helfen, dir deiner eigenen Kraft und deiner wahren Wünsche bewusst zu werden.

Höre auf deine Bedürfnisse, denn es ist keine Schwäche, dich mit dir selbst auseinanderzusetzen. Es kann nämlich sein, dass du das Gefühl von Schwäche – bei dir oder bei anderen – häufig nur schwer ertragen kannst. Aber wenn du dich und deine Gefühlswelt auch mal anderen öffnest, wirst du merken, dass ein Gemeinsam-Kämpfen meistens die bessere Option ist. Dann wird sich dir in der Zukunft eine komplett neue Welt eröffnen – die Welt der Liebe und des friedlichen, liebevollen Miteinanders!

MOND IN STIER

Durch den Mond im Stier macht sich ein starker Wunsch nach Verwurzelung und Vereinigung bemerkbar. Du bist eine liebevolle, geerdete, gesellige, verlässliche, kuschelige, loyale und ehrliche Haut und liebst es, wenn es deinem nahen Umkreis gut geht. Gerne sorgst du auch dafür, dass sich alle wohlfühlen.

In einer festen Gruppe, in der (gewählten) Familie, an einem sicheren Ort oder in einem nachhaltigen, guten Arbeitsverhältnis fühlt sich der Stier-Mond einfach am wohlsten.

In deiner Kindheit war womöglich deine Mutter – oder eine Person, die diese Rolle übernommen hat – eine dominante autoritäre Person auf eine eigentlich liebevolle Weise. Du musstest mehr oder weniger ihrem Plan folgen, und sie hat versucht, dir die besten Lebensweisheiten, Systeme und ihr Sicherheitsdenken mitzugeben. Wahrscheinlich war sie so, weil sie das Beste für dich wollte und weil sie in der (gewählten) Familie ein wichtiges, ausgleichendes Element war. Oft hat sie auch die Rolle der Beschützerin und des Felses in der Brandung übernommen. Dieses Bild einer starken Frau hat dir viel Kraft gegeben, aber du könntest nun darauf achten, in deinen heutigen Beziehungen und Partnerschaften nicht automatisch diese Rolle übernehmen zu wollen, sondern auch deine Weiblichkeit auszuleben, und lernen, die Dinge einfach zu empfangen.

Der Mond im Stier strebt schon in den jungen Jahren danach, Teil einer eigenen Gruppe, Familie, quasi einer Herde zu sein. Schon als Kind und Teenie kannst du ein dringendes Bedürfnis wahrgenommen haben, dazugehören zu wollen, denn du hast dich unter Leuten wohler gefühlt als als Individuum.

Damit hast du auch deiner geselligen und herzenswarmen Art Platz gegeben. Vielleicht warst du auch die Person, die schon in der Schule mit allen konnte, die Integration in persona. Du selbst hast vielleicht auch den starken Wunsch, von der Welt und den Menschen integriert und angenommen zu werden, am besten in den Themenbereichen, die dich interessieren. Pass auf, dass du dich dann nicht nur von den Symbolen der Menschen aka ihren Tribe-Erkennungsmustern beeindrucken lässt, sondern auch den Kern des Individuums siehst. Deine Erwartungen könnten sonst manchmal enttäuscht werden. Für dich ist die Bestätigung von außen und von deinem nahen Umfeld wichtig, aber sie kann dich in die falschen Arme treiben, oder du versuchst, deinen Hunger nach Bestätigung im Materiellen zu stillen.

Das Streben nach Gemeinschaft und Sicherheit sowie die Suche nach Geborgenheit, Liebe und Ankommen sind so tief in dir verankert, dass es dir manchmal schwerfallen kann loszulassen. Egal ob es Freundschaften, Bekanntschaften, Partnerschaften, Arbeitsbeziehungen, Jobs oder Wohnungen sind, dein Drang zum Wurzelnschlagen zieht sich durch viele Bereiche in deinem Leben.

Es ist dieses Sicherheitsdenken, was auch ein starkes Bedürfnis nach materieller Absicherung bei dir auslöst. Wenn du erlebst, dass es bei dir materiell nicht so gut flowt, solltest du dir anschauen, wie dein Verhältnis zur materiellen Welt ist – lehnst du sie ab und findest sie doof? Wie würde es sich für dich anfühlen, wenn du von allem genug hättest? Ein guter Motor für dich könnte sein, alles zu tun und zu machen, was dir guttut.

Außerdem ist es ganz wichtig, mein lieber Stier-Mond, zu erkennen, dass du dir selber die so gewünschte (Selbst-)Liebe schenken kannst! Entdecke deine Sinnlichkeit und Persönlichkeit und finde Bereiche, in denen du dich selber bestätigen kannst und schätzen lernst! Versuche, dir und der Welt zu vertrauen.

Du hast einen großen Sinn für Gefühl, Schönheit und Geborgenheit. Wenn dein Zuhause so richtig gemütlich, schön und wohlig ist, ist es für dich eine Oase der Sinne, in der du dich fallen lassen und auftanken kannst. Falls du es noch nicht geschafft hast, dir deine eigene schöne Höhle zu bauen, könntest du's ausprobieren und merken, WIE gut es dir tut und wie viele kleine Unsicherheiten in deinem Leben verschwinden. Deine große Erkenntnis im Leben könnte sein, dass Spirit und Materie doch ganz gut zusammenpassen! Die Materie ist der Berührungspunkt zur metaphysischen Welt.

Wenn du das in Einklang gebracht hast, wird dein Leben voller Schönheit und Geborgenheit sein.

MOND IN ZWILLINGE

Du darfst deine Gefühle entdecken – es ist nichts Schlimmes dabei. Es ist eine schöne Welt voll Wärme und Balsam für die Seele. Du hast sicherlich eine Heiterkeit und Neugier in dir, bist lebendig und hast einen lebensfrohen Sinn, nur bei der Gefühlswelt könntest du ein kleines bisschen Berührungsängste verspüren.

Du bist ein Profi in Sachen Vernunft und Ordnung, Dynamik und Kommunikation. Vielleicht hast du zu Hause früh lernen müssen, dich einem Familiensystem anzupassen und deine Eltern nicht mit deinem Dasein und deiner kindlichen Bedürftigkeit nach Liebe, sondern eher mit bester Ordnung, Brav-sein und Leistungen glücklich zu machen. Eventuell konnten deine Eltern dir aus verschiedenen Gründen wenig Wärme, Geborgenheit und Liebe geben und diese selbst leben. Wahrscheinlich, weil die Lebensumstände es ihnen nicht möglich machten, und du musstest lernen, dich diesem System anzupassen.

▶ **Wenn das bei dir so oder so ähnlich war, war das bestimmt nicht einfach für dich, und ich freue mich sehr, dass du dieses Buch liest. Denn der erste Schritt, um deine Wunden zu heilen, ist Erkenntnis. Wenn du es willst, bist du auf einem guten Weg!**

Es kann also sein, dass es aus deiner Erfahrung heraus für dich nicht einfach ist, Gefühle zuzulassen. Du möchtest lieber alles in ein System bringen, das du überblicken und kontrollieren kannst. Du möchtest dich lieber an nichts binden, denn dieser Zustand erscheint dir sicherer.

Das aufregende Treiben der Welt lässt den Mond im Zeichen Zwillinge eine innere Unruhe verspüren. Sie stehen mit ihrem starken Freiheitsdrang bei ihren Erkundungen in einem Urkonflikt zwischen Intellekt und Gefühl, zwischen Kopf und Herz. Sie nehmen die vielen verschiedenen Eindrücke, die unsere Welt zu bieten hat, auf und stoßen dann auf die Challenge, jede Emotion, die sie dabei empfinden, durch eine rationale Erklärung zu ersetzen. Diese Spannung zwischen Fühlen und Denken kann einen Zwillinge-Mond ganz schön verunsichern, wenn nicht in den Wahnsinn treiben. Um dem Wahnsinn zu entfliehen, nutzt er ein einfaches Tool: die Kommunikation. Vielleicht hast du an dir selbst ja schon beobachtet, dass du sehr viel reden kannst, während deine Zuhörer über deine Redseligkeit nur staunen können. Doch die Gefühle, die du im gleichen Moment mit rationalen Gedanken zu bekämpfen versuchst, sind in Wahrheit ein großes Tor zu einer viel tieferen und komplexeren Welt: deinem Unterbewusstsein. Und das ist für dich fremd. Du möchtest immer alles wissen und saugst die Neuigkeiten und Informationen förmlich auf, und damit wächst dein Intellekt. Um eine Freundin zu trösten oder einem Kollegen in Not zu helfen, wirst du mit deinem Wissensschatz helfend zur Seite stehen. Du hast gefühlt immer den richtigen Ratschlag parat und ein Patentrezept im Ärmel, aber sei da vorsichtig. Manchmal ist es das Beste, das Geschehene einfach stehen zu lassen, anzunehmen und Mitgefühl zu fühlen und zu zeigen, anstatt sich selbst indirekt davor zu scheuen, ins Emotionale zu gehen. Das Entdecken deines Mitgefühls wird dir selbst sehr helfen.

Vielleicht kennst du es auch von dir, dich voller Dynamik und Aktionismus in Projekte zu werfen! Sei es die Renovierung der Wohnung oder ein neues Start-up. Pass nur ein bisschen auf, dass du dabei weiterhin verlässlich deinen tragenden und unterstützenden Part nicht aus den Augen verlierst, weil es dir zu zäh wird. Dein Learning ist die Verlässlichkeit und Beständigkeit. Falls du ausweichendes Verhalten von dir kennst, würde es dir und deinem Umfeld guttun, wenn du dir deiner Fluchtinstinkte bewusst wirst, du lernst, dich einzulassen, und deinen Liebsten gegenüber Aufmerksamkeit entwickelst. Um dich sicher zu fühlen, brauchst du Routinen und Rituale, denn dann hast du das Gefühl, dein Leben selbst zu lenken und damit auch deine Gefühlswelt.

Wenn du erkennst, dass dein Verstand bei dir eine große Rolle spielt und dich immer wieder von deinem seelischen Wachstum ablenken will, wirst du vielleicht den Punkt erreichen, an dem du dich mit deiner inneren Welt auseinandersetzen willst. Denn je mehr du ins Außen fliehst, desto panischer können deine Zustände werden. Sie wollen dir damit signalisieren, dass du deine Aufmerksamkeit relativ einseitig in deinem Leben verteilst.

Lerne, über deine Gefühle und Bedürfnisse zu reden und vor allem die deines Gegenübers zu verstehen und ihm zuzuhören. Wenn du das nächste Mal spürst, dass dein Fluchtinstinkt aufkommt oder du Angst kriegst, dich einfach in einer Beziehung oder Situation fallen zu lassen, sieh es als große Chance für dich, nicht (in die nächste Beziehung) zu flüchten, sondern zu versuchen, wie bei einer Achterbahnfahrt die Angst zu durchbrechen, sie zu überwinden und dich zu freuen, dass du deine Gefühle ergründen kannst.

Für dich als Kommunikationstalent wäre es super, dich über Dialogform deinen Gefühlen anzunähern. Schaffe dir bewusst Zeit und Freiraum für deine Nächsten und Partner.

Deine seelische Tiefe hat noch viel zu bieten. Nur Mut, du hast es in dir! Deine Seele will mit dir Kontakt aufnehmen und dir noch viel Unergründetes zeigen.

Ein praktischer Tipp für eine unbeschwerte Herangehensweise: Weniger Ordnung, mehr kreativer Spieltrieb!

MOND IN KREBS

Im Krebs findet der Mond seinen stärksten Ausdruck. Hier hat er sozusagen einen Heimvorteil, denn als Herrscherplanet dieses Zeichens ist er im Krebs zu Hause. Du bist ein warmherziger, liebender, großzügiger, gefühlvoller, unterstützender, familiärer und loyaler Mensch.

Im tiefsten Inneren sehnen sich die empfindsamen und dünnhäutigen Krebs-Monde nach Liebe, Anerkennung und Geborgenheit. Sie wünschen sich einen geschützten liebevollen Kreis um sich, in dem sie sich ganz sicher sind, nicht verletzt zu werden. In ihrer Kindheit kann es vielleicht zu Mangelsituationen gekommen sein, und sie fühlten sich von der Mutter eventuell nicht genügend versorgt oder von den Eltern nicht mit genug Aufmerksamkeit beschenkt. Der Krebs-Mond kann entweder diesen Eindruck gehabt haben, weil er sehr sensibel war und die Eltern einfach etwas gröber gestrickt waren, oder die Eltern beziehungsweise die Mutter steckten in einer schwierigen emotionalen, existenziellen Phase ihres Lebens, die sie nicht besser bewältigen konnten.

Als Strategie, um das auszuhalten, haben Krebs-Monde oft ihren Panzer dreimal so dick wachsen lassen, damit niemand merkt, wie weich und wie verletzlich sie sind.

▶ **Wenn das bei dir so oder so ähnlich war, war das bestimmt nicht einfach für dich, und ich freue mich sehr, dass du dieses Buch liest. Denn der erste Schritt, um deine Wunden zu heilen, ist Erkenntnis. Wenn du es willst, bist du auf einem guten Weg!**

Auf gar keinen Fall möchte der Krebs-Mond seine emotionalen Bedürfnisse im Außen präsentieren, denn dann könnten die Menschen wahrnehmen, was er eigentlich braucht: Sicherheit und seelische Geborgenheit. Um das zu verhindern und um nicht als schwach rüberzukommen, aber auch, um sich vor den Angriffen und Verletzungen durch seine Umwelt zu schützen, flüchtet sich der Krebs-Mond mitsamt seiner wahren Wünsche und Gefühle in seinen dicken Schutzpanzer, den nur die vertrauenswürdigsten Anhänger seiner Schicksalsgemeinschaft durchdringen können. Wahrscheinlich hast du selbst schon gemerkt, dass du manchmal ganz anders auftrittst, als du eigentlich bist, die Vorhänge sind zu, niemand soll reinschauen. Du möchtest dich den anderen nicht ausliefern und zeigen, wie sehr dich manche Dinge verletzen, deswegen bleibst du lieber auf emotionalem Abstand und versuchst so, dein Umfeld zu beherrschen.

Deinen Panzer gleichst du auch gerne mit beruflichem Erfolg oder mit einem Hang zur Dramatik aus. So kompensierst du fehlende Zuneigung, ohne als schwach wahrgenommen zu werden. Je erwachsener du wirst, desto mehr wird dir bewusst, dass du deines Glückes Schmied bist und dich nicht mehr wie ein Pingpongball von deiner empfindsamen Gefühlswelt hin und her schleudern lassen darfst. Gerade weil du auch dazu neigst, Menschen, Beziehungen und Jobs, die schon längst überfällig sind, mit deinen Scheren festzuhalten. Deine Aufmerksamkeit, Energie und dein Spirit können davon sehr beeinträchtigt sein, und du schaffst es kaum, dich auf die wesentlichen Dinge im Leben zu konzentrieren und voranzukommen.

Die innere Spannung zwischen deiner Fassade und deinem zarten Kern kann immer weiter zunehmen, wenn du dich nur auf das Negative in deinem Leben konzentrierst. Eigentlich weißt du, was du brauchst, um dich wohlzufühlen, denn du wurdest mit sehr guten Instinkten auf die Welt geschickt. Wenn deine emotionalen Bedürfnisse in deiner Wahrnehmung jedoch auf der Strecke bleiben, triggert das deine Kindheitserinnerungen, und du neigst dazu, vielleicht auch unbewusst und in dem Moment unbegründet, deinen Unmut darüber an deinen Mitmenschen auszulassen. Auch wenn deine Verletzung sich schlimm anfühlt, ist es wichtig für dich zu verstehen, dass es vielleicht nicht die Absicht deines Gegenübers war, dich zu treffen, sondern du hier aus einer alten Schmerzbrille heraus auf alles schaust.

Wenn du deinen Gefühlen mehr Raum gibst und das Gespräch suchst, kann dich dein Circle of Trust – deine (gewählte) Familie und deine richtig engen Freundinnen und Freunde – viel besser verstehen.

Es tut dir gut, deine bedürftige Seite anzunehmen und ihr im Journal oder inneren Dialog einen Platz zu geben und dein Gefühlschaos zu sortieren

Denn hast du erst mal Vertrauen gefasst und Menschen um dich herum versammelt, denen du dich öffnen kannst, kommt dein wunderbar verspieltes inneres Kind in dir zum Vorschein.

MOND IN LÖWE

Im Mondzeichen Löwe treffen die feurige Sonne und der wässrige Mond aufeinander. Während die Sonne, der Herrscherplanet des Löwen, die männliche Kraft, den Vater, den schöpferischen Ausdruck und das Außen symbolisiert, verkörpert der Mond die Weiblichkeit, die Mutter, die Gefühlswelt, das Innen. Im Löwe-Mond vereinen sich die beiden Prinzipien und fusionieren zu einem Feuerwerk der Emotionen. Dir geht's ums Nähren, Pflegen, Halten, Kümmern, Aufbauen, und du fühlst dich bestimmt wohl im Erschaffen. Dein Slogan ist: »Komm, folge mir, du wirst Romantik und Spaß haben!« Dein inneres Kind wünscht sich Aufmerksamkeit und Liebe, und du wirst dich wahrscheinlich im Spotlight relativ wohlfühlen. Du suchst die Aufmerksamkeit und Anerkennung deines Publikums, das dein Ego verwöhnt und dir die Bestätigung gibt, durch die du dich lebendig fühlst. Hier im Mittelpunkt, wo deine Gefühle das Maß aller Dinge sind, fühlst du dich pudelwohl. Und auch dein Publikum lässt sich gerne von deiner Energie mitreißen, verzaubern und nimmt deine Liebe, deine Herzlichkeit und deine Leidenschaft gerne entgegen. Du schaffst es, die Herzen der Menschen zu erwärmen und ihnen ein Lächeln auf das Gesicht zu zaubern.

Die Selbstverständlichkeit, mit der der Löwe-Mond davon ausgeht, dass er alles richtig macht, kann ihm jedoch manchmal im Weg stehen. Sobald er nämlich Gegenwind erfährt, fühlt er sich unverstanden, und das setzt ihm zu.

Das kann unbewusst Teile aus deiner Kindheit triggern, denn es kann durchaus sein, dass du hochgelobt und geliebt wurdest und mit deinem bloßen Dasein deine Familie und dein nahes Umfeld in Verzückung gebracht hast, dass aber, als du ein bisschen erwachsener wurdest, die anderen Kinder mit deiner Frühentwicklung und deiner Selbstbezogenheit nicht umgehen konnten und dich nicht in ihren Spielkreis lassen wollten, dich vielleicht sogar gemobbt haben. Diese plötzliche Ablehnung kann dich tief getroffen haben.

Oder der Zuspruch deiner Eltern und deines nahen Umfeldes hat dich dermaßen zufriedengestellt, dass du beim Erwachsenwerden nicht auf die Idee gekommen bist, für deine Wünsche das Mindestmaß an Leistungen erbringen zu müssen. Denn alles lag dir immer zu Füßen – auch dein Talent. Und du hast es eventuell noch nicht geschafft, dich aufzuraffen und damit was aus deinem Leben zu machen.

▶ **Wenn das bei dir so oder so ähnlich war, war das bestimmt nicht einfach für dich, und ich freue mich sehr, dass du dieses Buch liest. Denn der erste Schritt, um deine Wunden zu heilen, ist Erkenntnis. Wenn du es willst, bist du auf einem guten Weg!**

Wenn du lernst, dass auch du nicht immer recht haben und dich nicht immer durchsetzen kannst, wirst du dir damit das Leben erleichtern. Denn nicht nur deine Beziehungen werden sonst vielleicht auf Dauer darunter leiden, weil du nur dein Maß der Dinge für das einzig Wahre hältst und andere Wünsche nicht zulässt, sondern am Ende auch du. Du fühlst dich dann unverstanden und abgelehnt, obwohl die Menschen lediglich überrumpelt sind oder keine Lust auf deine (oft unbewusste) Egoshow haben.

Dir tut es einfach gut, die Gefühle der anderen zu verstehen und zwischendurch zu akzeptieren. Das wird dir vielleicht nicht leichtfallen. Außerdem ist es wichtig für dich, nicht nur auf der Bühne zu stehen und zu strahlen, sondern auch hinter den Kulissen ein bisschen runterzukommen und die Füße baumeln zu lassen. Lerne die passive Rolle schätzen und setze deine Selbstreflexion ein. Wenn du zum Beispiel Leute kennenlernst, die mehr mit ihrer Persönlichkeit und ihrem Wesen Eindruck machen als mit lauten Gesten und Projekten, könnte es für dich ein Anreiz sein, dir auch deine innere Welt anzuschauen.

Die Zerrissenheit der Wasser-Feuer-Dynamik kann sich auch im anderen Extrem zeigen, dann möchten Löwe-Mond-Menschen nicht aus ihrer (Wasser-)Muschel rauskommen und wollen sich nicht zeigen. Sie fühlen sich in diesem Fall nicht wohl, wenn sie Aufmerksamkeit bekommen. Sie können ziemlich schüchtern und schamvoll sein und haben trotzdem innerlich den Wunsch nach Anerkennung, Ruhm und danach, im Mittelpunkt zu stehen.

Wieder andere Löwe-Mond-Menschen können auch aus einer Trägheit heraus nicht die nötige Kraft und Power aufbringen, um sich auf ihrer Bühne zu positionieren. Weil sich die Wasser-Dynamik dann in einer passiven Weise wie lähmend auf die starke Sonne verhält.

In all diesen Extremen leidet der Löwe-Mond daran, weder das eine noch das andere wirklich ganz genießen zu können.

Findest du aber eine Balance zwischen diesen beiden tief in dir verwurzelten Kräften des Wassers und des Feuers, wirst du deinen Frieden mit dir finden und anfangen zu strahlen, wie du es verdient hast. Denn mit deiner Power und deinem Charisma bist du ein:e sehr positive:r Influencer:in oder auch die Mama, die sich jeder wünscht.

Alle fühlen sich wohl bei dir!

MOND IN JUNGFRAU

Jungfrau-Monde sind meist sehr intelligent und scharfsinnig und verfügen über eine schnelle Auffassungsgabe. Sie sind verantwortungsbewusst, sorgfältig, haben die Details im Blick und können Situationen in Millisekunden analysieren und richtig einordnen.

Im Allgemeinen sind sie bescheiden, aufrichtig und integer, und man kann sich immer auf sie verlassen. Sie haben ein gutes Sprachvermögen und sind kluge Gesprächspartner. Sie möchten gerne der Allgemeinheit dienen und sich in ihrem Leben nützlich machen. Ihre Erscheinung ist ihnen insoweit wichtig, als sie gerne gepflegt sind, um den Normen zu entsprechen, denn sie möchten nicht negativ auffallen.

In intellektuellen Dingen fühlen sich Jungfrau-Monde meist zu Hause und sind souverän und selbstbewusst. Das sieht auf der emotionalen Ebene häufig aber ganz anders aus. Hier sind sie etwas scheu, ängstlich und unsicher. Sie sind loyale, zuverlässige und hilfsbereite Freundinnen und Freunde und sind oft der Fels in der Brandung, vor allem, wenn es um praktische Ratschläge geht. Sie können in Krisen wunderbar alle Fakten analysieren und Lösungswege aufzeigen. Dagegen fällt es ihnen manchmal schwer, einfach nur Emotionen auszuhalten und mitzufühlen. Das liegt im Allgemeinen daran, dass sie sich ihre Gefühle selbst nicht immer gestatten. Der Grund dafür ist häufig in der Vergangenheit zu finden. Denn der Mond in unserem Horoskop steht auch für unsere Kindheit und die Wunden, die wir aus unseren ersten Jahren in uns tragen. Oft beeinflussen diese uns unbewusst in unserem Verhalten im Erwachsenenalter. Möglicherweise waren die Eltern der Jungfrau-Monde noch nicht bereit für ein Kind. Diese Eltern waren beispielsweise zu jung, noch nicht lange genug zusammen oder materiell noch nicht an dem Punkt, an dem sie gerne sein wollten.

Es kann sein, dass du diese Unsicherheiten, Zweifel und negativen Gefühle unterschwellig mitbekommen hast, lieber Jungfrau-Mond. Dann hast du, kleines, süßes Gottesgeschenk, dich in deinem tiefsten Inneren vielleicht nicht so willkommen gefühlt, wie du eigentlich warst.

Um das zu kompensieren und ihre Existenz zu rechtfertigen, haben diese Kinder oft das Bedürfnis, sich nützlich zu machen, Verantwortung zu übernehmen, sind brav, vernünftig und folgsam und haben sich von ihren eigenen Gefühlen und Bedürfnissen abgekapselt.

Für sie ist es nicht immer einfach, dem freien Regen und Fluss des Lebens und der Gefühle zu vertrauen. Ihnen ist das Ganze suspekt. Es erscheint ihnen einfacher, keine Emotionen und Leidenschaft zu fühlen, da sie für sie mit Unsicherheiten verknüpft sind. Lieber analysieren sie alle ihre Emotionen, zerlegen sie in rational nachvollziehbare Häppchen und verstehen intellektuell alles (auch ihre Eltern). So bringen sie Abstand zwischen sich und ihre Emotionen und bauen sich einen Panzer aus logischem Denken auf.

▶ **Wenn das bei dir so oder so ähnlich war, war das bestimmt nicht einfach für dich, und ich freue mich sehr, dass du dieses Buch liest. Denn der erste Schritt, um deine Wunden zu heilen, ist Erkenntnis. Wenn du es willst, bist du auf einem guten Weg!**

Oft ist der erwachsene Jungfrau-Mond extrem pflichtbewusst, weil alles Über-die-Stränge-Schlagen in seinen Augen Chaos bedeutet, das er nicht kontrollieren kann, und alles, was sich seiner Kontrolle entzieht, ihm Angst macht.

Er schiebt seinem Unterbewusstsein häufig mühevoll einen Riegel vor. Denn er möchte um keinen Preis herausfinden, welche Bedürfnisse und Abgründe hinter seiner ordentlichen Fassade schlummern. Natürlich gehen auch Jungfrau-Monde Beziehungen ein und führen glückliche Partnerschaften, aber manchmal merken sie, dass ein letzter Teil Grundvertrauen in ihnen fehlt, um sich ganz zu öffnen.

In den Extremfällen sitzt die diffuse, in der Kindheit wurzelnde Angst vor den eigenen Emotionen so tief, dass die Jungfrau-Monde überhaupt keinen Zugang mehr zu ihren Gefühlen haben.

Ab und zu neigt der Mond in Jungfrau dazu, sein Schicksal nicht selbst in die Hand zu nehmen und die wahren Gründe für Trauer, Wut oder Freude nicht in sich selbst zu suchen, sondern sich wie vom Schicksal als Spielball hin und her geworfen zu fühlen und dann die äußeren Einflüsse für seine Lage verantwortlich zu machen. So begibt er sich in eine Opferrolle, aus der es ihm schwerfällt auszusteigen.

Auch Ängste und Misstrauen leisten einen Beitrag zu dieser Verdrängungsstrategie. Wenn du dich nämlich von vornherein vor etwas fürchtest oder Dinge und Menschen vorschnell ablehnst, gibt es keinen Grund mehr, auf deine Instinkte zu hören. Vielleicht hast du selbst schon festgestellt, dass du mit einem Koffer voller Befürchtungen durchs Leben gehst und jegliches Risiko scheust?

Abgesehen davon, dass diese Taktik natürlich sehr anstrengend sein kann, besteht auch die große Möglichkeit, sich durch diese Projektionen gerade die befürchteten Ereignisse in sein Leben zu ziehen, die man doch eigentlich vermeiden wollte. Du hast das sicher schon erlebt. Sieh es als Beweis für deine Fähigkeiten der Manifestation und gib dir die Chance, mit weniger Misstrauen durchs Leben zu gehen und mehr Optimismus zu erschaffen.

Du musst verstehen, dass die Angst vor deinen Emotionen aus deiner Kindheit kommt, in der du ihnen völlig schutzlos ausgeliefert warst. Heute aber bist du älter, reifer und stärker und stehst ganz anders im Leben.

Es wäre mega-, mega-, megagut, deine vorhandenen analytischen Gaben für dich selbst und dein Unterbewusstsein anzuwenden und so Schicht für Schicht den Schatz deiner eigenen Gefühlswelt wie bei einer archäologischen Ausgrabung aufzudecken. Du wirst feststellen, dass du wahrhaft liebenswert bist und alleine deswegen auf dieser Welt deinen Platz hast. Du musst dich nicht immer einschränken. Gönn dir auch mal was!

MOND IN WAAGE

Du als Waage-Mond bist wahrscheinlich ein vor positiver Energie übersprudelndes, charmantes, flirty, liebenswertes Wesen, das Menschen offen und freundlich begegnet.

Der Mond im Zeichen Waage hat eine Gabe für die schönen Dinge im Leben. Er hat einen Sinn für Schönheit, Musik, Kunst, Fashion, Kultur, Design und vor allem Frieden und Gerechtigkeit. Er hat eine unglaubliche Kontaktfreudigkeit und möchte seine Umwelt in Harmonie vereinen. Um das zu erreichen, helfen ihm seine sensiblen Antennen, mit denen er wie ein Luchs die geringsten emotionalen Schwingungen und Änderungen seines Umfelds wahrnehmen kann.

Dein super ausgeprägter Vibe-Radar sorgt einfach dafür, dass du dich perfekt in Gruppen einfügen kannst und ein geschätztes Mitglied in deinem wahrscheinlich ziemlich großen Freundeskreis bist. Das trifft sich gut, denn du bist nicht so gerne allein, oder? :)

Du hast viel lieber Menschen um dich herum, und die Connection soll deiner Meinung nach einfach nur harmonisch und nice sein. Das macht dich zu einem liebenswerten und charmanten Menschen, aber du darfst dir ruhig mal den Raum geben, etwas doof zu finden. Du musst nicht zu allem Ja und Amen sagen. Um diesen Space in dir zu finden, würde bei dir etwas Me-Time Wunder bewirken, um dein Selbst zu spüren.

Mit dem Mond im Zeichen Waage rückt häufig die Individualität in den Hintergrund, der Waage-Mond braucht Begegnung und Beziehungen zu anderen, um eine eigene Identität zu entwickeln.

Der Mond in unserem Horoskop steht auch für unsere Kindheit und die Wunden, die wir aus der Vergangenheit in uns tragen. Oft beeinflussen diese uns unbewusst in unserem Verhalten im Erwachsenenalter. In deinem Fall kann es sein, dass du früh lernen musstest, dich intellektuell und sprachlich auszudrücken, um damit die Stimmung zu Hause auszubalancieren. Eventuell hast du auch erst durch dieses intellektuelle Wachstum die Aufmerksamkeit und Liebe bekommen, die jedes Kind braucht. Deine Meinung und Wünsche waren vielleicht nicht so wichtig wie die fragile Harmonie, die du mit deiner Gabe aufrechterhalten hast. Deswegen konntest du deine Bedürfnisse möglicherweise nicht artikulieren oder musstest sie sogar unterdrücken, aus Angst, nur ein weiterer Stressfaktor zu sein.

▶ **Wenn das bei dir so oder so ähnlich war, war das bestimmt nicht einfach für dich, und ich freue mich sehr, dass du dieses Buch liest. Denn der erste**

Schritt, um deine Wunden zu heilen, ist Erkenntnis. Wenn du es willst, bist du auf einem guten Weg!

Als erstes würde es dir guttun, dich zu trauen, deine Persönlichkeit zu fühlen. Küsse sie wach und erwecke sie so. Da du vielleicht in der Vergangenheit deine Wünsche, Gefühle und Meinungen unterdrücken musstest, fällt es dir jetzt wahrscheinlich schwer, sie überhaupt wahrzunehmen und an die Oberfläche zu lassen. Du versuchst vielleicht sogar, ein bestimmtes Ideal zu erfüllen, das mit dir gar nichts zu tun hat, weil du dich selbst so wenig kennst. Es kann sein, dass du innerlich manchmal schon an der Karte im Restaurant oder vor den Regalen im Supermarkt verzweifelst, weil es dir so schwerfällt zu entscheiden, was du möchtest. Du nimmst dann gern die Abkürzung und entscheidest dich dafür, was dein Gegenüber nimmt. Aber vielleicht ist das für dich gar nicht das Richtige und tut dir nicht gut!

Wenn du anfängst, dich selbst wichtig zu nehmen und drauf zu achten, wie deine Entscheidungen dein Wohlbefinden beeinflussen, wird dir das die Power geben, viel besser auf deine Wünsche und Bedürfnisse zu hören. Du bist eine eigenständige Person mit vielen tollen und einzigartigen Eigenschaften und Talenten, du musst niemanden nachahmen und dich nicht nur in anderen spiegeln. Wenn du ein Bewusstsein für deinen eigenen Charakter entwickelst, wird es dir leichter fallen, dich selbst zu lieben und dir selbst Geborgenheit zu geben.

Denn durch den Zwang, es immer allen recht machen zu wollen, kommen deine eigenen Wünsche zu kurz. Lass nicht immer anderen den Vortritt am Büfett des Lebens, frag dich lieber mal: »Was fühlt sich für mich richtig an?«

Irgendwann hast du sonst nämlich die Nase voll vom Geben und deine sonst so versöhnliche Art schlägt in extremes Anspruchsdenken um. Entwickle ein gesundes Gleichgewicht zwischen Geben und Nehmen, finde deine innere Balance, anstatt nur deine Umwelt immer auszubalancieren, und entdecke deine Talente, denn die Venus (Herrscherin über Waage) hat dich nicht umsonst damit beschenkt. Hab keine Angst, dass deine Liebsten es nicht aushalten werden, wenn du mehr in deine eigene Persönlichkeit gehst. Im Gegenteil, diese Emanzipation über deine eigenen Bedürfnisse wird eine überwältigende Verbesserung all deiner wahren Beziehungen bewirken. Die Menschen um dich herum, die dich wirklich von Herzen lieben, werden sich für dich freuen, wenn sie merken, wie viel glücklicher du bist.

MOND IN SKORPION

Der Mond im Skorpion hat ein starkes Bedürfnis nach Nähe und tiefen, intensiven Gefühlen und steht für Transformation und Neuanfang. Er ist kreativ und aktiv und kann mühelos tiefe Beziehungen eingehen, da man ihm schnell vertraut.

Wahrscheinlich ist es dir, Mond im Skorpion, schon öfter passiert, dass du ganz intensiv an etwas Bestimmtes gedacht hast und es ein paar Tage später tatsächlich eingetroffen ist! Ja, du hast enorme Kräfte im Feld der Manifestation. Das heißt, wenn du dir einen Lolli wünschst, dann kriegst du den auch. Du könntest allerdings auch genau das, was du fernhalten wolltest, in dein Leben ziehen, wenn du nicht aufpasst. Du musst besonders vorsichtig sein, was du in Momenten der Wut oder anderer starker Gefühle denkst und dir vorstellst (manifestierst) – denn du neigst nicht selten dazu, deinen Mitmenschen die schlechtesten Absichten zu unterstellen, und damit kannst du dieses Negative um dich herum Wirklichkeit werden lassen!

Es wäre ganz wunderbar, wenn du es schaffst, Verantwortung für deine magische Schöpfungskraft zu übernehmen à la *Die Geister, die ich rief* und sie mit positiven Gefühlen, Wünschen und Sehnsüchten aufzuladen. Du hast ja eh einen gewissen Drang in dir, aktiv tätig zu sein und zu erschaffen, anstatt passiv abzuwarten und die Dinge einfach auf dich zukommen zu lassen.

Der Mond in unserem Horoskop steht auch für unsere Kindheit und die Wunden, die wir aus der Vergangenheit in uns tragen. Oft beeinflussen diese uns unbewusst in unserem Verhalten im Erwachsenenalter. Es kann gut sein, dass deine Eltern schon alles im Voraus für dich geplant hatten. Vielleicht war für sie schon festgelegt, mit welchen Noten du auf welches Gymnasium gehen und welches Studium du dann mit Auszeichnung abschließen würdest. Und auch welche Hobbys, Sportvereine und sogar Freunde in deinem Leben Platz haben würden. In diesem Fall waren deine Erziehungsberechtigten übermächtig und haben durch diese strenge Erziehung und den Leistungsdruck im Grunde deinen Lebensplan schon ohne dich gemacht. Es gab kaum Raum und Zeit für deine persönliche Entwicklung. Das ist natürlich aus Liebe passiert, aber es hat dich trotzdem sehr reglementiert. Falls du anderer Meinung warst – obwohl es ja schon nicht einfach war, deiner inneren Stimme überhaupt zu lauschen –, gab es direkt Konfliktpotenzial.

▶ **Wenn das bei dir so oder so ähnlich war, war das bestimmt nicht einfach für dich, und ich freue mich sehr, dass du dieses Buch liest. Denn der erste Schritt, um deine Wunden zu heilen, ist Erkenntnis. Wenn du es willst, bist du auf einem guten Weg!**

Dadurch, dass du in deinem Elternhaus die Liebe deiner Eltern vielleicht vor allem darin gespürt hast, dass sie über dich bestimmt haben, und du ihnen deine Liebe darin gezeigt hast, dass du gehorcht hast, kann es sein, dass du es also als Liebesbeweis empfindest, wenn dein Partner tut, was du sagt. Manchmal möchten Skorpion-Monde Macht über die Menschen in ihrem nahen Umfeld ausüben und einfach gerne alles unter Kontrolle haben, denn nur dann haben sie das Gefühl, dass die Dinge so laufen, wie sie sollten. Wenn eine ihrer nahen Personen eine andere Meinung hat als sie selbst, kann es sehr schwer für sie sein, das zu ertragen. Das liegt daran, dass durch Pluto, den Herrscherplaneten der Skorpione, auch die Skorpion-Monde eine tiefe Angst vor der Verwandlung oder auch Transformation haben, die ihre eigentliche Aufgabe ist, und sie lieber den Status quo aufrechterhalten wollen. Deswegen wollen sie manchmal unbewusst auch gern die anderen verändern, um sich mit ihrem Ich nicht auseinandersetzen zu müssen und sich selbst nicht verändern zu müssen.

Eigentlich schickt dir der Pluto aber all diese Aufgaben und diesen Druck, um dir den Impuls zu geben, dich selbst zu verwandeln und damit zu verändern. Damit meine ich nicht nur deine Haarfarbe. Es ist wichtig zu verstehen, dass du wie ein:e Alchemist:in eine Situation erkennen kannst und dich dadurch im Inneren selbst erkennst und veränderst. Durch diese Transformation kannst du Neues erschaffen. Es kann aber auch sein, dass du dich im Prozess wie das Opfer fühlst, bis du die wahre Botschaft erkennst. Deshalb hat der Skorpion auch eine außerordentliche regenerative Kraft. Wenn er fällt, steht er wieder auf und feiert ein noch stärkeres Comeback.

Es kann dir helfen, die Muster, die dir immer wieder begegnen, zu erkennen, und zu verstehen, dass du hier eingreifen kannst, indem du Verantwortung für das Erlebte übernimmst und es mit der von Pluto geschenkten Kraft transformieren kannst. Dazu musst du lernen, auch einfach mal anzunehmen und dich den Geschehnissen hinzugeben. Das kann dir in einem kreativen Schaffensprozess gelingen, indem du die Inspiration einfach von innen nach außen fließen lässt, ohne bewusst zu steuern. Du wirst sehen, dass die Dinge, die außerhalb deiner Kontrolle liegen, die aufregendsten sind und dich auf eine ganz andere Art beflügeln, als du es bisher kanntest. Wenn du es schaffst, dich für diese neuen Eindrücke zu öffnen, sie anzunehmen und dich mit ihrer Hilfe zu transformieren, wirst du neue Welten entdecken und deinen Horizont erweitern.

MOND IN SCHÜTZE

Der Mond im Schütze will das Unbekannte erforschen. Er steht für Wachstum und Sinnsuche. Die Comfort Zone dieses Zeichens scheint die ewige Suche zu sein, nach dem Sinn des Lebens, nach Erfolgen, nach dem Besonderen. Der Schütze in deinem Mond ist dein größter Cheerleader. Anderen Menschen gegenüber ist er offen, großherzig, ermutigend, euphorisierend und eine großartige Starthilfe.

Dein Motor für deine Handlungen sind deine Begeisterung und Euphorie, was total schön und im Positiven ansteckend ist! Als positiv aufgeladenes Energieteilchen gehst du durch die Welt, versprühst deinen inspirierenden Sparkle, bist seelisch tolerant und einsichtig und erwartest dieses nahezu selbstlose Verhalten von allen Menschen, auf die du triffst. Für dich zählt vor allem eins – die Wachstumssehnsucht und wie man Wachstum erreicht. Dein angestrebter Fortschritt kann von spiritueller, persönlicher, philosophischer oder auch kapitalistischer Natur sein.

Du selbst kannst im Allgemeinen wenig mit Neid, Missgunst und Revierkämpfen anfangen und erkennst diese Tendenzen deswegen auch nicht unbedingt in deiner Umgebung, obwohl du eigentlich emotionale Situationen schnell erfassen kannst.

Deshalb löst sich leider deine positiv aufgeladene Illusion nicht selten im genauen Gegenteil auf. Nimm dir ruhig mal ein kleines bisschen Zeit für neue Begebenheiten, Situationen und Menschen, beobachte und lies zwischen den Zeilen, das kann dich vor bösen Überraschungen bewahren.

In deiner Kindheit gab es vielleicht entwurzelnde Thematiken, und du musstest dich eventuell mit einem häufigen Wechsel des Wohnortes, deiner Umwelt und Umgebung anfreunden und dich so immer wieder auf neue Gegebenheiten einstellen. Das hat dich schon in jungen Jahren geprägt, und diese häufige Veränderung war der Vorgeschmack auf deine Sehnsucht nach Weiterentwicklung und Erweiterung in deinem kommenden Leben. Womöglich hast du manchmal einen großen Spagat zwischen deiner Fantasie- und Realwelt machen müssen. Vielleicht hast du auch durch ein Elternteil oder andere dir nahestehende Personen Einblick und strenge Unterweisung erhalten im Feld der Spiritualität oder einer bestimmten politischen Meinung. Aus dieser dogmatischen Erfahrung heraus könntest du dich abgenabelt haben und das als Startschuss deiner eigenen Suche nach dem wahren Sinn des Lebens genutzt haben.

▶ **Wenn das bei dir so oder so ähnlich war, war das bestimmt nicht einfach für dich, und ich freue mich sehr, dass du dieses Buch liest. Denn der erste Schritt, um deine Wunden zu heilen, ist Erkenntnis. Wenn du es willst, bist du auf einem guten Weg!**

Vieles, was der Schütze-Mond tut und liebt, die beruflichen Ziele, die er verfolgt, die Abenteuer, auf die er sich einlässt, seine schnellen Wechsel zwischen den Interessen, dienen dazu, sich selbst in den Zustand der Begeisterung und Euphorie zu versetzen.

Deswegen fällt es dir vielleicht ab und zu nicht leicht, dein Leben im aktuellen Istzustand zu genießen, denn Euphorie stellt sich selten bei Altbekanntem ein. Egal wie schön etwas ist, du suchst – manchmal fast zwanghaft – nach einem neuen Ziel, neuen Erlebnissen, neuen Leidenschaften, weil du fälschlicherweise der Meinung bist, nur der Blick nach vorn, in die Zukunft, kann dich glücklich machen.

Eventuell kennst du das, dass dich eine Phase ohne Begeisterung in deinem Leben richtiggehend traurig und lustlos machen kann. Für dich muss es wahrscheinlich immer nur nach vorn gehen, weiter, immer weiter mit dem aktiven, rastlosen Schütze-Mond im

Gepäck, bis du dich wieder für etwas begeistern kannst.

Deswegen kann es sein, dass sich das Leben mit Alltag und Routine, wie die Gesellschaft es als »normal« empfindet, für dich nicht ganz so befriedigend anfühlt. Das kann dazu führen, dass du einfach nicht so richtig am Ball bleiben kannst, wenn die Anfangseuphorie verflogen ist. Bei Dingen, bei denen man konstant dranbleiben sollte, wie zum Beispiel im Job, kann das problematisch sein. Gut Ding will Weile haben. Wenn du immer gleich nachlässt, weil es nicht mehr so kickt, verwehrst du dich der befriedigenden Erfahrung, etwas richtig, richtig gut zu machen. Erfolg ist etwas, was dich umso mehr euphorisieren kann, aber er braucht einen guten Nährboden zum Wachsen.

Details interessieren dich häufig nicht so sehr, sie sind aber wichtig, um das große Ganze zu sehen. Gerade wenn deine tief verankerte Sehnsucht dich in einen neuen Lebensabschnitt, zum Beispiel die Selbstständigkeit treibt, solltest du versuchen, dich hier zu disziplinieren. Hab einfach im Hinterkopf, dass du vielleicht zu schnell über die Dinge hinweggehst, übe dich ein wenig in Geduld und wage auch mal einen zweiten Blick. Du hast die Fähigkeit, auch komplizierte Zusammenhänge zu erfühlen.

Wenn du dir darüber bewusst wirst, dass Erfolg auch mit harter Arbeit und Geduld verbunden ist und nicht nur mit der Euphorie des Beginns, schaffst du es, den Fokus zu bewahren, und dann kannst du in all deinen Projekten richtig abräumen.

Dein mutiges Voranschreiten wird dich sicher irgendwann auch auf Pfade führen, die über das Weltliche hinausgehen. Um deinen Geist zu erweitern, tun dir Meditation, Fantasiereisen und philosophischer Austausch gut. Diese geistige Expansion kann dir eine Befriedigung verschaffen, die über die immer neuen Impulse deiner Rastlosigkeit in der irdischen Welt hinausgeht, und dir völlig neue Türen öffnen. Wenn du deine weltliche Existenz und deinen höheren Geist vereinen kannst, wirst du dich selbst finden, deine wahre Größe erfahren und das Glück des Alltäglichen zu schätzen lernen.

MOND IN STEINBOCK

Der Mond im Steinbock steht für absolute Verlässlichkeit und Stabilität. Er ist kein Hallodri und nimmt seine Verantwortung dem Leben und persönlichen Anliegen gegenüber sehr ernst. Für ihre Mitmenschen sind Monde im Steinbock eine echte Bereicherung, denn sie schaffen es, in jeder Situation ruhig zu bleiben, kurz innezuhalten, verantwortungsvoll zu handeln und damit das Feuer zu löschen, bevor es überhaupt entstehen kann. Auf sie kann man sich zu 100 Prozent verlassen.

Es ist toll, dass du dich so um deine Freundinnen und Freunde sorgst, ihnen stundenlang zuhören und ihren Gefühlen auf den Grund gehen kannst. Es wäre aber auch ganz wunderbar für dich, wenn du dich auch um dich sorgen würdest. Ständig verzichtest du auf etwas, weil du denkst, dass es dir nicht zusteht. Denn häufig glauben Steinböcke, dass sie Anerkennung und Liebe nur verdienen, wenn sie perfekt funktionieren. Das führt dazu, dass der Mond im Steinbock sich meist gesellschaftlichen Konventionen beugt, sich an Richtlinien hält und Erwartungen erfüllt, um so die Zuneigung von außen zu bekommen, ohne die er sich schrecklich einsam fühlt. Sie haben häufig Angst, ihre Gefühle zuzulassen, denn das könnte sie ja von ihrer Pflichterfüllung ablenken. Weil sie ihren emotionalen Teil so unterdrücken und gar nicht richtig kennen, fällt es ihnen manchmal nicht so leicht, sich selbst zu vertrauen und anzunehmen. Möglicherweise zieht sich ein starkes Kontrollbedürfnis durch viele Lebensbereiche des Steinbock-Mondes, wobei sie die Welt ausschließlich aus ihrer Perspektive betrachten und ein Blick von außen ihre Sichtweise sehr bereichern könnte.

Spontaneität und unvorhergesehene Ereignisse sind nichts für sie, lieber verbringen sie einen gemütlichen Abend auf der Couch und beschäftigen sich mit den Problemen und Gefühlen anderer. Da sind sie safe und müssen nicht fürchten, auf einer emotionalen Achterbahnfahrt die Kontrolle zu verlieren. Falls dich eine Welle von Pessimismus erfasst, versuche, sie in Optimismus zu verwandeln, denn du ziehst an, was du ausstrahlst.

Der Mond in unserem Horoskop steht auch für unsere Kindheit und die Wunden, die wir aus der Vergangenheit in uns tragen. Oft beeinflussen diese uns unbewusst in unserem Verhalten im Erwachsenenalter. Steinbock-Monde mussten häufig schon früh in der Kindheit lernen, Verantwortung zu übernehmen, und zwar nicht zu knapp. Es ist auch möglich, dass ihre Erziehungsberechtigten relativ streng waren und sie schon als Kind eher das Leben eines Erwachsenen leben mussten. Also nix mit Spielen, Rennen, Knieaufschürfen, sondern eher Wäschewaschen, Aufräumen und Aufpassen auf jüngere Geschwister oder sich selbst. Sie waren häufig früh auf sich alleine gestellt und hatten vielleicht nicht so wirklich wahre Verbündete. Wahrscheinlich gab es auch Themen, die mit Leistungsdruck und der ständigen Suche nach Anerkennung zu tun hatten.

► **Wenn das bei dir so oder so ähnlich war, war das bestimmt nicht einfach für dich, und ich freue mich sehr, dass du dieses Buch liest. Denn der erste Schritt, um deine Wunden zu heilen, ist Erkenntnis. Wenn du es willst, bist du auf einem guten Weg!**

Der wahre Kern der Steinbock-Monde ist meist sehr feinfühlig und sensibel, und schon die geringste Kritik kann sie tief verletzen. Deswegen haben sie häufig Angst, ihr Innerstes zu zeigen, und verstecken sich hinter einer zweiten (alternativen) Persönlichkeit, die zwar freundlich, aber reserviert ist.

Sie tun zwar so, als ob sie keine Gefühle hätten und niemanden bräuchten, aber sie sind emotional sehr bedürftig, da sie ihren

Selbstwert oft nur über die Anerkennung von außen definieren. Deswegen kann es passieren, dass sie bei einer Person hängen bleiben, die zwar ihre emotionale Bedürftigkeit stillen kann, ihr Herz aber nicht wirklich glücklich macht.

Diese Steinbock-Monde mögen sich vielleicht denken, dass es doch viel einfacher ist, wenn sie sich aus jeder Gefühlsduselei raushalten und sich ein Ordnungssystem und Lebenssystem anschaffen, nach dem sie existieren können, um ja den Zufällen und wundersamen Begegnungen aus dem Weg zu gehen, aber wenn sie sich immer von allen Zufällen abschotten und sich keinen Spaß gönnen, verpassen sie ihr Leben, mit ziemlicher Sicherheit jede Menge Spaß und vielleicht auch die große Liebe.

Sollte dir das bekannt vorkommen, wäre es wirklich gut für dich, eine Balance zu finden. Es könnte dir total guttun, entgegengesetzt zu deiner bisherigen Lebensfasson den Plan und die Kontrolle über Bord zu werfen, die festgefahrene Route nicht mehr zu befolgen und zu versuchen, die Überraschungen in dein Leben zu lassen.

Überraschungen müssen nichts Schlechtes sein, das Glück kommt manchmal in einer Verkleidung auf dich zu, die du in deinem Ordnungssystem eben noch nicht kennst! Öffne dich deinen Vertrauenspersonen und befolge auch mal einen ihrer gut gemeinten Ratschläge. Sie helfen dir, dein wahres Selbst zu finden.

Sobald du dir über den Abstand deines Inneren zu deinem Äußeren bewusst wirst und deine Blockaden erkennst, hast du die Chance, diese aufzubrechen, dir selbst zu begegnen und dich und deinen wahren, schönen Kern kennenzulernen. So kannst du dich von deiner emotionalen Bedürftigkeit ablösen, dein Selbstbewusstsein stärken und in deine emotionale Kraft kommen! Du lernst, die anderen Menschen so anzunehmen, wie sie sind, und dich selbst in deiner Emotionalität, wie du bist. Du wirst eine innere Ruhe und Harmonie fühlen, die dich mit Frieden und Freude erfüllt.

MOND IN WASSERMANN

Du bist special! Das sieht man, das merkt man, das ist einfach so. Du willst nicht mit der Masse schwimmen, denn durch deine Beobachtungsgabe und Intelligenz weißt du, dass es da draußen noch viel, viel mehr gibt. Dem Mond im Wassermann geht es darum, zu verstehen, wie die Welt in ihrem System funktioniert, wie alles miteinander kommuniziert, wie man die Freiheit finden kann und wie man sich Raum schafft. Der Wassermann steht für das Große und Ganze, das gesellschaftlich konforme Leben findet er kleinlich. Diese Bedürfnisse können von manchen Menschen als überheblich, distanziert und elitär wahrgenommen werden, wobei du gar nicht beabsichtigst, arrogant und überheblich zu wirken. Du hast eben einfach was anderes im Kopf als die meisten Menschen.

Dein Inner Circle weiß, was du für ein wertvolles Mitglied im Freundeskreis bist. Denn du hast eine super Intuition, siehst die Dinge, bevor sie kommen, und bewahrst immer einen kühlen Kopf für die Gruppe. Emotionale Ausbrüche sind nicht dein Ding, deine Gefühle sind bei dir sicher verstaut.

Der Mond in unserem Horoskop steht auch für unsere Kindheit und die Wunden, die wir aus der Vergangenheit in uns tragen. Oft beeinflussen diese uns unbewusst in unserem Verhalten im Erwachsenenalter. Der Wassermann-Mond musste in der Kindheit eventuell erfahren, dass seine Welt nicht vor Emotionen und Geborgenheit übersprudelte. Das ergab sich meistens aus den Umständen, weil es einfach für die Eltern oder andere autoritäre Personen nicht möglich war, sich auf ihre Gefühle zu konzentrieren und sie zu zeigen. Denn sie hatten vielleicht überlebenswichtige Prioritäten und konnten sich deswegen manchmal nicht genügend oder ausreichend liebevoll um das Kind kümmern. Die Eltern können aber auch zu pushy und zu overprotective gewesen sein. Mit ihrer Geborgenheit und Angst haben sie das Kind beinah erdrückt. Dem Wassermann-Mond ging das gegen den Strich, und er hat stark dagegen angekämpft. Die Folgen waren eventuell, dass das Kind sich abnabeln und die verpassten Erfahrungen nachholen wollte. Oder es verlor durch den Druck, den die Erziehungsberechtigten ausübten, den Zugang zu sich selbst und zu seinen eigenen Bedürfnissen und Sehnsüchten. So oder so hat dieses Kind wahrscheinlich rebelliert und wollte nicht auf Ratschläge hören.

▶ **Wenn das bei dir so oder so ähnlich war, war das bestimmt nicht einfach für dich, und ich freue mich sehr, dass du dieses Buch liest. Denn der erste Schritt, um deine Wunden zu heilen, ist Erkenntnis. Wenn du es willst, bist du auf einem guten Weg!**

Wenn du innerlich noch eine gewisse Kränkung, Wut und Enttäuschung verspürst, die dir vielleicht auch gar nicht wirklich bewusst sind, wäre es sehr heilsam für dich, diese zu verstehen und zu verzeihen. Das könnte dir helfen, den Blick auf deine Gaben zu richten und deine Seele glücklich zu machen.

Im Beruflichen liegen deine Talente in heilenden Bereichen. Solange du dir nicht zu viel Druck machst, bleibst du gelassen, behältst den Überblick und strahlst Stabilität aus. Auch für die Menschen nützliche Bereiche wie Forschung, Umwelttechnologien oder traditionelle Medizin liegen dir und können dir viel Anerkennung einbringen.

Bindungen könntest du mit einer gewissen Beklemmung oder Eingrenzung assoziieren. Du möchtest am liebsten unabhängig von anderen sein, ob das nun Gefühle oder materielle Dinge betrifft.

Für deine Liebe ist es deswegen am befreiendsten, dir nicht zu viele Gedanken über Verantwortung und Pflichten zu machen, sondern den Moment in vollen Zügen zu genießen. Sonst kann es sein, dass das Festlegen auf Pläne einen zu hohen Druck auf dich ausübt und du aus Reflex mit Flucht reagierst, anstatt deinen wahren Herzenswünschen zu folgen.

Denn generell ist es so, dass der Mond im Wassermann den Drang nach einer Trennung von der Masse hat und diese sich durch ein paradoxes Verhalten durch viele Momente im Leben zieht. Er möchte oder macht (unbewusst) oft das Gegenteil von dem, was erwartet wird oder was er eigentlich ursprünglich vorhatte. Gegensätzliches Verhalten scheint einfach sein Ding zu sein: in Beziehungen, im Beruf, in der Verantwortung. Manchmal ist er so sehr in seiner Wassermann-Sphäre, dass er nicht mal merkt, wogegen er eigentlich rebelliert und wovon er sich befreit – es passiert wie ein Reflex.

Wenn du dir etwas ganz fest vornimmst, kann es passieren, dass du dir viel Erwartungshaltung und Performancedruck zumutest, unter dem du wie eine Blume verwelkst und dann am Ende gar nichts schaffst. Wenn du dir aber gar nichts vornimmst und an dich keine Ansprüche stellst, gelingt dir paradoxerweise alles mit Leichtigkeit. Das ist dein Schlüssel: Befreie dich von deinen Zwängen und Druck, nimm deine widersprüchliche Natur an und höre auf deine Intuition. Wenn du es dann noch schaffst, anderen besser zuzuhören und auch Gefallen an ihren Ideen zu finden, ohne alles besser zu wissen, wirst du mit einer völlig neuen Lebensqualität belohnt. :)

MOND IN FISCHE

Der Mond in Fische fühlt sich superwohl und überall so gut wie zu Hause.

Er verkörpert Empfindsamkeit, Intuition, Fantasie und Sensibilität. Dieses Zeichen besitzt einen großen Blumenstrauß an Talenten in Kreativität, Mode, Kunst, Bewegung, Spiritualität und Heilkunst. Die Fähigkeit, Stimmungen so intensiv wahrzunehmen, dass die eigenen Emotionen davon extrem beeinflusst werden, ist bei dir so weit ausgeprägt, dass noch nicht mal gesprochen werden muss, damit du alles in voller Lautstärke hörst.

Wie ein Schwamm saugt der Fische-Mond die Gefühle anderer auf, und diese Sensibilität erschwert es ihm, die eigenen Gefühle und Bedürfnisse wahrzunehmen. Manchmal verwechselt er dann seine eigenen Bedürfnisse mit denen der anderen. In seiner erweiterten Gefühlswelt (ich plus die anderen) kann schon mal was durcheinanderkommen.

Erschaffe dir deine Grenzen, dann musst du nicht wie ein:e Magier:in plötzlich verschwinden, wenn dir etwas zu viel wird. Das kann so manchen liebevollen Menschen komplett vor den Kopf stoßen und dich selbst im Nachgang auch verletzen.

Ein anderes Manöver des Mondes in Fische ist es, mitunter zu MR./MRS. TO COOL FOR SCHOOL zu mutieren, um sich vor Enttäuschung und Verletzung der groben Außenwelt zu schützen und das Umfeld über ihre Sensibilität hinwegzutäuschen. Was wiederum dazu führt, dass die anderen Leute vor ihnen noch cooler agieren und sie damit unwissentlich verletzen. Alternativ grenzen sie sich ab und flüchten sich in ihre Traumwelt, dabei möchten sie sich einfach nur geliebt und geschätzt fühlen, doch so versinken sie dann ganz leicht in Einsamkeit.

Diese Schutzhaltungen bewirken leider das Gegenteil von dem, was du eigentlich suchst: Geborgenheit. Denn in deinem alternativen Zuhause, deiner Traumwelt wirst du keine Geborgenheit finden. Auch nicht in der Welt der Süchte, die ja gerne Geborgenheit verspricht, diese aber nie wirklich geben kann. Du hast einen guten Zugang zum Metaphysischen, und wenn dieses von dir nicht nur als Fluchtmöglichkeit genutzt wird, sondern als deine Brücke zwischen den spirituellen und weltlichen Welten, kannst du dort deine seelischen Freuden erfahren.

Der Mond in unserem Horoskop steht auch für unsere Kindheit und die Wunden, die wir aus der Vergangenheit in uns tragen. Oft beeinflussen diese uns unbewusst in unserem Verhalten im Erwachsenenalter. Es ist möglich, dass du in deiner Kindheit ein eher geschwächtes Nest hattest und nur wenig Sicherheit und Geborgenheit erfahren konntest. Das kann viele verschiedene Ursachen gehabt haben, durch die das unschuldige, reine Kind diese Zeit eventuell als eine Art Mangel empfand oder sich selbst möglicherweise als Störfaktor. Es hatte wahrscheinlich wenig Möglichkeiten, seine Wurzeln zu schlagen, sein Ego und seine Persönlichkeit zu entwickeln. Aber die Welt, die den Fische-Monden immer offensteht, ist die Fantasiewelt, in die diese Kinder immer flüchten konnten. Nur leider konnten sie in der Fantasie zwar Wurzeln schlagen, sie griffen aber nicht. Und Geborgenheit war hier auch nicht zu finden.

▶ **Wenn das bei dir so oder so ähnlich war, war das bestimmt nicht einfach für dich, und ich freue mich sehr, dass du dieses Buch liest. Denn der erste Schritt, um deine Wunden zu heilen, ist Erkenntnis. Wenn du es willst, bist du auf einem guten Weg!**

Du wirst eine lebensverändernde Erfahrung machen, wenn du es schaffst, präsent zu sein und weniger in deine Traumwelt zu flüchten. Weiter ist es für dich wichtig, deine eigene Stabilität aufzubauen, die Tore deiner inneren Größe zu finden und dich auf dich selbst verlassen zu können. Dein Aszendent und dein Sonnenzeichen werden dir helfen, die Stärke und Balance zu finden.

Ein Ventil für deine Empfindsamkeit findest du zum Beispiel in sozialen Berufen, in wohltätigen Aufgaben, in Jobs, mit denen du der Welt etwas Gutes tust. Das können ganz unterschiedliche Themenfelder sein. Kannst du gut schreiben? Bereichere Menschen mit deinen Geschichten. Magst du Tiere? Gründe deinen eigenen Gassi-Service. Oder bring deiner älteren Nachbarin doch einfach mal einen Teller Suppe vorbei. Du weißt, wann ein Mensch leidet und wann er Hilfe braucht, deine Fühler arbeiten unterbewusst immer weiter. Du hast die Gabe, Impact zu haben – nutze sie!

In einer helfenden Rolle wirst du aufgehen. Immer fremde Gefühle und Ängste aufzunehmen und dabei noch mit den eigenen klarkommen müssen – das kann ganz schön anstrengend sein. Sei dir dessen bewusst und konzentriere dich gezielt auf deine eigenen Bedürfnisse und versuche, dich auch ein Stück weit abzuschirmen und dir und anderen energetische Grenzen zu setzen. Einen Tipp fürs Leben möchte ich dir an dieser Stelle auch noch mitgeben: Nimm dir jeden Tag fünf bis zehn Minuten Zeit, um dich und deine Kräfte zu sammeln. Du darfst in der Zeit stillsitzen und dich auf einer Gefühls- und Gedankenebene einjustieren, Atemübungen machen, deine Chakren spüren oder dir einfach Sachen von der Seele schreiben. Wichtig ist, dass es keine Performance für das Außen wird, sondern nur dir allein und deinem inneren Raum dient. Ich wünsche dir viel Spaß auf deiner (spirituellen) Reise.

DANKE

Vielen, vielen Dank, liebe Leser:innen, dass ihr den Moment gefunden habt, euch mit den Sternen und eurem Selbst zu beschäftigen. Ich kriege Schmetterlinge im Bauch, wenn ich bloß daran denke, dass dieses Buch auch nur einem Menschen in der Welt helfen könnte und dass er für sich Erkenntnisse gewinnen kann, die ihm das Leben leichter machen. Wie passend, dass das Buch an einem Schütze-Vollmond fertig geworden ist. Viel motivierende Energie steckt hier drin. :)

Danke für eure Zeit und euer Interesse.

Riesengroßes Danke an den Verlag Droemer Knaur, insbesondere an die großartige Regina Denk, die fabelhafte Michelle Hegmann und den Möglich-Macher Markus Röleke, für ihre sanfte Geduld und den unglaublichen Support! Ein liebevolles Danke an die fantasievolle Claudia Klein für das hinreißende Artwork.

Von ganzem Herzen möchte ich der wunderbaren Sarah Gräfensteiner danken für ihre grenzenlose Unterstützung, ihren Antrieb, ihre unabdingbare Jungfrauen-Kraft, Liebe, den Vibe und dass wir so gut auf einer Welle surfen.

Ich danke Vivienne Rojinski, meiner liebevollen Schwester, die mich einfühlsam unterstützt, mir den Rücken stärkt, immer an meiner Seite ist und mit der richtigen Portion Steinbock-Rationalität den klaren Blick behält.

Vielen Dank an die warmherzige, lustige, originelle Antonia Sonnek, die mit ihrer Schütze-Energy die richtigen Impulse gesetzt hat. Ohne diese Menschen wäre das Buch nicht möglich gewesen.

Mein großer Dank geht an die außerordentliche und einzigartige Astrologin Roswitha Broszath für ihre Motivation und ehrliche Ermutigung, dieses Buch zu schreiben! Auch bin ich Tania Maria Niermeier zutiefst dankbar für ihr großartiges, brillantes, fantastisches Können und ihre hingebungsvollen Ratschläge. Ohne euren Ruck hätte ich mir diese Aufgabe nicht zugetraut.

Ich möchte meinen süßen Eltern danken, nicht nur für die Gene und mein Leben, sondern auch für ihre Liebe und ihren unendlichen Support! Danke, Mama und Papa.

Ein besonders großes Danke, von ganzem Herzen, gilt meinem liebevollen Schatz, für seine Unterstützung, Geduld, Liebe, den motivierenden Selleriesaft am Morgen und die süße Verstärkung.